Waldemar Siering - Robert Siering

Orte mit kuriosen Namen in Mecklenburg-Vorpommern

Von Aalbude bis Zitterpenningshagen

steffen verlag

Ortsnamen

Nomen est omen

Der Name ist ein Vorzeichen. Dieser Ansicht waren nicht nur Römer. Wohl in allen Epochen und Kulturen brachten und bringen Menschen Namen besondere Beachtung entgegen, verbinden mit ihnen Wünsche und Hoffnungen, gleich, ob es sich um Personennamen oder Ortsbezeichnungen handelt. Auch die Wissenschaft, die Onomastik, beschäftigt sich hingebungsvoll und ausführlich mit Ortsnamen und kommt dabei nicht nur zu vielfältigen Erkenntnissen, sondern hat, wen wundert es, Definitionen und Namensherkünfte fein säuberlich geordnet. Ein Orts- oder Siedlungsname wird als Oikonym (Griechisch für Haus) bezeichnet. Wir denken dabei sogleich an Ökumene und liegen gewiss nicht verkehrt. Ortsnamen dienten und dienen der Orientierung des Menschen in seiner Umwelt, entstanden sicher bereits im Nomadenstadium von Gesellschaften und erlangten zunehmende Bedeutung mit der Sesshaftigkeit von Familien, Stämmen und Völkern. Ortsnamen wurden erforderlich, um Anwesen und auch damit Besitz eindeutig zu kennzeichnen, Rechte und Pflichten zuzuordnen. Ein besonderes Merkmal war sicher ausschlaggebend als Motiv, welches diesem Ort anhaftet, wie die ersten Siedler oder der Gründer, geografische Gegebenheiten, die Nähe zu bereits vorhandenen Orten oder Gebäuden.

Erfolgte die Ortsgründung durch den Landesherren, ein Kloster usw., so können wir auf eine Gründungsurkunde als erste schriftliche Erwähnung hoffen. Häufig wird ein Ort erstmals in einer hier verfassten Urkunde, einem Rechtsgeschäft, erwähnt, welches ohne direkten Bezug zu diesem Ort vorgenommen wurde. Vor allem Dörfer treten so unvermittelt in die geschriebene Geschichte ein, waren ihre Namen längst vor der Ersterwähnung in Gebrauch, sind diese Orte älter als das gesicherte Datum der Urkunde.

Ortsnamen sind sehr verschiedener Herkunft:

- nach dem Gründer oder dem Lokator,
- nach den ersten Einwohnern/Siedlern,

- nach Merkmalen aus der natürlichen Umgebung,
- als Ableitung aus einer vorhandenen Siedlung,
- als Übernahme aus einer anderen Sprache, von Vorsiedlern,
- weit verbreitet, auch im deutschen Sprachraum, sind religiöse Ortsnamen,
- aus der Mythologie,
- nach politischen Vorgaben,
- und nicht zuletzt war der Volkswitz anscheinend oder tatsächlich ausschlaggebend.

Dieser letzteren, oft auch nur scheinbaren Herkunft, sei im genannten Rahmen des Landes Mecklenburg-Vorpommern die nachfolgende Betrachtung gewidmet. Eine Vollständigkeit kurios erscheinender Ortsnamen wird dabei nicht angestrebt, hängt diese doch sehr von der Sicht des jeweiligen Betrachters ab. Um der ordnenden Wissenschaft den gebührenden Respekt zu erweisen und dem Leser bei der Orientierung zu helfen, wird die Betrachtung der ausgewählten Orte in alphabetischer Reihenfolge und ohne Rücksicht auf neue Kreiszugehörigkeiten vorgenommen. Urkundliche Ersterwähnungen werden, soweit bekannt, aufgeführt und Zeichnungen sollen helfen, das Bild aufzulockern, Anschaulichkeit in den Text zu bringen. Ein Quellen- und Literaturverzeichnis liefert dem Leser weiteren Anhalt, wobei auf die kaum überschaubare Literatur zu dem Thema Ortsnamen nur begrenzt eingegangen wird.

Aalbude

PLZ 17111, besteht aus einem Einzelgehöft und Rastplatz für Wasserwanderer, liegt am Abfluss der Peene aus dem Kummerower See und gehört zu Dargun. Urkundlich wird Aalbude am 13.10.1334 erstmals in der Einigung des Klosters Dargun mit der Stadt Demmin über die Fischerei im Kummerower See (»quod in vulgo alwere dicitur«) erwähnt. Ein Aalwehr, welches dem Kloster Dargun gehörte, wurde bereits im 13. Jahrhundert genannt. Im 14. Jahrhundert lag der Ort auf einer Insel, die westlich von der heute zugeschütteten und verlandeten Achterpeene umflossen wurde. Nach der Säkularisierung des Klosters kamen die Fischereiprivilegien 1553 an das Amt Dargun und seit 1697 wird der Ort als Aalbude bezeichnet. Die Peene bildete hier die Grenze zu Pommern und so gab es bis in das 19. Jahrhundert eine Zollstation für alle Waren, welche auf der Peene befördert wurden. Aale und andere Fische kommen, so sie Fischern, Anglern und Kormoranen entgehen, in der Peene und dem Kummerower See heutigentags auch noch vor. Die Peene ist mit 143 Kilometern der drittlängste Fluss des Landes, hat mehrere Quellbäche, mündet bei Anklam in den Peenestrom und leitet den Namen aus dem Altpolabischen ab, »die Schnelle, Schäumende«. Diese Bezeichnung trifft allerdings nur für den Oberlauf bzw. ihre Quellbäche zu. Das Peenetal gilt als das größte zusammenhängende

Niedermoorgebiet Mitteleuropas und weist eine ebenso reiche wie interessante Vielfalt an Pflanzen und Tieren auf. Dargun wurde urkundlich erstmals 1172 als Convent erwähnt und leitet den Namen aus dem Altpolabischen ab, »Ort eines Dargon oder Dargun«. Das Zisterzienser-Kloster Dargun, gelegen an der Grenze zu Pommern, spielte eine wichtige Rolle bei der Erschließung des Landes und dem Landesausbau. Nach der Säkularisation befand sich in dem aufgehobenen Kloster eine Nebenresidenz der Herzöge von Mecklenburg-Güstrow. Das Schloss brannte 1945 aus. Gut erhalten ist die Stadtkirche, im 13. Jahrhundert als Feldsteinbau errichtet und 1753 als Backsteinbau erneuert. Etwa einen Kilometer nordwestlich von Dargun liegt eine größere slawische Burganlage, welche in das 7. bis 9. Jahrhundert zu datieren ist. In diese Burganlage hinein wurde im 10. bis 12. Jahrhundert ein kleiner Rundwall gebaut, welcher später als Friedhof diente. Wer in der Kleinstadt seinen Durst löschen möchte, der kann es mit einem Bier, welches hier gebraut wird und einen guten Ruf genießt. Über die B 110 ist Dargun gut erreichbar und von dort gelangt man über Warsow nach Aalbude. Der Wasserwanderweg kann noch mehr empfohlen werden. Warsow wurde urkundlich erstmals 1232 erwähnt und hat den Dorfnamen aus dem Altpolabischen behalten, »Ort des Vars«.

Abbessinien

PLZ 18279, Ausbau des Dorfes Klaber, Gemeinde Langhagen, besteht aus drei Gehöften und wurde wegen seiner Lage auf einem respektablen Hügelmassiv vom Volksmund so benannt. Die Gehöfte wurden um 1952 errichtet und man hat von diesen Häusern einen bemerkenswerten Blick auf die Mecklenburgische Hügellandschaft. Steine kommen, sicher in unbeabsichtigter Analogie zu dem namengebenden Hochland von Äthiopien, reichlich vor und stellen an den Fleiß seiner Bewohner beim Acker- und Gartenbau hohe Ansprüche.

Das alte Kirchdorf Klaber wurde am 16. Mai 1303 als Calabria im MUB erwähnt, hat aber keine erkennbare Beziehung nach Kalabrien in Süditalien. Den Ort dominiert die auf einer Anhöhe gelegene Kirche, welche ursprünglich ein kleiner Rechteckbau war, zu datieren in den Anfang des 14. Jahrhunderts. Der Umbau von 1872/1876 hat die Kirche stark verändert. Vom mittelalterlichen Bau erhalten blieb das (zugemauerte) Nordportal. Die Orgel, für eine Dorfkirche von bemerkenswerter Größe, stammt aus einer Teterower Werkstatt. Der in der Zeit des Umbaus angefügte Turm bietet einen weiten Blick auf die Hügellandschaft der Endmoräne. Das geräumige Pfarrhaus wurde 1703 erbaut und seit 1745 in seinem Äußeren kaum verändert. Die Wissenschaft sieht sich nicht in der Lage, den Dorfnamen sicher zu erklären, vermutet aber eine Herkunft aus dem Altpolabischen. Klaber liegt an der L 27 etwa auf halbem Weg zwischen Krakow am See und Teterow. Die nächsten Abfahrten der A 19 sind Kuchelmiss (Krakow) und Vietgest (Güstrow-Süd). Vietgest wurde 1345 erstmals urkundlich erwähnt und hat den Namen aus dem Altpolabischen erhalten, »Vietegast« als möglicher Besitzer/Lokator. Es besteht eine sprachliche Nähe zu dem Begriff »Gast, Gastlichkeit«. In Vietgest kann daher das Herrenhaus, zwischen 1792 und 1794 als zweigeschossiger Putzbau mit Mansardendach errichtet, nun ein Hotel, und der Park, Aufmerksamkeit beanspruchen. Wer landesübliche gepflegte Gastlichkeit genießen möchte, der ist in der Gaststätte »Im Wiesengrund« in Lalendorf, über die B 104 zu erreichen, gut aufgehoben. Lalendorf wurde 1331 urkundlich erwähnt, dürfte aber älter sein und trägt einen deutsch-slawischen Mischnamen, »Dorf eines Lal(a)«. In Lalendorf steht das letzte Panzerdenkmal von Mecklenburg-Vorpommern, ein sowjetischer T 34. T steht hier für Tank=Panzer. Nach neuester Ansicht könnte Lalendorf als »Maronis altera« bereits um die Zeitenwende als Ort in dem »Atlas der Oikumene« des Ptolemaios genannt worden sein, fürwahr ein stattliches

Alter für ein Dorf in Mittelmecklenburg. Langhagen, das Hauptdorf der gleichnamigen Gemeinde, wurde urkundlich erst 1465 erwähnt, dürfte aber deutlich älter sein und hatte einen slawischen Vorläufer in geschützter Lage am See, östlich der heutigen Ortschaft. Der Name sei nach Trautmann (1952) ein slawisch-deutscher Mischname mit Bezug auf die Schutzlage am See. Diese Ansicht wird in neuerer Zeit nicht geteilt und der Name auf einen altpolabischen Personennamen zurückgeführt, »Ort eines Lakava«. In Langhagen steht (noch) eine der vom Umfang her größten Friedhofslinden des Landes. Die Kirche wurde 1615 errichtet, der ihr vorgesetzte Turm im Jahr 1715. 1910/11 wurde der ehemals schlichte Fachwerkbau völlig verändert. An der Hauptstraße und ganz in der Nähe der Kirche steht der »Weberhof«, ein nun wieder gepflegtes Gebäude, errichtet nach Plänen von Paul Korff.

Abgegrabenfelde

PLZ 17166, liegt nahe der B 104 und noch näher bei Neu Wokern, stellt aber den vierten (und kleinsten) Ortsteil von Teterow dar. Abgegrabenfelde besteht aus einem einzelnen Bauerngehöft und kommt ohne Ortsschild aus. Von der Buswendeschleife in Neu Wokern führt ein zunächst befestigter Weg nach Osten und biegt dann als landesüblicher Feldweg links zu dem besagten Anwesen ab. Unterstützt wird der ortsunkundige Besucher aber freundlicherweise durch ein Straßenschild mit der Bezeichnung Abgegrabenfelde. Das liebevoll gepflegte Wohnhaus wird durch ein Rohrdach behütet und ein alter Ziehbrunnen dient der Wasserversorgung für die Haustiere als da sind Pferde und Galloway-Rinder. Der Name dürfte auf einen teilweise heute noch erkennbaren Entwässerungsgraben zurückgehen, welcher im Plattdeutschen als »Afgraben« bezeichnet wird. Das Wohnhaus ist nach der Überlieferung zwischen 1815 und

1830 errichtet worden, wurde später mehrfach umgebaut sowie erweitert. Der Platz dürfte aber schon länger besiedelt worden sein, worauf Bodenfunde und Reste eines hölzernen Brunnens hinweisen. Der Staatskalender von Mecklenburg-Schwerin für das Jahr 1909 benennt Abgegrabenfelde als auf der städtischen Feldmark von Teterow liegenden Erbpachthof mit neun Einwohnern. Die ursprüngliche Wegeanbindung durch das (ebenfalls städtische) Hohe Holz existiert zwar nicht mehr, aber in landesüblicher Beständigkeit lautet die Postadresse 17166 Neu Wokern, Hohes Holz vier. Groß Wokern, wohin auch Neu Wokern gehört, wurde urkundlich erstmals 1302 als Dorf mit einer Kirche genannt. Der Ortsname leitet sich aus dem Altpolabischen her, ist aber nicht sicher zu erklären. Der (slawische) Vorgänger dürfte Klein Wokern sein, in dessen Nähe auch ein Burgwall auf diese Zeit verweist. Klein Wokern wurde allerdings erst 1396 als »tu Wendesschen Wukerd« urkundlich genannt. Die Dorfkirche von Groß Wokern, ein spätromanischer Feldsteinbau mit eingezogenem Rechteckchor und schlichtem romanischen Rundbogenportal, liegt auf einem Hügel am westlichen Dorfrand und wird in die erste Hälfte des 13. Jahrhunderts datiert. Das an der Landstraße Teterow-Krakow gelegene ehemalige Schulzengehöft kann einen langgestreckten Fachwerkbau mit Rohrdach vorweisen, wohl als Scheune zum Anfang des 19. Jahrhunderts errichtet. Einen Besuch, möglichst nach Anmeldung und am besten im Juni, sollte das Rosenlabyrinth wert sein. Hier können Rosen in vielfältiger historischer Art bewundert und auch für den eigenen Garten erworben werden.

Adamsdorf

PLZ 17237, liegt in der Nähe von Neustrelitz und wird im Lande nicht als der Ort angesehen, wo nach der Schrift oder Fritz Reuter das Paradies lag. Das Dorf wurde erstmals urkundlich 1170 als Chotibanz erwähnt, 1182 Cotebanz genannt, 1244 mit Chotibanz, im Altpolabischen »Ort des Chotibad« bezeichnet und könnte mit »Sucht, Verlangen« als Grundwort erklärt werden. 1460 bis 1815 heißt das Dorf Kostall und bald im Volksmund Kuhstall oder auch Kuhschwanz. Den Namen Adamsdorf erhielt der Ort 1815 durch seinen gräflichen Besitzer Blumenthal in Andenken an seinen gefallenen Sohn Adam. Neustrelitz wurde 1701 nach dem Hamburger Vergleich als Sitz des neugebildeten Herzogtums Mecklenburg-Strelitz gegründet, hatte einen slawischen Vorläufer und kann u. a. auf den barocken Stadtkern verweisen. Der Ortsname leitet sich aus dem Altpolabischen ab. Hier steht Strelitze für Schütze. In Neustrelitz wie in der gesamten Region Südostmecklenburg sind Bauten von Friedrich Wilhelm Buttel, einem Schüler von Karl Friedrich Schinkel, anzutreffen, häufig ausgeführt in gelbem Backstein. Nach Neustrelitz führen die B 96, die B 193 sowie die B 198. Nach Adamsdorf gelangt man über die B 193 und biegt bei Brustorf in Richtung Kratzeburg ab. Brustorf wurde 1274 erstmals urkundlich erwähnt und leitet den Namen aus dem Altpolabischen ab, vielleicht »Steinfließ«. Kratzeburg, gelegen am Käbelicksee, wurde 1256 erstmals urkundlich erwähnt und hat seinen Namen aus dem Altpolabischen, »Burg des Krak?«. Am östlichen Ortsrand, etwa 250 Meter von der Dorfkirche entfernt, befindet sich ein Turmhügel. Die Dorfkirche in Kratzeburg ist ein rechteckiger Fachwerkbau mit westlichem Dachturm. Sie wurde 1786 errichtet. In Kratzeburg beginnt die Wasserwanderstrecke »Obere Havel«. Auf dem Zeltplatz bei Kratzeburg findet jeweils zu Pfingsten ein Jugendmediencamp statt, wo junge Medienmacher aus Berlin, Brandenburg und Mecklenburg-Vorpommern ihre Fähigkeiten erproben und trainieren.

Adamshoffnung

PLZ 17213, Gemeinde Fünf Seen (bei Malchow), liegt in einer wald- und seenreichen Landschaft. Die Lage wäre für das Paradies der Schrift wohl geeignet gewesen und dieser unter Zwang verlassene Ort befand sich nach Fritz Reuter auch in relativer Nähe, wurde aber von dem Dichter bei Serrahn, Groten Bäbelin und Krakow ermittelt. Adamshoffnung wurde urkundlich erstmals 1757 als Adamshof erwähnt. Adam mag ja seinerzeit noch gehofft haben, wieder Einlass in das Paradies zu erhalten. Er soll nach Fritz Reuter auch öfter über den Loppiner See nach Jabel geblickt haben, weil dort ja seine eigentliche Heimat, der lehmreiche Priesteracker von Jabel lag. Aber der Cherub mit dem Flammenschwert blieb ein unerbittlicher Wächter. Die Inselstadt Malchow, gelegen zwischen Plauer See und Fleesensee und ob der Tuchherstellung einst das Manchester Mecklenburgs genannt, wurde urkundlich erstmals 1235 als Stadt mit deutschem Recht erwähnt. 1298 wurde im Dorf Alt-Malchow auf dem Südufer das Kloster der Büßerinnen gegründet, später in ein Zisterzienserinnenkloster umgewandelt. Die mecklenburgischen Landstände führten das Kloster von 1572 bis 1920 als Jungfrauenkloster weiter. An Stelle des mittelalterlichen Vorgängerbaues errichtete Friedrich Wilhelm Buttel die Klosterkirche (ab 1844) im neogotischen Stil. Die Klosterkirche brannte ab und wurde zwischen 1888 und 1890 durch Georg Daniel im gleichen Stil wieder aufgebaut. Georg Daniel hatte bereits 1873 die Stadtkirche ebenfalls im Stil der Neogotik erbaut. Das Rathaus ist ein zweigeschossiger Fachwerkbau von sieben Achsen und in das 18. Jahrhundert zu datieren. Der Ortsname leitet sich aus dem Altpolabischen ab, »Ort eines Mal-ch'«. Im Bereich der Mündung des Eldekanals in den Plauer See (Nordseite) liegt eine Burgstelle mit dem Namen »Burg auf den Lenz«. Wasserwanderer werden von den Möglichkeiten, welche die Stadt mit ihren Anbindungen an die großen Seen Mecklenburgs und über die Elde und Elbe bietet, begeistert sein, bzw. sind es bereits. Adamshoffnung ist über die Abfahrt 17 (Waren/Müritz) der A 19 bzw. die B 192 gut erreichbar. Eine weitere, reizvolle Anreise ist über die Müritz-Elde-Wasserstraße bis zum Petersdorfer See möglich. Petersdorf ist im Lande als Dorfname mehrfach vertreten. In dem hier gemeinten Petersdorf bestand 1834 eine Holzwärterei. Neben dem Holzvogt lebten in dem kleinen Ort auch drei Büdnerfamilien. 1909 wohnten nach dem Großherzoglichen Staatskalender von Mecklenburg-Schwerin in Petersdorf der Holzvogt, drei Büdner und neun Häusler, gab es eine Schule und die Fischerei. Wer nach Malchow kommt, der sollte sich den »Malchower Kreidebezirk« nicht entgehen lassen. Durch die jüngste Kaltzeit, die Weichseleiszeit, entstand eine in ihrer Vielfalt beeindruckende Landschaft mit zahlreichen Vorkommen an Kreidekalk, welche im Laufe der Jahrhunderte immer wieder wirtschaftlich genutzt wurden. Krakow und Serrahn werden nachstehend noch näher beschrieben. Groß Bäbelin, vorstehend als einer der Orte zur Lokalisierung des Paradieses genannt, wurde 1447 erstmals urkundlich erwähnt und leitet den Dorfnamen aus dem Altpolabischen ab, »Ort eines Bob-la«. Das ehemalige Gutshaus ist ein bescheidener, eingeschossiger Putzbau, der eine bessere Pflege verdient.

Altona

PLZ 19294, liegt nicht an der Elbe, sondern an der Elde, genauer an der Alten Elde. Daneben gibt es noch eine lange Reihe von Namensvettern innerhalb und außerhalb von Deutschland. Unser Altona gehört neben weiteren Dörfern und Einzelgehöften zu der Kleinstadt Eldena, befindet sich somit in der Griesen Gegend und besteht nach Kirchenakten zumindest seit dem Jahr 1819. Für das Jahr 1909 nennt der »Grossherzoglich Mecklenburg-Schweriner Staats-Kalender«, das offizielle Handbuch, im Domanialamt Grabow auch Altona, als zu Eldena gehörend. Bewohnt wurde es von zwei Erbpächtern, zwei Büdnern, von denen einer einen Ausschank und Verkauf von Obstwein betreiben durfte, sowie einem Häusler, zusammen 40 Einwohner. Der Ortsname Altona wurde früher Altena geschrieben. Hierbei dürfte es sich um einen Flurnamen von hoher Symbolkraft gehandelt haben, welcher bald zu einem Familiennamen wurde, vielleicht auch umgekehrt, der mit großer Sicherheit von Siedlern/Kolonisten aus den Niederlanden nach Norddeutschland (über Kleve) gelangte und im Zuge des Landesausbaues auch in Mecklenburg erschien. Niederländer trugen diesen Namen in beinahe alle Gebiete, wo sie siedelten, gehäuft vor allem nach Nordamerika. Danach könnte Altona bei Eldena deutlich älter sein als bisher angenommen. Im Mittelniederdeutschen bedeutet Altona »Allzunah« und wird häufig als Name von kleinen Siedlungen und Höfen angetroffen. In Eldena befand sich ein um 1230 gegründetes Zisterzienser-Nonnenkloster. Die Kirche des ehemaligen Klosters wurde 1835 durch einen Brand zerstört und als aufwendiger Neubau in gotischen Formen und mit stattlichem Westturm unter Nutzung der Umfassungswände des mittelalterlichen Backsteinbaues neu errichtet. Das Kloster wurde wohl nach dem nahe gelegenen Fluss, der Elde, benannt. Nach dem MUB wurde die Elde bereits 786 in einer Stiftungsurkunde des Bistums Verden durch Karl den Großen erwähnt. Die Echtheit dieser Urkunde ist allerdings umstritten. Der Flussname dürfte einer alteuropäischen Namensschicht angehören. Altona ist über die B 191, aber auch über die Müritz-Elde-Wasserstraße gut erreichbar.

Auerose

PLZ 17398, liegt in der Nähe von Anklam und gehört zur Gemeinde Neu Kosenow, nahe der B 109. 1553 erteilte Herzog Philipp I. einen Lehnbrief, worin u. a. auch Owrose (Auerose) genannt wurde. Der Ortsname geht wohl auf den Auerochsen, den Stammvater unserer Hausrinder, zurück. Die Kirche von Auerose wurde erstmals 1572 in den Kirchenbüchern von Kagendorf, einem weiteren Dorf der Gemeinde, erwähnt. Die Kirche in Kagendorf wurde ab 1300 in mehreren Bauabschnitten errichtet, ist ein langgestreckter Rechteckbau und wurde am Ende des 19. Jahrhunderts umfassend erneuert. Die Kirche zu Auerose ist ein verputzter Feldsteinbau, welcher 1670 einen in Fachwerk errichteten westlichen Kirchturm erhielt. Der Kanzelaltar und das Kastengestühl stammen aus der zweiten Hälfte des 18. Jahrhunderts. Das Herrenhaus wurde 1848/1849 als neogotischer Putzbau errichtet, erfuhr 1902 einen Umbau im Stil des Neobarock und verfällt nach begonnener Sanierung erneut. Das Mausoleum auf dem Friedhof, nun als Leichenhalle genutzt, ist ein spätklassizistischer rechteckiger Putzbau mit tempelartiger Eingangsfront und nach der Mitte des 19. Jahrhunderts errichtet. Ursprünglich stand in Auerose, an der Landstraße zwischen den alten Hansestädten Anklam und Greifswald, eine Burg, deren Besitzer im Kriegsfall zum Heeresdienst für den Landesherrn

verpflichtet waren. So hatte Owrose 1628 einen Rossdienst zu stellen, einen Ritter mit Knecht, beide beritten. Anklam war als Burg der pommerschen Herzöge am Übergang der Küstenstraße über die Peene angelegt worden. Bald nach 1200, wohl im Anschluss an eine Kaufmannssiedlung, entstand die erstmals 1243 genannte und planmäßig angelegte Stadt, welche 1264 das lübische Stadtrecht erhielt und seit 1283 der Hanse angehörte. Der Name der Stadt leitet sich aus dem Altpolabischen ab, »Taglim« und bezieht sich wohl auf den slawischen Lokator. 1243 wurde ein Stadtvogt von »Tachlim« genannt. Ab 1321 hat sich die heute bekannte Bezeichnung durchgesetzt.
Anklam hatte zeitweilig auch ein Münzrecht. Die Liste der Sehenswürdigkeiten von Anklam wurde in den letzten Tagen des Zweiten Weltkrieges dramatisch verkürzt. Die älteste Kirche ist Sankt Marien, eine dreischiffige Hallenkirche aus der zweiten Hälfte des 13. Jahrhunderts. Die Nikolaikirche, ebenfalls eine dreischiffige Hallenkirche und um 1400 vollendet, brannte 1945 aus. Erhalten blieben Reste der mittelalterlichen Stadtbefestigung wie das Steintor und an der Straße nach Pasewalk (B 109) ein Wartturm, Hoher Stein genannt. Der einst reiche Bestand an spätgotischen Bürgerhäusern wurde 1945 weitgehend vernichtet. In Anklam befinden sich ein Museum und ein Denkmal, welche an den berühmtesten Sohn der Stadt, den Pionier der Luftfahrt Otto Lilienthal, 1848 in Anklam geboren, erinnern. Auerose ist über die B 109 gut erreichbar.

Ave

PLZ 17217, liegt nicht nur in Portugal als Region und Fluss oder ebenfalls in Belgien als Region, sondern auch in Mecklenburg-Vorpommern. Das Dorf in der Nähe von Penzlin, dem liebenswerten Städtchen mit dem freundlichen Beinamen »Puschendörp«, steht auch nicht für ungewöhnlich enge Beziehungen zur Klasse

Aves, den Vögeln, obwohl diese nicht nur im nahen Müritz-Nationalpark, sondern auch in der Umgebung des kleinen Dorfes mit dem für das Land beinahe üblichen See zu erleben sind. Vielmehr dürfte hier die bekannte lateinische Gruß- und Segensformel den Ortsnamen bestimmt haben. Urkundlich wurde Ave erst 1501 als Lehen des Bernd von Maltzan zu Penzlin erwähnt, dürfte aber älter sein, da hier ein slawisches Vorgängerdorf angenommen wird. Das Gutshaus in Ave, ein zweigeschossiger Putzbau aus dem 19. Jahrhundert, wird restauriert und befindet sich im Besitz des »Blauen Kreuzes«. Am Nordostende des ehemaligen Gutskomplexes am Rande der Niederung wurde eine namenlose Turmhügelburg lokalisiert. Ave ist über die B 192 gut erreichbar. Im nahen Mollenstorf steht eine frühgotische Kirche, welche erstmals 1335 erwähnt wurde, ein rechteckiger Backsteinbau mit barocken Fenstern, zugemauertem Westportal und Blendengiebel. Im ehemaligen Gutspark wird oberhalb des Teiches ein mittelalterlicher Turmhügel vermutet. Den Namen Mollenstorf trägt der Ort seit 1558, wohl auf den damaligen Besitzer bezogen.

Penzlin, das Städtchen mit dem bekannten Hexenkeller (außer Betrieb), welcher noch vor dem Dreißigjährigen Krieg (1560) errichtet wurde, kann neben dem Museum in der alten Burg und Teilen der Stadtbefestigung auf die gotische Backsteinkirche Sankt Nikolai verweisen. Weithin sichtbar und auf dem höchsten Punkt der Stadt lädt sie zur Besichtigung und Andacht ein. Eine Dauerausstellung im Museum dokumentiert die mehr als 4000 bekannten Hexenprozesse in Mecklenburg. Als letzte vermeintliche und verurteilte Hexe starb Dorothea Köppen aus Penzlin 1699 auf dem Scheiterhaufen, errichtet auf dem Galgenberg. Hier erinnert ein Obelisk an den Freiherrn Georg Ferdinand von Maltzan, welcher als erster Adeliger in Mecklenburg 1816 auf seinen Gütern die Leibeigenschaft aufhob und sich daher erfreulich von seinem Vorfahren Bernd von Maltzan unterscheidet, welcher ob seiner Gewalttätigkeit und Fehdelust als »der böse Bernd« in die mecklenburgische Geschichte einging.

Auf dem Tempelberg, gelegen auf dem südlichen Teil des Gemeindegebietes, erhebt sich eine Steinpyramide, die Grabstätte des Joseph von Maltzan. Mecklenburg-Vorpommern kann noch einen zweiten Tempelberg vorweisen, gelegen auf der Insel Rügen und im Rahmen dieses Werkes in einer näheren Betrachtung vorgestellt.

In Penzlin befindet sich ein Denkmal für Johann Heinrich Voß, den Übersetzter des Homer, hier aufgewachsen. Das Denkmal wurde 1982 von dem Warener Künstler Walther Preik geschaffen. Auf dem Jüdischen Friedhof, südwestlich der Stadt, auf dem »Ziegelkamp« gelegen, sind etwa 55 Grabsteine erhalten geblieben. Penzlin wurde erstmals in der (teilweise gefälschten) Urkunde von 1170 genannt und leitet den Namen aus dem Altpolabischen ab, »Ort des Pecela«. Der deutschrechtliche Ort dürfte vor 1226 gegründet worden sein. Bei dem slawischen Burgwall am Penzliner Stadtsee handelt es sich um eine Anlage aus dem 10.–12. Jahrhundert, welche durch gewaltige Wälle geschützt und in frühdeutscher Zeit weiter genutzt wurde. Auf dem Grapenwerder, nördlich der Stadt, befindet sich ein weiterer Burgwall aus slawischer Zeit.

Bad Sülze

PLZ 18334, in den Gasthäusern der Kleinstadt wird auch Sülze mit knusprigen Bratkartoffeln, ein im Lande geschätztes Gericht, angeboten. Aber daher erklärt sich der Name nicht. Bereits 1178 wird der Ort als »villa Szizelubiz« erwähnt, »Ort, wo Leute eines Cicelab wohnen«. Naheliegend ist auch die Ortsbezeichnung zu den hier vorhandenen Salzquellen. 1243 erhielt das Kloster Doberan das Recht in Sulta (Lateinisch für Saline) Salz zu sieden, »salinam in Sulta«. Daraus wurde 1287 Sulte, 1300 Sulten und später Sülze. Stadtrecht erhielt der Ort zwischen 1255 und 1260 durch den Fürsten von Rostock. 1287 wird der Ort als civitas erwähnt. Zu Beginn des

19. Jahrhunderts hatte die Saline ihre beste Zeit, 1822 begann der Kurbetrieb. 1907 wurde die Salzproduktion eingestellt und 1927 Sülze als Kurort anerkannt, der sich nun »Bad Sülze« nennen darf. Erhalten blieb das Gradierwerk der Saline. Das Kurhaus ist ein zweigeschossiger klassizistischer Putzbau und wahrscheinlich 1828 von Carl Theodor Severin erbaut. Die Stadtkirche zeigt sich als ein Backsteinbau, errichtet um die Mitte des 13. Jahrhunderts nach westfälischem Vorbild. Reizvoll auch die Lage im Tal von Trebel und Recknitz, wo Raritäten aus der Pflanzen- und Vogelwelt notwendigen und verdienten Schutz finden. Nahe an Bad Sülze liegt die Abfahrt 20 der A 20 (Bad Sülze). Möglich ist auch eine Anreise über die L 21.

Basse

PLZ 17179, Gemeinde Lühburg, ist der älteste Ort dieser Gemeinde. Die Kirche von Basse wurde erstmals 1364 urkundlich in ecclesia »villa Basseuytze« erwähnt. Der Name kommt aus dem Altpolabischen und bedeutet »Ort, wo Leute eines Baß wohnen«. Weiterhin ist Basse der niederdeutsche Name für Keiler, das wehrhafte männliche Wildschwein. In seiner gezähmten Form und auf dem Teller stellt es der Mecklenburger und Pommern liebstes Tier dar, wird auch als Schinken, Roh-, Brüh- und Kochwurst sehr geschätzt, ebenso als Wellfleisch. Der Kopf des Bassen mit seinen Waffen, den schimmernden Eckzähnen, stellt das Wappen der Familie Bassewitz dar, welche hier über Jahrhunderte ansässig war. In Basse empfiehlt sich ein Besuch der Dorfkirche, eines wuchtigen Feld-Backsteinbaus, welcher 1964 restauriert wurde. Zu der Gemeinde gehört u. a. der Ortsteil

Gottesgabe. Der Name Gottesgabe für einen Ort ist im Lande noch öfter anzutreffen und wird an anderer Stelle näher betrachtet.

In Lühburg, dem Hauptort der Gemeinde, steht das älteste Gutshaus, das im französischen Stil in Mecklenburg gebaut wurde, eine Dreiflügelanlage um einen Ehrenhof und um 1700 errichtet. 1885 wurde die Anlage erweitert, brannte 1966 aus und wurde wieder aufgebaut. Der Hauptflügel ist zweigeschossig mit dreigeschossigem, giebelbekröntem Mitteltrakt und hat ein Mansardendach. Die beiden eingeschossigen Seitenflügel haben ebenfalls ein Mansardendach. Im nahen Gnoien, 1257 durch die Fürsten von Werle geründet und 1290 mit Rostocker Stadtrecht bewidmet, empfiehlt sich ein Besuch der Stadtkirche Sankt Marien, eines frühgotischen Backsteinbaus aus dem 13. Jahrhundert mit Gewölbemalereien im Chor und einem spätgotischen Flügelaltar. Die Kleinstadt wurde ursprünglich planmäßig auf einem Hügel angelegt. Der Name leitet sich aus dem Altpolabischen her, »Ort in unreinem Gelände«. Gnoien und Basse liegen an der B 110.

Benzin

PLZ 19386, bei Lübz und PLZ 19217 bei Rehna. In diesen Dörfern gibt es nicht eine einzige Tankstelle. Auch erhalten Bewohner beider Orte weder in Lübz noch in Rehna einen Rabatt an den dortigen Zapfsäulen. Benzin bei Rehna wird bereits im Jahr 1230 erstmals urkundlich als Bansin erwähnt und 1309 Bencin genannt. Rehna, entstanden aus einem Dorf, das schon vor der Gründung des Benediktinerinnenklosters (1236) bestand, wurde urkundlich erstmals 1362 als oppidum (Stadt) genannt. Die ehemalige Klosterkirche ist ein Backsteinbau, der um die Mitte des 15. Jahrhunderts errichtet wurde. Die Klostergebäude sind nur zum Teil erhalten. Rehna kann neben schlichten Fachwerkhäusern auf ein Rathaus mit rundbogigem Giebel und einem Laternentürmchen verweisen. Der Ortsname dürfte sich aus dem Altpolabischen herleiten und auf einen Personenamen beziehen. Nach Rehna führt uns die B 104. Günstig liegt auch die Abfahrt 5 (Roduchelstorf) der A 20. Roduchelstorf wurde 1237 erstmals urkundlich erwähnt. In Roduchelstorf steht das älteste, aus dem Jahr 1616 stammende Kossätenhaus Mecklenburgs, original restauriert und als Rauchhaus nach wie vor bewohnt. Der Dorfname leitet sich aus dem Altpolabischen ab, »Ort des Raduchla«. Benzin in der Nähe von Lübz, ein Ort, der Landsleuten und Gästen wegen des bekömmlichen Gerstensaftes gut bekannt ist, wird 1310 als Bentcin erstmals urkundlich erwähnt. Der Ortsname ist im Lande in ähnlicher Form wiederholt anzutreffen, kommt aus dem Altpolabischen und bedeutet »Ort des Beka«. Benzin kann eine kleine Fachwerkkirche aus der zweiten Hälfte des 16. Jahrhunderts mit einem Schnitzaltar aus dem ersten Viertel des 16. Jahrhunderts vorweisen. Lübz, die Stadt an der Elde, wurde 1274 erstmals urkundlich genannt und sicherte als Burg (Eldenburg) die Straße von Berlin nach Lübeck. Der Stadtname leitet sich aus dem Altpolabischen ab, »Ort eines Lubek«. Neben der Würdigung des Gerstensaftes empfiehlt sich u. a. ein Besuch der Stadtkirche, eines rechteckigen Backsteinbaus mit Feldsteinsockel, um 1570 errichtet und mit reicher Innenausstattung versehen. Ein Blick vom Kirchturm (55 Meter über

dem Meeresspiegel) bietet eine überraschende Sicht auf die leicht hügelige, vielfach strukturierte Landschaft mit der schiffbaren Elde. Nach Benzin bei Lübz fährt man über die B 191 und in Lübz ab in Richtung Benzin, kann auf der B 191 auch bis Broock fahren und dort abbiegen. Broock wurde urkundlich erstmals 1317 erwähnt. Ob hier der Name des slawischen Lokators »Ort des Brok« überliefert wurde, ist ungesichert. Das Feldsteinschiff der Kirche in Broock wird in das 13. Jahrhundert datiert. Der Backsteinchor ist sicher jünger und weist im Giebel Formen der Renaissance auf.

Besitz

PLZ 19258, gehört zu dem Städtchen Boizenburg, welches an Elbe, Elde und Boize mit ihren jeweiligen Altwasserläufen liegt. Im Jahre 1453 wird das Dorf Barsitze erstmals urkundlich erwähnt und 1485 als Bartze bezeichnet. Als ein Ort mit besonders wohlhabenden Einwohnern oder gar Geheimadresse für Steuerflüchtlinge kann Besitz nicht angesehen werden. Die Bezeichnung erklärt sich wie bei vielen Orten im Land aus dem Altpolabischen und steht für die Beute, den Bienenstock, als Klotzbeute gefertigt oder in große, alte Bäume eingearbeitet, waren doch unsere slawischen Vorfahren eifrige Imker. Und es gab ungebrochene Nachfrage nach dem heute ebenso geschätzten Bienenhonig, auch wenn die alte, robuste Waldbiene längst modernen, ertragreicheren Rassen weichen musste. Boizenburg wurde urkundlich bereits 1195 genannt und leitet zumindest einen Teil seines Ortsnamens wohl aus dem Altpolabischen ab, »Ort eines Byten«. An der Stelle, wo die Handelsstraße zwischen Lüneburg und Lübeck die Elbe überschritt, wurde bereits um 1170 in der Nähe einer slawischen Burg eine deutsche Befestigung angelegt. Die Stadtkirche wurde nach dem Stadtbrand von 1709 in barocker Form neu erbaut und 1860–1865 neugotisch umgestaltet. Aufmerksamkeit darf auch das Rathaus beanspruchen, ein Fachwerkbau, vornehmlich aus dem 18. Jahrhundert. Von der ehemaligen Festung sind noch Wälle und ein doppelter Graben erhalten und werden als Promenade zu friedlichen Zwecken genutzt.

Der Name Elbe geht auf die indogermanische Bezeichnung für »weiß« oder auch »Fluss« zurück. Die Germanen nannten den Strom Albia, die Römer Albis. Nach Boizenburg führt uns die B 5, aber auch die Elbe und Elde.

Blechernkrug

PLZ 18292, gehört zu Krakow, dem von Gästen und Einheimischen geschätzten Städtchen an einem der schönsten Seen des Landes, wo sich nach Fritz Reuter ganz in der Nähe das Paradies befand. Die Versuchung lag aber wohl auch nicht weit ab, denn der »Bechern Krug« galt zu Beginn des 19. Jahrhunderts als eine der drei berüchtigsten Diebes- und Hehlerspelunken Mecklenburgs. Ein Gasthof an diesem Platz wurde urkundlich erstmals 1794 erwähnt und dieser machte durch einen großen Blechkrug als Wirtshausschild auf sich aufmerksam. Nach einem Brand wurde der »Blechern Krug« in den Nachkriegsjahren im gegenüberliegenden Holzhof wieder zum behäbigen Ausspann für durstige Pferde und trinkfeste Bauern, dann zeitweilig eine beliebte Jugendherberge, erfuhr Leerstand und einen Neubeginn als Gaststätte/Hotel mit herrlichem Blick auf den See und guter Anbindung an die Bundesstraße 103. Im »Blechern Krug« oder vielmehr davor hielt seinerzeit auch der ansässige Tierarzt Sprechstunden ab, d. h. die Bauern stellten ihm im Bedarfsfall ihre Pferde vor. Nun litt ein Pferd an einer hartnäckigen Verstopfung, wurde behandelt und wieder vor dem Krug angebunden. Plötzlich verdunkelte sich die Gaststube. Die Behandlung zeigte Wirkung und das brave Ross schiss ein Fenster blind. Das Bäuerlein bekam vom Wirt Eimer und Wischlappen zwecks umgehender Reinigung in die Hände gedrückt und die erfolgreiche Behandlung war hinreichend Grund für eine weitere Saallage. Krakow, der bekannte Luftkurort, wurde urkundlich erstmals 1298 erwähnt und entwickelte sich aus einem deutschen Dorf, welches in der Nähe eines slawischen Burgwalls und eines slawischen Dorfs, dem späteren Oldendorf, lag. Der Stadtname leitet sich aus dem Altpolabischen ab und kann mit »Arm eines Flusses, Verzweigung, Gabelung« übersetzt werden. Möglich erscheint aber auch der Bezug auf einen Personennamen, »Ort des Krak«. In Krakow empfiehlt sich ein Gang in die Stadtkirche, welche ein langgestreckter rechteckiger Backsteinbau ist. Von der ursprünglichen Anlage aus dem 13. Jahrhundert sind nur geringe Reste erhalten. Der heutige Bau stammt vorwiegend aus dem Jahr 1762, der Altaraufsatz aus dem Jahr 1705. In Krakow kann die ehemalige Synagoge, heute ein Informationszentrum, besucht werden. Die Synagoge überstand die Zeit des Nationalsozialismus als Gebäude unbeschadet, weil damals bereits in öffentlicher Hand befindlich. Zu einem Besuch in Krakow gehört ein Bummel über die Promenade am See und eine Fahrt über diesen, möglichst mit dem historischen, aber zuverlässigen Motorboot »Frauenlob«. Die Anreise nach Krakow kann über die B 103 oder über die Abfahrt 14 (Krakow) der A 19 erfolgen.

Bohlendorf

PLZ 18556, muss nicht über einen historischen Bohlenweg aufgesucht werden. Der Gutsweiler zählt zur Gemeinde Wiek auf der Halbinsel Wittow, die zu Rügen, Deutschlands größter Insel, gehört. Die Halbinsel Wittow ist der nördlichste Teil der Insel Rügen. Der Name Wittow dürfte aus dem Altpolabischen stammen und könnte eine inhaltliche Nähe zu dem Wort für Gewinn haben, Leute mit einem Gespür für Handel und Gewinn waren (und sind) die Rüganer. Auf dem ohnehin oft windigen Rügen gilt das den Winden besonders ausgesetzte Wittow als Windland, das dafür auch stets frische Meeresluft zu bieten hat. Die Gemeinde ist über die Landstraße 30 entweder über die Nehrung der Schaabe zu erreichen oder über die Wittower Fähre, einer Autofähre zwischen den Gemeinden Wiek und Trent. 1318 wird Claws Bolenson als rügenscher Knappe erwähnt. Sein Vorfahre mag der mit der Gründung des Ortes beauftragte Lokator gewesen sein. Das Gutshaus ist ein Putzbau und wurde um 1793 errichtet. Nach Renovierung erfolgte 1995 die Eröffnung des Landhotels »Herrenhaus Bohlendorf«. Der angrenzende, ursprünglich barocke Park wurde im 19. Jahrhundert im englischen Stil umgestaltet, ist aber nur noch in Teilen erhalten. In Wiek, dem 1314 erstmals urkundlich erwähnten Hauptort der Gemeinde, sollte die Pfarrkirche Sankt Georg, eine um 1400 errichtete gotische Backsteinkirche mit Glockenstuhl (um 1600 gebaut), einen Besuch wert sein. Zum Hafen mit der Kreidebrücke, ein Naturhafen, der 2003 neu gestaltet wurde, findet jeder Besucher, zumal es von Wiek aus einen regelmäßigen Fährverkehr zur liebenswerten Insel Hiddensee gibt. Die Bezeichnung Schaabe stammt aus dem Altpolabischen und bedeutet hier »Frosch«. Sonnenanbeter und Strandwanderer bewegen sich gewissermaßen im Reich des Froschkönigs.

Brille

PLZ 17099, hier liegen nicht etwa besonders günstige Bedingungen für die ehrenwerte Zunft der Optiker vor, weil Sehschwächen verbreitet auftreten. Brille wird im Staatshandbuch von 1878 für das Jahr 1868 zusammen mit dem Dorf Bresewitz bei Friedland, heutige PLZ 17099, und einer ebenfalls zu Bresewitz gehörenden Glashütte genannt. Eine aktuelle Wanderkarte zeigt Brille an der Landstraße, die von Friedland nach Klempenow in Richtung A 20 führt und dabei das reizvolle Tal des Großen Landgrabens quert.

Bresewitz wurde urkundlich erst spät, nämlich 1469 erwähnt, dürfte aber wesentlich älter sein und leitet den Dorfnamen aus dem Altpolabischen ab, »Birkenort«. Von einem Dorf kann man bei Brille eher nicht sprechen. Brille besteht nur noch aus einem Einzelgehöft, kommt ohne Ortsschilder aus, hat dafür aber zwei Bushaltestellen. Eine auf der Straßenseite des Gehöftes und die zweite gegenüber. Die Bezeichnung Brille könnte auf dem Fakt beruhen, dass genau gegenüber ein zweites Gehöft lag, das allerdings schon lange verschwunden ist.

Friedland, das alte Vredeland, entstand wohl vor 1200 als Kaufmannssiedlung mit der Nikolaikirche. Und parallel dazu errichteten die Markgrafen von Brandenburg eine Marktsiedlung mit der Marienkirche. Friedland hatte als Grenzstadt zu Pommern eine Reihe von Privilegien, so auch das Recht, Bier zu brauen. Das Brauwasser konnte aus der Datze entnommen werden. Über die Reinheit des Flusses wachte daher der Rat der Stadt mit seinen Helfern. Heute ist die Kleinstadt nicht zuletzt durch die Rote Friedländerin bekannt. Dabei handelt es sich um Fliesen, für welche der Rohstoff aus den wertvollen Tonlagern westlich der Stadt gewonnen wird. Die Datze ist ein kleiner Fluss von 30 Kilometern Länge, hat aber zwei Fließrichtungen und daher auch zwei Mündungen. Der westliche Teil des Flusses mündet bei Neubrandenburg in die Tollense, der nördliche Abschnitt in der Nähe von Friedland in den Großen Landgraben.

1552 lautete der Flussname »die Dartze« oder auch »Dassebek«. Die Bezeichnung kommt aus dem Altpolabischen und kann mit »Dornenstrauch, Dornenbach« übersetzt werden. An den Talrändern der Datze wachsen auch heutigentags Schlehensträucher mit ihren Dornen. Seit 2004 gehört zu Friedland auch Brohm, urkundlich erstmals 1338 erwähnt. Das östlich von Friedland gelegene Dorf leitet den Ortsnamen aus dem Altpolabischen ab, »Torort«; hier das Tor zu den Brohmer Bergen. Die Dorfkirche von Brohm ist ein stattlicher Feldsteinbau aus dem späten 13. Jahrhundert. Etwa 700 Meter südwestlich der Kirche liegt im Bogen des Mühlbaches ein namenloser Turmhügel. Bekannt wurde Brohm durch die zwischen 1969 und 1972 errichtete Talsperre und den Brohmer Stausee, gefüllt von dem Wasser des Golmer Bachs. Golm wurde urkundlich erstmals 1308 erwähnt und leitet den Ortsnamen aus dem Altpolabischen ab, »Hügelort«. Das ist durchaus zutreffend. Die Dorfkirche von Golm ist ein um 1300 angelegter Feldsteinbau mit Teilen aus Backstein. Der westliche Turmaufsatz wurde als Fachwerk 1788 hinzugefügt. Der Brohmer Stausee wurde ursprünglich für die Bewässerung von landwirtschaftlich genutzten Flächen angelegt. Die Vorsperre wurde 1997 zurückgebaut und eine Fischtreppe errichtet. Heute dient der Stausee zur Aufhöhung des Golmer Mühlenbaches bei Niedrigwasser, als Zuschusswasser für den Galenbecker See und dessen Naturschutzgebiet, der Fischerei und dem Angelsport, nicht zuletzt als Badegewässer und der Erholung. Die taktisch-technischen Daten der Talsperre und des Stausees können bei dem jährlich im Juni stattfindenden »Staufest« erfragt werden, zumindest wenn die allgemeine »Stauhöhe« noch in überschaubaren Bereichen liegt. Brille ist über die B 192, dann die L 26 erreichbar. Nahe liegt die Abfahrt Friedland der A 20.

Carlsruhe

PLZ 17153, liegt nicht zwischen Rhein und Neckar, sondern in der Nähe von Stavenhagen, dem Geburtsort von Fritz Reuter, und nahe der B194 sowie der Ostpeene und hat im Land noch einen weiteren Namensvetter, PLZ 18337 in der Nähe von Marlow. Carlsruhe bei Stavenhagen wurde 1799 durch einen Erbpachtkontrakt gegründet und zählte neben weiteren sechs Orten zu den »Säben Dörper«, einer Gemarkung von zehn Kilometern Länge und bis zu fünf Kilometern Breite, die zum Kreis Demmin und somit zur preußischen Provinz Pommern gehörten. Diese Dörfer waren völlig von mecklenburgischem Gebiet (Mecklenburg-Schwerin) umschlossen. Die Exklave wurde 1937 in den Kreis Malchin (Mecklenburg) eingegliedert. Sehenswert ist die Dorfkirche im benachbarten Zettemin, eine zweijochige Feldsteinkirche aus dem 13. Jahrhundert mit eingezogenem Rechteckchor. Die Dreifenstergruppe und das Rundfenster des Chores sowie der blendengegliederte Schiffsgiebel stammen noch aus der Erbauungszeit. Auf dem Kirchhof befindet sich ein ehemaliger Taufstein, 14. Jahrhundert. Zettemin wird durch das um 1750 aus Backstein errichtete Herrenhaus dominiert, welches mit seinen Nebenflügeln eine halbkreisförmige regelmäßige Barockanlage bildet. Der rechte Flügel ist weitgehend ursprünglich erhalten. Zettemin wurde urkundlich erstmals 1261 als zum Kloster Dargun zugehöriges Dorf erwähnt. Der Dorfname leitet sich aus dem Altpolabischen ab, »Ort eines C'etemar«.

Stavenhagen, die Reuterstadt (seit 1949), wurde urkundlich erstmals 1230 erwähnt und ist nach dem Ritter Reinbert von Stove benannt. Im Geburtshaus von Fritz Reuter, dem ehemaligen Rathaus und am Markt gelegen, befindet sich das Fritz-Reuter-Literatur-Museum. Hier handelt es sich um einen zweigeschossigen Putzbau mit Pilastergliederung und Mansarden-Krüppelwalmdach. Das Haus wurde zwischen 1783 und 1788 errichtet und um 1890 restauriert. Vor dem Gebäude steht ein Denkmal für Fritz Reuter, 1911 von

Wilhelm Wandschneider geschaffen. In den Seitenwänden befinden sich Bronzereliefs mit Szenen und Figuren aus Fritz Reuters Werken. Das frühere Amtshaus, Anfang des 18. Jahrhunderts als zwei- bis dreigeschossiger Putzbau wohl auf den Fundamenten eines älteren Vorgängerbaus errichtet, dient nach liebevoller Restaurierung wieder amtlichen Zwecken. Der Vorgänger war eine Niederungsburg und der Platz trägt den Flurnamen »Schloßberg«. Die Stadtkirche, 1782 geweiht, ist ein kreuzförmiger Backsteinbau mit quadratischem Turm. Stavenhagen liegt beiderseits der B 104, kann aber auch mit der Eisenbahn erreicht werden.

Carlsruhe bei Marlow war um 1780 ein Vorwerk von Alt-Steinhorst und hieß Bauer Steinhorst, wurde danach ein Gut und gehört heute zu Marlow. Das ehemalige Gutshaus wurde zur Ruine. Alt-Steinhorst wurde 1302 erstmals urkundlich erwähnt und trug ursprünglich einen altpolabischen Namen, »Ort eines Cepel(a)«, siehe auch Zepelin. Wann die Umbenennung in das Mittelniederdeutsche »sten«, Stein, Fels' und Horst' für Gestrüpp, Buschwerk erfolgte oder ob es sich um eine Ortsneugründung handelt, konnte nach Foster und Willich (2007) nicht ermittelt werden. Marlow, zu den kleinsten Städten im Lande zählend, wurde bereits 1179 als Marlow urkundlich genannt. Der Name kommt aus dem Altpolabischen und bedeutet »Ort eines Marl«. Die Stadt entwickelte sich am Fuße einer slawischen Burg, die bereits im achten Jahrhundert bestanden haben dürfte und im 12./13. Jahrhundert als Grenzburg gegen Pommern von strategischer Bedeutung war. Marlow liegt auf einem Höhenrücken am Westrand des Recknitztales und kann einen dreieckigen Marktplatz vorweisen. Bei der Stadtkirche handelt es sich um einen Backsteinbau aus dem 13. Jahrhundert. Der quadratische Westturm hat die Breite des Mittelschiffes und wurde wohl erst im 15. Jahrhundert durch den achtseitigen Helm abgeschlossen. Das Rathaus wurde 1862 in gotisierenden Formen als zweigeschossiger Putzbau errichtet. Unübersehbar erhebt sich über Marlow der Fernsehturm, 171 Meter hoch, 1970 erbaut und auch Rundfunkübertragungen dienend. Immer einen Besuch wert ist der Vogelpark Marlow. Auf 20 Hektar Parkfläche können etwa 150 verschiedene Vogelarten, in großzügigen Anlagen lebend, betrachtet werden.

Darß

PLZ 19386, liegt nicht nur als beliebtes Urlauberziel an der Ostsee, sondern hat einen Namensvetter im Binnenland, nahe an der Grenze zu Brandenburg. Das Dorf Darß gehört zur Gemeinde Wahlstorf, liegt etwa 12 Kilometer südlich von Lübz, der Stadt mit dem traditionsreichen Gerstensaft und ist über die B 103 sowie den Autobahnanschluss Pritzwalk der A 24 gut erreichbar. Das Dorf wurde urkundlich erstmals 1274 als »villa Dertze« erwähnt. Der Name kommt aus dem Altpolabischen und bedeutet, wie auch die Bezeichnung für die reizvolle Region an der Ostsee, »draci«, Dornstrauch, hier mit Dornort zu übersetzen. Ob es sich um eine durch Dornensträucher und Hecken gesicherte Siedlung handelte oder ob eine der Plagen des Landmannes die Wahl des Ortsnamen bestimmten, vielleicht sogar beide Gründe vorlagen, kann heute nicht mehr mit Sicherheit bestimmt werden. Darß ist ein kleines Angerdorf und war ursprünglich für sieben Bauernstellen angelegt. In der Dorfkirche, einem neogotischen Backsteinbau aus dem Jahr 1886, können noch zwei Fenster und eine Glocke des Vorgängerbaues betrachtet werden. Der Name des Hauptortes der Gemeinde, Wahlstorf, leitet sich aus dem Altpolabischen ab, »Dorf des Val«, als slawisch-deutscher Mischname.

Drusenhorst

PLZ 19288, gehört zu Ludwigslust. Drusenhorst ist nicht der Ort, wo erstmals (1888) der Erreger der Druse des Pferdes, Streptococcus equi, nachgewiesen wurde. Als Entdecker dieses Erregers gilt Wilhelm Schütz (1839–1920), seinerzeit anerkannter Anatom und Bakteriologe an der Berliner Tierärztlichen Hochschule, welcher keine gesicherten Beziehungen zu Ludwigslust und Drusenhorst hatte. Der »Grossherzoglich Mecklenburg-Schweriner Staats-Kalender« von 1909, das offizielle Handbuch des Großherzogtums Mecklenburg-Schwerin, nennt Drusenhorst als auf der städtischen Feldmark von Ludwigslust liegende Schenkwirtschaft. Der Überlieferung nach verkehrten in diesem Ausflugslokal in Gesellschaft von Offizieren des 1. Großherzoglich Mecklenburgischen Dragonerregiments Nr. 17 auch Damen von leichter Lebensart. Heute befindet sich in dem Gebäude Hamburger Tor 15 a ein Naturerlebniszentrum und Jugendgästehaus, engagiert in der Umweltbildung und im Naturschutz. Angeboten werden auch Übernachtungen, Vogelstimmenwanderungen, Pilzsafaris und Radtouren. Ob Drusenhorst, etwas frei übersetzt, »Krötennest« bedeutet, erscheint nicht sicher, auch nicht, ob sich hier ein deutsch-slawischer Mischname (Personenname) erhalten hat. Gesichert durch an der B 5 aufgestellte Fangzäune werden in jedem Frühjahr Kröten zu ihren Laichplätzen und wieder zurück geleitet. Somit besteht doch einige Berechtigung für die Übersetzung von Drusenhorst als »Krötennest«. Auf die Sehenswürdigkeiten von »Lulu«, wie die Einheimischen liebevoll Ludwigslust benennen, wird an anderer Stelle eingegangen.

Drüsewitz

PLZ 18195, gehört zur Gemeinde Selpin und wurde urkundlich erstmals 1341 als Druseuitz erwähnt. Der Ortsname leitet sich aus dem Altpolabischen her und könnte »Ort, wo Leute eines Duze wohnen«, bedeuten. Weiterhin besteht auch eine sprachliche Nähe zu »drug«, Slawisch für Freund, nicht aber zu Drüsen, Organen, deren Parenchym Sekrete oder Exkrete absondert. Nahe liegt Tessin, die Kleinstadt über der Recknitz. Der Fluss gilt unter Wasserwanderern noch immer als Geheimtipp. Der Windungsreichtum der Recknitz wird, wie auch bei dem Nebelverlauf zwischen Serrahn und Kuchelmiss angeführt, nach der Volkssage dem Teufel angelastet.

Der Herrgott soll auch hier »bei der Erschaffung der Erde in Zeitnot und alle Engel bereits eingesetzt« den Teufel zur Arbeit eingeteilt haben. Dieser verwendete seine Großmutter als Vorspann, um das Flussbett der Recknitz auszupflügen, aber der Tag war wohl von sehr warmer Art und die Bremsen lästig, so dass die alte Frau hin und her sprang, den Pflug verriss und die Recknitz zu ihrem gewundenen Lauf kam. Die Recknitz hat ihren Ursprung nördlich von Teterow als Korleputer Mühlenbach und mündet nach 69 Kilometern bei Ribnitz-Damgarten in den Saaler Bodden. Die untere Recknitz ist zwischen Bad Sülze und Ribnitz-Damgarten die historische Grenze zwischen Mecklenburg und Vorpommern. Der Name Recknitz kommt aus dem Altpolabischen und bedeutet »Kleiner Fluss«. Selpin, der Gemeindesitz, wurde 1399 erstmals urkundlich erwähnt, liegt im Quellgebiet der Warbel, eines Baches, der in die Trebel mündet, und leitet den Ortsnamen aus dem Altpolabischen ab, »Ort des Selpa«. Die Warbel verzichtet als bescheidenes Gewässer auf eine klar erkennbare Quelle und mündet nach 22 Kilometern gemächlichen Verlaufs unweit von Gnoien bei Wasdow in die Trebel. Wasdow wurde 1352 erstmals urkundlich erwähnt. Der Dorfname dürfte sich aus dem Altpolabischen herleiten, »Ort eines Vars«. Die Dorfkirche von Wasdow ist ein rechteckiger, teilweise verputzter Fachwerkbau, der 1754 errichtet wurde und einen spätgotischen Flügelaltar in einem barocken Rahmen besitzt. Der Flussname Warbel dürfte ebenfalls aus dem Altpolabischen stammen. Es wird eine Nähe zu der Bezeichnung für Sperling angenommen. Das schlichte Gutshaus in Drüsewitz wurde in der Mitte des 19. Jahrhunderts errichtet. In einem Wald bei Drüsewitz lag der Hauptgefechtsstand, die für den Kriegsfall vorbereitete gedeckte Führungsstelle des Kommandos der Volksmarine der DDR. Die Bunkeranlage wurde nach 1990 ausgeräumt, 1993 verschlossen und kann seit Kurzem wieder betreten werden. Die Gemeinde ist über die Abfahrt Tessin der A 20, aber auch die B 110, gut erreichbar. Wer sich gerne in der Natur bewegen möchte, der kann Bahntrassenradeln auf der Tessiner Schmalspurbahn, einer ehemaligen »Rübenbahn« über ca. 16 Kilometer, erleben. Tessin entwickelte sich neben einer bereits in slawischer Zeit bezeugten, dann deutschen Burg, die den Übergang der Straße von Rostock über Demmin nach Stettin über die Recknitz sicherte und 1250 als castrum Tessyn (Burg Tessin) erwähnt wurde. Der Stadtname leitet sich aus dem Altpolabischen her, »Ort eine Tes oder Techa«. Die auf einer Anhöhe gelegene Kirche Sankt Johannis kann auf einen quadratischen Feldsteinchor aus der Mitte des 13. Jahrhunderts verweisen. Das gitterförmige Straßennetz der Altstadt deutet auf eine planmäßige Bebauung in der Gründungszeit hin.

Dudendorf

PLZ 18334, ist nicht der Geburtsort von Konrad Duden. Der Name des am nördlichen Talrand der Recknitz liegenden Dorfes leitet sich aber mit doch beachtenswerter Nähe von dem Personennamen Dude ab. Dudendorf wird erst in den Jahren 1534 und 1535 nach einer Visitation als zum Schweriner Sprengel gehörend erwähnt und musste neben weiteren Dörfern dem Pfarrer von

Sülze Messkorn geben. Den Ort dominiert das ehemalige Gutshaus, ein zweigeschossiger, rechteckiger Putzbau, welcher um 1850 im neogotischen Tudorstil errichtet wurde. Die Hofseite weist zwei unterschiedlich ausgebildete, übergiebelte Seitenrisalite auf. An der rechten Schmalseite befindet sich ein viergeschossiger Rundturm mit Kegeldach. An der Recknitz liegt auf dem Gemeindegebiet die Kucksdorfer Burg, eine slawische Fluchtburg, als Ringwall erhalten. Kucksdorf wurde 1326 erstmals urkundlich erwähnt und dürfte den Ortsnamen aus dem Mittelniederdeutschen haben, »Dorf eines Kok«. Ein slawisch-deutscher Mischname erscheint aber auch möglich. Die Burg wird in das 8./9. Jahrhundert datiert.

Dettmannsdorf, Hauptort der Gemeinde, wurde urkundlich erstmals 1293 erwähnt und hat den Ortsnamen aus dem Mittelniederdeutschen erhalten, »Dorf eines Detmar«. Dudendorf liegt zwischen der B 110 und der Abfahrt 20 der A 20.

Dümmer

PLZ 19073, liegt in einer alten Siedlungskammer im Amt Stralendorf am Dümmer See, der von der Sude durchflossen wird. Hier wird man nicht etwa dümmer, sondern wurde sogar gebildet, nämlich in Rechten und Pflichten eines Beamten, so dessen Dienstherr der Landwirtschaftsminister von Mecklenburg-Vorpommern war. Dümmer wurde erstmals im Ratzeburger Zehntregister (1230) erwähnt und leitet seinen ursprünglichen Ortsnamen Dummere aus dem Altpolabischen ab. »Die Domamer«, »Die von Haus Ruhm haben«. Die Nähe zur Landeshauptstadt hat dem dennoch beschaulichen Dorf neue Einwohner und neue Häuser beschert. Ratzeburg, 1062 erstmals urkundlich erwähnt, hat den Namen aus dem Altpolabischen, »Ort des Race«. 1154 etablierte Heinrich der Löwe, Herzog von Sachsen und Bayern, das Bistum Ratzeburg. Die Stadt

Ratzeburg gehörte später zum Herzogtum Sachsen-Lauenburg, das Stiftsgebiet mit dem Dom gelangte ab 1648 als Fürstentum Ratzeburg an Mecklenburg (bis 1945). Der Ratzeburger Dom und die Altstadt liegen auf einer Insel im Ratzeburger See.

Der die Stadtinsel überragende romanische Dom wurde 1170 fertiggestellt und von Heinrich dem Löwen gestiftet. Am Domhof wurde 1766 für Herzog Adolf Friedrich IV. von Mecklenburg-Strelitz ein Herrenhaus erbaut, welches heute das Kreismuseum Herzogtum Lauenburg beherbergt. In Ratzeburg befindet sich die letzte Ruhestätte von Ernst Barlach. Die Sude, ein 85 Kilometer langer, rechter Nebenfluss der Elbe, hat den Namen aus dem Altpolabischen entlehnt »Enge«. Die Quelle der Sude liegt in einem Wald nahe dem Schwarzen Moor bei Renzow und sie mündet bei Boizenburg in die Elbe. Renzow wurde urkundlich erstmals 1230 als Ranzowe erwähnt. Der Dorfname könnte auf einen altpolabischen Personennamen zurückgehen. Stralendorf wurde erstmals urkundlich 1334 genannt, dürfte aber wesentlich älter sein. Ein Adelsgeschlecht aus Holstein, welches drei Pfeile (Strale) im Wappen führte, soll den Ort nach 1160 gegründet haben. Die Dorfkirche ist ein Feldsteinbau mit Backsteinanteilen, in das 15. Jahrhundert zu datieren und weist einen frei stehenden Glockenturm auf. Auf dem Friedhof befindet sich das Mausoleum der Familie Schack. Adolf Friedrich Graf von Schack war ein Weltreisender, Übersetzer und Kunsthistoriker. Auf diesem Friedhof erinnert eine Fremdarbeitergrabstätte aber auch an des Landes dunkelste Zeit. In Stralendorf stehen noch mehrere Niederdeutsche Hallenhäuser und Scheunen. Bei Stralendorf steht die größte steinzeitliche Grabanlage des Landes, ein 125 Meter langes Hünenbett ohne Grabkammern, nach 1964 erfolgter Restaurierung wieder als ansehenswert zu erleben. Nach Dümmer kann man über die B 321 fahren und biegt in Warsow in Richtung Walsmühlen ab. Warsow wurde 1217 erstmals urkundlich erwähnt und leitet den Dorfnamen aus dem Altpolabischen ab, »Ort des Va'rs«. Die Dorfkirche in Warsow ist ein Saalbau, aus Feldstein errichtet, mit mittelalterlichem Kern. Sie wurde 1863 verändert. Auf dem Kirchhof steht eine große gotische Granittaufe. Zu Walsmühlen ist wenig bekannt. Wahrscheinlich war die an dem Fluss Sude liegende Wassermühle namensgebend. Im März 1719 wurde bei Walsmühlen das Reichsexekutionsheer von den Truppen Karl Leopolds geschlagen, aber am Ende musste sich der Herzog von Mecklenburg-Schwerin dem Willen des Kaisers beugen und das Land verlassen.

Dummerstorf

PLZ 18196, liegt in der Nähe von Rostock zwischen den Warnowzuflüssen Kösterbeck und Zarnow sowie nahe der A 19 und der B 103. Das Dorf wurde erstmals 1360 als Dummerstorpe urkundlich erwähnt und leitet seinen altpolabisch-deutschen Mischnamen wie vorstehend auch der Ort Dümmer ab, »Ort des Domamer«, jemand, »der von Hause (aus) Ruhm hat«. In Dummerstorf wird nicht nur viel für die Weiterbildung von Landwirten über Mecklenburg-Vorpommern hinaus getan, hier wird seit Jahrzehnten eifrig und erfolgreich für die Landwirtschaft geforscht, wobei es vor allem um die Biologie landwirtschaftlicher Nutztiere geht. Auch die Gastlichkeit wird in den nahen »Dummerstorfer Mühlenstuben« landesüblich gepflegt. Das ehemalige Gutshaus, errichtet zu Beginn des 18. Jahrhunderts, kann noch das Sandsteinportal und die Haustür vom Ende des 18. Jahrhunderts vorweisen. Die Warnow gehört mit 156 Kilometern Länge zu den größeren Flüssen im Land. Ihre Quelle liegt bei Grebbin im Landkreis Parchim und in Warnemünde mündet die Warnow in die Ostsee. Grebbin wurde 1265 erstmals urkundlich erwähnt und leitet den Namen aus dem Altpolabischen ab, »Hainbuchenort«, vielleicht auch von einem Personennamen, »Ort des Graba?«. Die Dorfkirche von Grebbin ist ein Feldsteinbau, der in die Mitte des 13. Jahrhundert datiert wird. Der barocke Altaraufsatz mit dem schönen Schnitzwerk entstand um 1700. An der Warnow liegt auch das Dorf Warnow, 1261 erstmals urkundlich erwähnt, hat aber auch einen Namensvetter bei Grevesmühlen, 1223 urkundlich genannt. Der Fluss- wie auch Ortsname könnten altpolabischen Ursprungs sein und Rabe bzw. Krähe bedeuten, ist nach anderer Meinung aber noch älter und würde auf den Namen des hier vor den Slawen siedelnden germanischen Stammes der Warnen Bezug nehmen, hätte somit den Rang eines alteuropäischen Flussnamens. Die Dorfkirche von Warnow an der Warnow ist in das 14. Jahrhundert zu datieren und wurde mehrfach verändert. Der rechteckige Feldsteinchor ist als der älteste Teil anzusehen und weist ein Kreuzgewölbe auf. Ein niedriger, spitzbogiger Triumphbogen verbindet den Chor mit dem im 19. Jahrhundert angesetzten Schiff.

Dumsevitz

PLZ 18528, gehört zur Gemeinde Bergen und hat auf Rügen einen Vetter gleichen Namens bei Garz, PLZ 18574. Dumsevitz bei Garz wird 1314 als Domassivice, »Leute des Domasch«, genannt. Hier ist wohl nach der erfolgten Christianisierung die Nähe zu dem Namen Thomas zu sehen. 1342 wurde der Ort als Dummassevizce bezeichnet. Ludwig Arndt, der Vater des Dichters, Revolutionärs und Abgeordneten der Frankfurter Nationalversammlung Ernst Moritz Arndt, hatte sich im März 1769, noch vor der Geburt seines Sohnes, für 80 Taler aus der Leibeigenschaft des Grafen Malte zu Puttbus freigekauft und wurde 1776 Pächter von Dumsevitz (bei Garz) auf Rügen. Im benachbarten Groß Schoritz, dem Geburtsort von Ernst Moritz Arndt, befindet sich in seinem Geburtshaus seit 1929 ein Gedenkzimmer, welches an den Vorkämpfer der deutschen Einheit erinnert. Groß Schoritz wurde 1318 erstmals urkundlich erwähnt und dürfte den Ortsnamen aus dem Altpolabischen erhalten haben, vielleicht in Beziehung zu einem Personennamen. Das ehemalige Gutshaus wurde in der Mitte des 18. Jahrhunderts als eingeschossiger, verputzter Backsteinbau mit Mansardendach errichtet. Auf dem Dacherker steht in großen Lettern: »Hier ist E. M. Arndt am 26. Dez. 1769 geboren«. Darüber befindet sich eine aus dem Jahre 1913 stammende Relief-Büste des Historikers, Dichters und Politikers, Rügens größtem Sohn, der niemals eine unumstrittene Persönlichkeit war (und ist). Das eigentliche Ernst-Moritz-Arndt-Museum befindet sich im benachbarten Garz. Garz war eine bedeutende slawische Höhenburg, spielte im 11./12. Jahrhundert unter dem Namen »Charenza« eine bedeutende Rolle und wurde bereits 1165 in den Dänenkriegen um Rügen erwähnt. Daneben entstand eine um 1319 erstmals urkundlich genannte Stadt mit eigener Gerichtsbarkeit. Die Stadtkirche Sankt Petri, ein spätgotischer Backsteinbau aus dem 14. Jahrhundert, gehörte zunächst zum dänischen Bistum Roskilde. 1328 fiel Garz an das Herzogtum Pommern. Sehenswert sind weiterhin klassizistische Bürgerhäuser und die Reste der slawischen Burgwallanlage. Der Name Garz leitet sich aus dem Altpolabischen ab und steht für Burg. Dumsevitz ist über die B 96 gut erreichbar.

Ehbruch

PLZ 18211, hier hat nicht etwa die Moral besonders gelitten oder befindet sich ein Ort nach dem Wunschdenken von Scheidungsanwälten. Ehbruch gehört zur Gemeinde Nienhagen und liegt in der Nähe von Bad Doberan, dem ersten Ort in Deutschland, wo (1820) nach englischem Vorbild Flachrennen geritten wurden. Die Tradition des Pferderennens wird auch heutigentags gepflegt. Der Ortsname Ehbruch dürfte auf einen alten Flurnamen zurückgehen. Bad Doberan, 1177 als »villa slavica Doberan« erstmals urkundlich erwähnt, entstand an Stelle des Slawendorfes Doberan als

Zweitgründung (1186) des Klosters nach dessen Zerstörung im heutigen Althof. Der Name leitet sich aus dem Altpolabischen ab, »Ort eines Dobran«. Althof wurde urkundlich erstmals 1171 erwähnt. Hier entstand 1064/1071 das erste Zisterzienserkloster Mecklenburgs, gegründet von Mönchen des Mutterklosters Amelungsborn. 1079 wurde das Kloster zerstört. Nach der Zweitgründung war Althof nur Wirtschaftshof des Klosters und hieß Alt Doberan, später Alter Hof. Das Kloster Amelungsborn liegt im Landkreis Holzminden im Weserbergland und wurde 1029 als Zisterzienserkloster gestiftet. Das Zisterzienserkloster Doberan, ein Mönchskloster, war das größte mecklenburgische Kloster, übernahm bei dem Landesausbau eine überragende Rolle und war bis zu seiner Säkularisierung (1552) mehrfach die Grablege der Herzöge. Der Bau der Klosterkirche wurde 1368 vollendet. Die Gesamtanlage ist heute noch beeindruckend und einen längeren Besuch wert. 1879 erhielt Doberan das Stadtrecht und darf sich seit 1929 Bad Doberan nennen. Jeden Besucher, nicht nur Kinder, dürfte eine Fahrt mit der Kleinbahn, von den Einheimischen liebevoll »Molli« genannt, erfreuen. Heiligendamm, die »Weiße Stadt am Meer«, wurde ab 1793 erbaut. Der Herzog von Mecklenburg-Schwerin richtete hier das erste deutsche Ostseebad ein. 1795/96 entstand bereits das erste Badehaus, ein massiver Klinkerbau. Auch Georg Adolf Demmler, der bekannte Schweriner Architekt, war in Heiligendamm tätig. Nach seinen Plänen wurde 1850 eine Villa errichtet. Nienhagen, der Hauptort der Gemeinde, wurde 1264 erstmals urkundlich erwähnt und hat im Land eine längere Reihe von Namensvettern. Wer nach Nienhagen kommt, der sollte dem »Gespensterwald« einen Besuch widmen. Der ca. 180 Hektar große Mischwald liegt westlich des Ortes an der etwa 12 Meter hohen Steilküste und dürfte die Bezeichnung durch den Volksmund wegen der oftmals durch den steten Wind absonderlich verformten Bäume, vor allem der Buchen, erhalten haben. Nienhagen ist seit 1909 Badeort und führt seit 1929 den (berechtigten) Titel eines anerkannten Seebades. Lovis Corinth hielt sich zwischen 1909 und 1917 längere

Zeit in Nienhagen auf und schuf hier mehrere Grafiken und Bilder mit regionalem Bezug. Die B 103 sowie die B 105 sorgen für eine gute Anfahrt.

Eierhof

PLZ 17153, liegt in der Gemeinde Ritzerow und damit nahe an der B 104 und unweit von Stavenhagen, dem Geburtsort von Fritz Reuter. Das kleine Dorf leitet nach landläufiger Meinung den Ortsnamen von einer einstmals umfangreichen Geflügelhaltung ab. Für diese spätmittelalterliche Geflügelgroßhaltung finden sich leider keine gesicherten Belege. Vielleicht bestand eine besondere Verpflichtung der Hufe Nr. 6 des nahen Wackerow, aus welcher Eierhof hervorging, das damalige Zisterzienser-Nonnenkloster zu Ivenack mit Frühstückseiern, Suppenhühnern und Backhähnchen in größerem Umfang zu versorgen? Der schwere Ackerboden spricht aber eher für eine Nutzung als Weizenacker und Rübenfelder. Die Hufe Nr. 6, das spätere Eierhof, wurde urkundlich erstmals 1518 genannt und ab 1831 in Erbpacht bewirtschaftet. Unter der langen Liste seiner Besitzer oder Nutzer findet sich kein Hinweis auf einen Personennamen mit Ei oder dergleichen. Eierhof kommt ohne Ortsschild aus, hat aber eine Bushaltestelle und verweist auf den Fuchsberg mit stolzen 76,3 Metern Höhe. Wackerow, das »Mutterdorf«, liegt noch näher zur B 104 und wurde urkundlich erstmals 1280 erwähnt. Für den Ortsnamen gibt es nach Ansicht der Wissenschaft noch keine sichere Erklärung. Ritzerow, der Gemeindesitz, wurde 1256 erstmals urkundlich erwähnt und leitet seinen Namen aus dem Altpolabischen ab, »Ort eines Rycer«. Möglich erscheint ein deutscher Einfluss auf die Bildung des Dorfnamens. Ritzerow verfügte bereits 1276 über eine eigene Pfarre. Nach der Säkularisierung gehörten Pfarre und Kirche als Filiale zu Stavenhagen. Die Kirche zu

Ritzerow, im 15. Jahrhundert als rechteckiger Backsteinbau errichtet, wurde um 1860 als Backsteinbau neu gestaltet und 1884 der quadratische Westturm angefügt. Ivenack, 1252 als Zisterzienser-Nonnenkloster gegründet, leitet den Ortsnamen aus dem Altpolabischen ab, »Weidenort«. Der Kern der Kirche ist gotisch, wurde um 1700 erneuert und 1867/1868 umgebaut. Die geschnitzten Altarschranken werden in das 16. Jahrhundert datiert, ebenso wie die Kanzel. Der ehemalige Herrensitz wurde als Dreiflügelanlage mit Mansardendächern, z. T. auf den Fundamenten der Klostergebäude errichtet. Der frühere Marstall ist ein zweigeschossiger Putzbau und wurde im 18. Jahrhundert erbaut. Der weitläufige Schlosspark wurde um 1800 aus einer barocken Anlage zum Landschaftspark umgestaltet. Die Orangerie ist ein rechteckiger Putzbau mit Mansardendach und in die Mitte des 18. Jahrhunderts zu datieren, ebenso wie das Teehaus, ein eingeschossiger Putzbau mit Walmdach. Nordwestlich von dem Schlosspark liegt der ehemalige Tiergarten mit den berühmten Ivenacker Eichen, die nicht nur zu den ältesten und stärksten ihrer Art im Lande, sondern auch in Deutschland zählen. Die älteste Eiche habe nach der Fachmeinung ein Alter, welches sie als Zeitgenossen des großen Karolingers ausweise! Daher nahm sich auch die Sage dieser beeindruckenden Bäume an.

Eiserne Hand

PLZ 23970, stellt keine nachträgliche und auch ziemlich unangebrachte norddeutsche Ehrung des »Ritters mit der eisernen Hand« dar, hat auch keine Beziehungen zu weiteren Orten oder Gegenden mit diesem Namen, sondern erweist sich als ein Stadtgebiet der altehrwürdigen Hansestadt Wismar. Wer aus Wismar zu der schönen Insel Poel will, der berührt diesen Stadtteil. Der Name des Ortsteils Eiserne Hand geht auf einen eisernen Wegweiser Richtung

Poel zurück. Dieser Wegweiser habe seinen Namen auf ein angrenzendes Flurstück und dann auch an die Straße abgegeben. Später wurde das Gasthaus »Eiserne Hand« erbaut, zunächst nur über einen Steindamm mit Wismar verbunden. 1906 begann dann der zwei Jahre währende Bau der Chaussee nach Poel. Einige Straßennamen in dem Stadtteil verweisen noch auf die frühere landwirtschaftliche Nutzung dieser Flächen. Poel ist mit 36 km² Fläche die siebtgrößte deutsche Insel. Poel war im Hochmittelalter so bedeutend, dass sogar Kaiser Barbarossa im Jahr 1173 die Schenkung des Zehnten aus dem Jahr 1163 (Ersterwähnung von Poel) bestätigte.

Engelswacht

PLZ 18519, liegt in der Gemeinde Sundhagen nicht weit vom Strelasund und wurde 1276 erstmals urkundlich erwähnt. Das Dorf hieß zunächst Cordshagen oder auch Conradshagen, dann Conradeshagen, Cordshagen mit der Mühle oder auch nur Cordsmühl. 1570 wird es bereits als Rittergut genannt. Gützlaff oder auch Gottlob Rotermund erwarb den Ort, errichtete eine Burg mit Wällen, Gräben sowie hohem Wachtturm und gab ihm den Namen

Engelswacht. Erhalten ist das Torhaus, erbaut Anfang des 20. Jahrhunderts und der Park. Der Wachturm soll noch in 12 Kilometer Entfernung sichtbar gewesen sein. Ein pommerscher Dichter, Karl Gottleb Lappe, verfasste 1841 einen Hymnus »An Engelswacht«. Zur Gemeinde Sundhagen gehört auch Reinkenhagen, 1194 erstmals urkundlich erwähnt. Die Dorfkirche ist ein Backsteinbau, der in seinem ältesten Teil, dem rechteckigen Chor, in das 13. Jahrhundert datiert werden kann. Der Backsteinbau ruht auf einem Feldsteinsockel. Auf der Feldmark von Reinkenhagen wurde 1961 erstmals auf DDR-Gebiet Erdöl entdeckt und bis 1966 auch gefördert. Davon berichtet das Erdölmuseum Reinkenhagen. Engelswacht liegt nahe der B 96.

Faulenrost

PLZ 17139, wird urkundlich erstmals im Jahre 1275 erwähnt. Die Wissenschaft ist sich nicht ganz einig, ob der Ritter Henning von Rostock, 1275 mit diesem Besitz belehnt, dem Ort 1288 auch seinen Namen gegeben hat, »Villa Rostock«. Vielleicht leitet sich, was wahrscheinlicher sein dürfte, die Bezeichnung aus dem Altpolabischen ab. »Vulenrostocke«, »Vulen Rozstock«, 1385, »Vulen Rostke«, 1494 und schließlich ab 1683 Faulenrost, »Ort, wo sich zwei Gewässer trennen oder vereinigen, Verbreiterung eines Flusses«. Die Ostpeene zeigt diesen Verlauf. Die Einwohner liegen keinesfalls faul auf der norddeutschen Spielart eines Teutonengrills herum, sondern sind in Landwirtschaft, Fischerei und Gastgewerbe rege tätig. Das Angebot an Wels und anderen Köstlichkeiten im »Fischer Fritz« dürfte jeden Besucher erfreuen. Das ehemalige Herrenhaus, 1760–1764 als regelmäßige zweigeschossige Barockanlage mit Mansardendach errichtet, wurde 1969 durch einen Brand zerstört und abgetragen. Erhalten blieben die beiden Kavaliershäuser, halbgeschossige Putzbauten mit Mansardendach, zwei schlichte Torhäuser an der Einfahrt und Wirtschaftsgebäude, darunter eine 1744 erbaute Scheune. Reste frühdeutscher niederadliger Befestigungen stellen die beiden Turmhügel am »Ochsenberg« sowie »Schlegelsberg«, auch unter dem Flurnamen »Voßbarg« bekannt, dar. Faulenrost fand in der »Urgeschicht von Meckelnborg« mehrfach Erwähnung. In Demzin, einem Ort der Gemeinde, lebte von 1842 bis 1845 Fritz Reuter als Strom (Landwirtschaftslehrling) und lernte hier auch seine spätere Frau Lowising (Luise) kennen.

Lowising war als Erzieherin im benachbarten Rittermannshagen tätig. Die Dorfkirche von Rittermannshagen ist ein frühgotischer Backsteinbau aus dem 13. Jahrhundert mit aufwendig gestaltetem Ostgiebel. Das Rodungsdorf wurde 1260 erstmals urkundlich erwähnt und von den deutschen Siedlern in der im Land nicht so häufigen Form eines Straßendorfes angelegt und »Rodungssiedlung eines Mannes namens Riddermann« benannt. Die Dorfkirche zeigt sich als frühgotischer Backsteinbau aus dem 13. Jahrhundert, dessen ältester Teil der nach Osten weisende Chor mit dem Kreuzrippengewölbe sein dürfte. Im Jahr 1966 fand eine umfangreiche Sanierung statt, der in jüngster Zeit weitere folgten. Demzin wurde 1310 erstmals urkundlich erwähnt und leitet den Ortsnamen aus dem Altpolabischen ab, »Dabcina, Ort am jungen Eichenwald«. Faulenrost liegt etwas abseits großer Straßen. Eine Möglichkeit zur Anfahrt besteht über die B194, sodann über Jürgenstorf nach Zettemin. Jürgenstorf wurde wohl im Rahmen des deutschen Landesausbaues angelegt und nach dem Lokator benannt. Die Dorfkirche ist ein Fachwerkbau, um 1700 unter Verwendung von Teilen des Vorgängerbaues (14. Jahrhundert) errichtet. Auf dem Friedhof von Jürgenstorf befindet sich das Grab des Gutsinspektors Johann Friedrich Schecker (1775–1848), welcher das literarische Vorbild für den »Unkel Bräsig« von Fritz Reuter war. Auf dem »Entspekter-Bräsig-Platz« erinnert weiterhin eine Skulptur des Bildhauers Günter Kaden an den alten Gutsinspektor. Das ehemalige Herrenhaus war ursprünglich als barocke Anlage errichtet worden, erfuhr durch den Neubau des Hauptgebäudes (um 1910) erhebliche, nicht unbedingt vorteilhafte Veränderungen.

Faule Ort

PLZ 17248. Der Name täuscht. Hier liegen keine Landsleute auf der Bärenhaut herum, sondern es wird eifrig und akribisch, nämlich wissenschaftlich gearbeitet. Die volkstümliche Benennung geht auf die nahegelegenen Faulseen zurück. Die Station gehört mit Boek und weiteren Orten zur Gemeinde Rechlin, besteht aus einem Haupt- und einem Nebengebäude und liegt an dem Südufer des Hofsees. Bis in die 20er Jahre des 20. Jahrhunderts lag hier ein kleines Dorf und der Faule Ort diente als Försterei. Seit 1958 ist die Försterei Eigentum der Martin-Luther-Universität Halle-Wittenberg. Heute dient die inmitten des Müritz-Nationalparks gelegene Station vielfältigen wissenschaftlichen Zwecken, der Vorbereitung und Durchführung von Exkursionen und Praktika, nach Anmeldung versteht sich. Die Gemeinde Rechlin liegt an der Kleinen Müritz und ist über die B 198 gut erreichbar. Rechlin wurde 1374

erstmals urkundlich erwähnt und leitet den Dorfnamen von einem altpolabischen Personennamen ab, »Ort des Radechla«. Das Luftfahrttechnische Museum Rechlin lädt zu einem Besuch ein, ebenso wie die klassizistische Kirche in Rechlin Nord und die neugotische Sankt Johanniskirche in Boek. In Boek befindet sich auch einer der Eingänge zum Müritz-Nationalpark. Das Herrenhaus Boek ist ein langgestreckter Bau mit klassizistischen Gliederungen. Heute beherbergt es ein Informationszentrum des Müritz-Nationalparks sowie eine kleine Ausstellung über die Schriftstellerin Gertrud von Le Fort, die hier einen Teil ihrer Kindheit verbrachte. In dem Ortsteil Retzow erinnert seit 1980 ein Gedenkstein auf dem Areal des ehemaligen Außenlagers des KZ Ravensbrück an die Opfer der Zwangsarbeit. Retzow wurde 1301 erstmals urkundlich erwähnt. Der Dorfname leitet sich aus dem Altpolabischen ab und könnte für mehrere Bedeutungen stehen. »Ort eines Ryc«, eine Beziehung zu dem Wort für »brüllen« haben, oder auch mit »Luchsort« übersetzt werden. Wer das Wasser schätzt, gerne rudert oder segelt, Ruhe und Erholung sucht, wandert oder per Rad unterwegs ist, angelt oder fotografiert, der wird kaum eine interessantere und schönere Gegend finden als die Müritzregion. Nach Rechlin führt uns zunächst die B198, dann eine Landstraße.

Findenwirunshier

PLZ 19294, gehört zur Gemeinde Neu Kaliß, durch die der Eldekanal, Bestandteil der Müritz-Elde-Wasserstraße, fließt. Der Ortsname deutet nicht etwa auf besonders orientierungslose Menschen hin, welche sich hier zufällig trafen. Der Ort wurde 1496 erstmals genannt und hieß in slawischer Zeit Vinzire. Die ehemalige Erbwassermühle wurde 1851 auf einer Insel erbaut, in mehreren Stufen zu einer Großmühle erweitert und bei Fritz Reuter als Fenzirsche

Mühle erwähnt. Auf großherzoglichen Befehl siedelten sich aber bereits 1815 zehn Kolonisten an. 1885 wurde in der Gemeinde der »Reuterstein« errichtet, weil Fritz Reuter hier an einer Weggabelung nach der Freilassung aus der Festung Dömitz über die einzuschlagende Richtung nachdachte, nach eigenem Bekunden diese Entscheidung aber seinem Hund Schütten überlies. Aus Vinzire machte der Volksmund Findenwirunshier, weil sich der Sage nach zwei Brüder, beide Müller, hier nach Jahren der Wanderschaft, zufällig wiedersahen. Zu erwähnen ist auch der Naturlehrpfad in Findenwirunshier mit alten landwirtschaftlichen Geräten. Der Ort wurde in deutscher Zeit auch als Fenzir und Findeshier bezeichnet. Die Mühle war bis 1992 in Betrieb und dient heute mit ihren zwei Turbinen der Stromerzeugung. Die ehemalige Erbwassermühle präsentiert sich als ein interessantes Ensemble der Industriearchitektur mit Mühlen- und Speichergebäude, Schleuse und Klappbrücke. Kaliß wurde 1428 erstmals urkundlich erwähnt, dürfte aber wesentlich älter sein und den Namen aus dem Altpolabischen entlehnt haben, »Sumpfort«. Die Umbenennung in Neu Kaliß erfolgte 1843 mit der Zusammenlegung von Teilen des Ortes Kaliß, Findenwirunshier und der Papierfabrik. Die Kirche wurde 1928 im Art Deco-Stil errichtet und gilt damit in Mecklenburg als einmalig. Der Altarraum zeigt noch die originale Farbe Englischrot. Die erste Papiermühle im Ort entstand 1799. Der

neuere Bau (1871) wurde 1946 demontiert, aber 1949 erfolgte ein Neubau, welcher 1994 völlig erneuert wurde. Dömitz, eine der beiden Festungen Mecklenburgs an der Elbe, wurde urkundlich erstmals 1237 genannt und leitet seinen Namen aus dem Altpolabischen ab, »Nachkommen des Domèl«. In der ehemaligen Festung befinden sich ein Heimatmuseum und die Fritz-Reuter-Gedenkhalle. Fritz Reuter verbüßte hier einen Teil seiner Festungshaft und zwar den, nach seiner Meinung, erträglichsten. Die Festung wurde zwischen 1554 und 1565 als großes Fünfeck erbaut. 1809 erlitt die Stadt durch französischen Beschuss den Verlust des Rathauses und der meisten Bürgerhäuser. Dömitz wurde planmäßig angelegt, wie an seinem gitterförmigen Straßennetz erkennbar. Die jetzige Stadtkirche wurde 1869–1872 neu errichtet. Nach Neu Kaliß kann man über die B 191 anreisen.

Fischkaten

PLZ 23970, liegt an der Wismarer Bucht, gehört zu der Hansestadt Wismar und wurde bereits 1192 als Rybeniz erwähnt. Der Ortsname leitet sich aus dem Altpolabischen ab. Hier bedeutet »ryba« Fisch. Die Namensbildung nahm wohl Bezug auf die Nähe zu einem fischreichen Gewässer. Seit dem 16. Jahrhundert wird der Ort als Fischkaten bezeichnet. Da Katen für ein kleines Haus, Kleinbauernhaus, Tagelöhnerhaus steht, wohnten hier zumeist Leute, welche die Fischerei in begrenztem Umfang betrieben, daneben ihre kleinen Äcker und Gärten bewirtschafteten. Wismar, die altehrwürdige Hansestadt, als deutsche Stadt an dem Mühlbach gegründet, wurde 1211 (als Hafen) erstmals urkundlich erwähnt und hatte zumindest einen slawischen dörflichen Vorläufer. Der Stadtname könnte sich aus dem Altpolabischen ableiten, »Ort eines Vysmer«, oder sich auf einen vorslawischen Gewässernamen beziehen. Zumindest der nördliche Teil, die Nikolaistadt, dürfte bereits vor 1200 bestanden haben. Wismars Rolle in der nordeuropäischen Politik entsprechen auch seine vorhandenen bzw. einstmals bestehenden, heute auch wieder neu errichteten Sakral- und Profanbauten, deren Aufzählung den gewählten Rahmen sprengen würde. Verwiesen soll aber zumindest auf Sankt Georgen werden, im Krieg beschädigt, dann verfallen und nun wieder aufgebaut, Sankt Nikolai und den Turm von Sankt Marien, wie auch auf den Fürstenhof, das klassizistische Rathaus und das Wohnhaus »Alter Schwede« am Markt, das älteste erhaltene Bürgerhaus von Wismar. Auch Reste der alten Stadtbefestigung wie das Wassertor verdienen Aufmerksamkeit, ebenso die gesamte Altstadt, ein Kleinod mittelalterlicher Backsteinkunst. Wismar und damit Fischkaten sind über die A 20 und die B 106 gut erreichbar.

Frauendorf

PLZ 18314, gehört zur Gemeinde Divitz-Spoldershagen, die von der Barthe durchflossen wird. Frauendorf liegt nahe der pommerschen Kleinstadt Barth. Divitz war eine slawische Ortsgründung und könnte die Bezeichnung aus dem Altpolabischen ableiten, «Nachkommen des Dima?«. In Divitz befindet sich eine baufällige ehemalige Wasserburg, datiert in das frühe Mittelalter und zu den einstmals bedeutendsten Wasserburgen in Norddeutschland zählend. Der älteste Burgteil dürfte der Giebel mit der später eingefügten Turmuhr sein. Im 16. Jahrhundert wurde die Burg ausgebaut und erhielt auch den zweigeschossigen Nordflügel. Im 18. Jahrhundert erfolgte der Umbau des Herrenhauses im barocken Stil. Der Bau des langgestreckten Ostflügels mit zwei Portalen wird zwischen 1729 und 1743 datiert. Die Barthe hat eine Länge von 35 Kilometern, entspringt im Borgwallsee bei Stralsund und mündet bei der Stadt

Barth in den Barther Bodden. Die Barthe gilt unter Einheimischen und Besuchern als interessantes Wasserwander- und Angelrevier. Bei Spoldershagen, 1319 erstmals urkundlich erwähnt, dürfte sich der Ortsname von »Spolder«, Mittelhochdeutsch für Holzspalter, herleiten. In Frauendorf leben nicht nur weibliche Bürger. Ob hier die Frauen besondere Rechte haben, ist nicht bekannt. Die wirklichen Bestimmer in den Familien dürften sie, wie auch andernorts, wohl sein. Nur das Tonnenabschlagen, ein alter und in der Gegend gepflegter Brauch, befindet sich (noch) ziemlich fest in Männerhänden. Barth, die Stadt am Barther Bodden, ist das Tor zu den Bädern und Stränden auf der Halbinsel Fischland-Darß-Zingst und wurde als Hafenstadt neben einer Burg der Fürsten von Rügen nach 1200 planmäßig angelegt und 1232 urkundlich erwähnt, die Region, das slawische Land Barth, schon 1159 in den Kämpfen mit den Dänen. Die Stadtkirche Sankt Marien ist ein imposanter Backsteinbau aus dem frühen 14. Jahrhundert. Das Dammtor und der Fangelturm sind erhaltene Reste der Stadtbefestigung. Ein Besuch im Hafen oder gar eine Fahrt über den Barther Bodden, vielleicht sogar mit einem traditionellen Zeesenboot, sollten nicht fehlen. Diese robusten Fischerboote mit Sohlkiel erhielten ihren Namen von dem Fangnetz, der Zeese. Der Begriff Zeese kommt aus dem Slawischen. Die Zeesenfischerei galt als eine besonders schonende Art des Fischfangs.

Das Barther Bibelzentrum kann wertvolle Ausgaben der Heiligen Schrift vorweisen. Barth führt, bestärkt durch eine geographische Karte aus dem Jahr 1550, den Beinmanen »Vinetastadt«. Die Vinetafestspiele erfreuen sich großer Beliebtheit. 1998 fanden Archäologen Reste einer vor etwa 1000 Jahren untergegangenen slawischen Hafenstadt. Daneben kann die pommersche Kleinstadt wohl auf die einzige im Lande noch erhaltene Wundereiche verweisen. Die Eiche steht im Barther Stadtwald und verlor nach der Überlieferung ihre Heilkraft, als ein Schäfer seinen kreuzlahmen Hund durch die Öffnung des geteilten Stammes hob. Nach Frauendorf gelangt man über die B 105 und fährt in Löbnitz ab in Richtung Barth. Löbnitz wurde 1319 erstmals urkundlich erwähnt. Der Ortsname leitet sich aus dem Altpolabischen ab und könnte für einen Sumpfbach(Ort) stehen – hier die Barthe? In Löbnitz lebte einige Jahre Ernst Moritz Arndt.

Fräulein-Steinfort

PLZ 23936, gehört zu Testorf-Steinfort und liegt an der Bundesstraße 208 zwischen Wismar und Gadebusch. Der Ort verdankt nach der mündlichen Überlieferung seinen ungewöhnlichen Namen einer Gutsbesitzertochter, welche vor etwa zweihundert Jahren von ihrem Vater sein Haus erbte, aber vergeblich auf den Liebsten wartete. Das Schloss wurde ihr Jungfernsitz auf Lebenszeit und so gab das unverheiratete Fräulein dem Ort den ersten Teil des Namens. Der zweite Namensteil bezieht sich auf eine steinige Furt durch die Stepenitz, ein Flüsschen in Ortsnähe. Die Stepenitz wurde 1188 erstmals urkundlich erwähnt und leitet ihren Namen aus dem Altpolabischen ab. Dabei steht »Step«, je nach Auffassung, entweder für unfruchtbaren Boden oder es wird eine Nähe zu dem Wort Bornbach = Tränke gesehen. Steinfort wurde urkundlich erstmals 1230 unter dem Altpolabischen Namen Rudnik genannt und im

14. Jahrhundert in Steinfort umbenannt. Im Mittelniederdeutschen bedeutet Stenvorde »Siedlung an der steinigen Furt«. Rudnik etwa, »Ort, wo es Raseneisenstein gibt«. Von der B 208 führt eine bescheidene Landstraße nach Testorf und weiter zum Ziel. Testorf wurde 1230 erstmals urkundlich erwähnt und ist eine deutsche Ortsgründung. Der Ortsname leitet sich aus dem Mittelniederdeutschen ab, »Dorf des Theodolf«.

Gadebusch

PLZ 19205, liegt am Fluss Radegast, der südlich von Gadebusch aus einer Kalktuff-Quelle entspringt und nach 34 Kilometern bei Börzow in die Stepenitz mündet. Nach der Sage entstand der Ortsname in längst vergangener, wenig friedlicher Zeit. »Die Anhöhe in der Stadt Gadebusch, auf der seit 1570 das Schloss steht, war eine Insel des Burgsees. Die Stelle des Schlosses nahm damals eine Ritterburg ein, deren Bewohner die ganze Gegend in Angst und Schrecken versetzten. Sie kamen mit Booten von der Insel, legten irgendwo an, überfielen Bauern, Wanderer und Reisende, raubten und plünderten, und wer ihnen dabei in die Quere kam oder sich gar zur Wehr setzte, der wurde ohne Erbarmen niedergemacht. Wenn die Siedler, die am Nordufer des Burgsees einen Ort gegründet hatten, die Boote des Raubritters von der Insel näherkommen sahen, riefen sie sich zu »Gah to Busch! Heh kümmt!« (Geht in den Busch! Er kommt!«). Sie flüchteten, so schnell sie konnten, in das dichte Ufergebüsch, um wenigstens das nackte Leben zu retten. Aus ihrem Warnruf »Gah to Busch!« soll dann Gadebusch, der Name der Ansiedlung, entstanden sein«. (Burkhardt, 2011). Der Name Gadebusch kommt aus dem Altpolabischen. Bereits 1154 ist eine »terra Godebuz«, ein Land (Bezirk) erwähnt, ein »Ort des Godebuz« bzw. »Godebud«. Die Burg mit deutscher Besatzung ist für 1181 bezeugt.

Aus einem im Schutz der Burg liegenden Dorf, als Kirchdorf 1194 genannt, entwickelte sich Gadebusch, welches 1225 mit Stadtrecht bewidmet wurde. Der Markt zeigt eine dreieckige Form. Die Stadtkirche, ein spätromanischer Backsteinbau, um 1220 begonnen und 1955 restauriert, gilt als einer der frühesten Backsteinbauten im nordwestlichen Mecklenburg, als gut erhaltenes Beispiel einer städtischen Pfarrkirche. Der Guss-Taufkessel, eine bronzene Fünte aus dem Jahre 1450, gilt als einer der wertvollsten Kirchengegenstände Norddeutschlands. Das ehemalige Schloss der mecklenburgischen Herzöge wurde anstelle der genannten Burg auf einer Erhebung unmittelbar über dem kleinen Marktplatz um 1570 errichtet und 1903 restauriert. Es handelt sich um einen dreigeschossigen rechteckigen Putzbau, der durch Terrakotta-Pilaster mit Ornamentschmuck und Terrakotta-Friese mit Rundbildnissen gegliedert ist – wie der wohl als Vorbild dienende Fürstenhof in Wismar. Das Rathaus wurde unter Einbeziehung eines mittelalterlichen Backsteinbaus 1618 ebenfalls in Backstein erneuert, nach 1991 saniert und zeigt sich als gestreckter Rechteckbau mit offener Laube zum Markt hin. Gadebusch, gelegen am Kreuzungspunkt wichtiger Fernhandelsstraßen, lebte vom Durchgangshandel, der Brauerei und der Landwirtschaft, diese begünstigt durch den fruchtbaren Geschiebelehmboden. Das heutige Stadtwappen nimmt auf den Ortsnamen Bezug: Gespalten von Gold und Silber, vorn ein gekrönter schwarzer Stierkopf mit Halsfell und roter Zunge, hinten ein bewurzelter grüner Baum.

Börzow, der Ort, wo die Radegast in die Stepenitz mündet, wurde 1230 erstmals urkundlich erwähnt und steht für »Ort des Bore« aus dem Altpolabischen, hat dabei eine Nähe zu der Bezeichnung für Kampf (boru). Die Dorfkirche von Börzow ist ein schlichter gotischer Rechteckbau aus Feld- und Backsteinen von zwei Jochen und quadratischem Westturm mit achtseitigem Helm.

Gammelin

PLZ 19230, befindet sich zwischen der Landeshauptstadt Schwerin und Hagenow, unweit der A 24 und nahe der B 321. In Gammelin und dem zugehörigen Bakendorf gammeln die Einwohner nicht vor sich hin, sondern sind in Landwirtschaft, Handwerk und Gewerbe rege tätig, nutzen auch die gute Anbindung an die A 24. Bakendorf wurde 2004 zum schönsten Dorf des Landes gewählt. Die Kirche von Bakendorf, als Gutskapelle errichtet, gilt als einer der wenigen erhaltenen klassizistischen Sakralbauten in Mecklenburg und wurde mit Mitteln der Deutschen Stiftung Denkmalschutz nach jahrzehntelanger Vernachlässigung restauriert. Die Dorfkirche von Bakendorf ist eine kleine Feldsteinkapelle und wurde zwischen 1832 und 1834 erbaut, nach Fachmeinung unter Beteiligung von Georg Adolf Demmler. Der freistehende Glockenturm mit Glocke wird in das Jahr 1730 datiert.

In Bakendorf steht eine der wenigen erhaltenen Rundscheunen des Landes. Sie gehört nebst Fachwerkscheune zum Resthof 7. Das Dorf wurde urkundlich erstmals 1230 genannt, Gammelin 1219 erstmals urkundlich erwähnt. Der Name leitet sich aus dem Altpolabischen ab, »Ort des Cheml«, wahrscheinlicher aber »Hopfenort, Ort wo Hopfen vorkommt«. Praktizierende Abstinenzler waren die slawischen Altvorderen gesichert nicht. Im Wappen der Gemeinde Gammelin erscheinen so verständlicherweise zwei übereinander angeordnete grüne Hopfendolden, dahinter ein silbernes Kleeblatthochkreuz. Die Dorfkirche von Gammelin wurde bereits 1335 erwähnt. Der jetzige spätgotische Backsteinbau ist wohl in das frühe 15. Jahrhundert zu datieren, der Westturm in das späte 15. Jahrhundert, wurde aber im 18. Jahrhundert bis auf das Erdgeschoss abgetragen. Der Glockenstuhl ist frei stehend ausgeführt. Die Kirchgemeinde weist eine bemerkenswerte Jugendarbeit auf und der Sportverein nennt sich »Gammeliner Stockenten«. In der Hauptstraße steht unter Nummer 27 ein Niederdeutsches Hallenhaus.

Gottesgabe

PLZ 19209, ist eine Gemeinde in der Nähe von Schwerin und liegt an der B104 auf der Nordsee-Ostsee-Wasserscheide. Die Ersterwähnung erfolgte laut MUB am 27. April 1282, als Helmold, Graf zu Schwerin, dem Dome zu Schwerin das Eigentum an drei Hufen in »villa Davermor« verlieh, mit denen der Ritter Ludolf Maltzan eine Vikarei gestiftet hat. Es handelte sich also nicht um eine direkte Gabe Gottes, sondern eines irdischen Herrn an geistliche Herren. Die Schreibweise Davermur und Davermüre kam später auf. Der alte Ortsname stammt aus dem Altpolabischen und ist zusammengesetzt aus »Daver« für Baumrinde und »mor« für Moor. Der deutsche Ortsname Gottesgabe ist wohl als religiös motivierter Wunschname zu sehen. Auf der Flur von Davermoor wurde 1614 das Gut Gottesgabe errichtet. Das alte Gutshaus mit Rundhalle, unter Verwendung der Fundamente der alten Wasserburg erbaut, ist erhalten geblieben. Theodor Körner verbrachte die letzte Nacht vor seinem Tode am 26. August 1813 im nahen Forst Rosenow, den Rosenower Fichten. Im Dorf Rosenow befindet sich ein Theodor-Körner-Denkmal, 1913 im Rahmen einer Feier zum 100. Todestag von Körner eingeweiht. Das Porträtrelief aus Bronze schuf Professor Wilhelm Wandschneider. Rosenow wurde 1230 erstmals urkundlich erwähnt. Der Dorfname könnte sich aus dem Altpolabischen herleiten, »Ort eines Rozen«, mit inhaltlicher Nähe zu den slawischen Begriffen für »Bratspieß« oder »Räucherstange«. Möglich erscheint daneben bereits die Benennung aus dem Mittelniederdeutschen in der Zusammensetzung von »Rose« und »Aue«. Rosenow gehört zur Gemeinde Lützow. Lützow, der Gemeindesitz, wurde 1230 erstmals urkundlich erwähnt und führt die Ortsbezeichnung auf einen altpolabischen Personennamen zurück, »Ort des Luca, Luc«. Das ehemalige Herrenhaus von Lützow wurde 1876 im Stil der Neogotik errichtet. Erhalten blieb auch der im englischen Stil angelegte Park. Schwerin, die nahe Landeshauptstadt, wurde 1160 durch Heinrich den Löwen, Herzog von Sachsen und Bayern, errichtet, hatte zumindest einen slawischen Burgvorgänger und leitet auch den Stadtnamen aus dem Altpolabischen ab, »Wildes Tier, Tiergarten«, eine zur Zeit der Stadtgründung sicher zutreffende Bezeichnung. Im Zoo können derzeit und unter großzügigen Bedingungen sogar Tiere aus beinahe aller Welt erlebt werden. Unter den vielen Sehenswürdigkeiten Schwerins bedürfen namentlich das Schloss als Sitz des Landtages mit seinem weitläufigen Garten am See, der Dom Sankt Marien und Johannes, einstmals die Bischofskirche und bereits 1248 geweiht, aber immer wieder verändert, die Schelfkirche Sankt Nikolai und die Altstadt gesonderter Erwähnung. Nicht zuletzt soll das Landeshauptarchiv als unersetzlicher Ort für historisch interessierte Bürger genannt werden. In Schwerin wird der Besucher immer wieder auf Bauten stoßen, die unter der Leitung von Georg Adolf Demmler errichtet wurden, der sich nicht nur als Architekt, sondern auch standhafter Demokrat einen Namen gemacht hatte.

Grieben

PLZ 23963, hier handelt es sich nicht um die zur Ortsangabe gewordene Wertschätzung der im Lande gerne gegessenen, möglichst knusprigen Schweinegrieben. Grieben liegt zwischen Grevesmühlen und Schönberg, wurde 1237 als Gribene erstmals urkundlich erwähnt und heißt 1341 Gryben. Der Name kommt aus dem Altpolabischen und leitet sich von »gribu« für Pilz ab. Grieben bedeutet demnach Pilzort. Die slawischen Altvorderen müssen häufig in die Pilze gegangen sein, denn Orte mit ähnlicher Namensherkunft finden wir öfter im Lande, so auch das Schloss Griebenow in der Nähe von Greifswald. Hier übertrugen die Mönche des Zisterzienserklosters Eldena offensichtlich den Namen des slawischen Vorgängers auf das 1248 erstmals urkundlich erwähnte Dorf. Griebenow bei Greifswald kann mit einem Barockschloss, erbaut um 1704, aufwarten. Bei der Dorfkirche handelt es sich um einen frühgotischen Backsteinbau. Grevesmühlen, 1230 erstmals urkundlich erwähnt, trägt einen deutsch-slawischen Mischnamen, »Mühle eines Gnev«, und liegt an der alten Handelsstraße von Lübeck nach Wismar. Die Stadtkirche Sankt Nikolai ist ein Backsteinbau aus der Mitte des 13. Jahrhunderts, eine dreischiffige Hallenkirche, nach westfälischem Vorbild erbaut. Schlicht zeigt sich das Rathaus, ein zweigeschossiger, verputzter Backsteinbau, 1715 errichtet. Schönberg wurde urkundlich erstmals 1219 als Dorf am Übergang der Straße von Lübeck nach Schwerin über die Maurine genannt. Die Maurine ist ein etwa 20 Kilometer langer, begradigter Nebenfluss der Stepenitz. Die hier befindliche, nach 1250 gebaute Wasserburg war der Mittelpunkt des den Bischöfen von Ratzeburg geschenkten Landes Boitin. Der Name Boitin kann durch die Wissenschaft bislang nicht eindeutig erklärt werden. Unstrittig ist die Herkunft aus dem Altpolabischen. In Schönberg residierten die Bischöfe von 1328 bis zur Reformation (1550). 1701 fiel Schönberg an Mecklenburg-Strelitz und erhielt 1822 Stadtrecht. Die Stadtkirche Sankt Lorenz und Katharina ist ein Backsteinbau aus dem zweiten Viertel des 14. Jahrhunderts. Am Markt des ehemaligen Angerdorfes stehen zweigeschossige Bürgerhäuser aus dem 18. Jahrhundert. Weiterhin kann Schönberg eine Reihe schlichter Fachwerkhäuser vorweisen. Nach Grieben führt uns zunächst die Abfahrt 5 der A 20, dann die B 104 und bald darauf eine bescheidene Landstraße.

Gutglück

PLZ 18356, befindet sich nicht in einem Bergbaugebiet, wo der Gruß der Bergleute abgewandelt wurde, und hat auch keine Lizenz zum Betrieb von einer oder mehreren Spielbanken. Der Ort gehört zur Gemeinde Fuhlendorf und liegt somit westlich von Barth am Bodstedter Bodden. Moderne Karten zeigen auch die Schreibweise Gut Glück. Nach der Volksmeinung sei ein Wanderer nach dem Dreißigjährigen Krieg auf dem Weg nach Barth durch das verwüstete und öde Land gekommen. Ein einzelner Siedler habe einen Neuanfang gewagt und diesem habe der Wanderer »Gut Glück« für die Zukunft gewünscht. Fuhlendorf, Hauptort der Gemeinde, wurde 1278 erstmals urkundlich erwähnt. Bei der Ortsbezeichnung von Fuhlendorf dürfte es sich um einen deutsch-slawischen Mischnamen handeln. Nach der Volksmeinung leitet sich der Name Fuhlendorf davon ab, dass ein Reisender einen Schäfer nach Michaelsdorf fragte. Der Schäfer war wohl besonders wortkarg und wies nur mit dem Fuß in Richtung Michaelsdorf. Der Reisende soll daraufhin gesagt haben: »Dann ist das hier wohl Faulendorf« (Plattdeutsch = Fuhlendörp). In Fuhlendorf sollte der liebevoll gepflegte Seemannsfriedhof Aufmerksamkeit finden. Michaelsdorf wurde 1302 urkundlich erwähnt. In Bodstedt wurde erstmals 1388 eine Kirche bezeugt, das Dorf Bodstedt bereits urkundlich 1278 erwähnt. Die heutige Kirche ist ein schlichter spätgotischer Backsteinbau, der 1786 um ein Joch erweitert wurde. Die neuneckige Tauffünte aus Granit sei nach Meinung der Wissenschaft seit mehr als 800 Jahren in Gebrauch. Bodstedt war um 1500 der bedeutendste Wallfahrtsort für Seefahrer zwischen Lübeck und Königsberg. Die Wallfahrtskapelle wurde um 1460 für den Heiligen Ewald, den Beschützer der Seefahrer, errichtet. Ein Barther Fischer war mit seiner Mannschaft beim Heringsfang in Seenot geraten und auf wundersame Weise gerettet worden. Der Hafen von Bodstedt erfreut sich bei Einheimischen und Gästen großer Beliebtheit und ganz besonders während der Zeesenbootregatta am ersten Wochenende im September, wenn braune Segel die Boote über das Wasser eilen lassen. Die Zeesenboote, als Fischerboote einstmals für die Bedingungen der Boddengewässer gebaut, entwickeln beachtliche Geschwindigkeiten und sind sehr seetüchtig. Von Bodstedt aus legen in der Saison täglich Fahrgastschiffe mit dem Ziel Darß ab. Radfahrer schätzen die gut ausgebauten Radwege entlang der südlichen Boddenküste.

Hahnenhorst

PLZ 19395, gehört zur Gemeinde Karow und liegt etwa drei Kilometer nordwestlich von Karow im Wald auf einer horstartigen Anhöhe. Hahnenhorst wird nicht von männlichem Hausgeflügel dominiert. Der Ort wurde ursprünglich nur Horst genannt, am Ende des 15. Jahrhunderts angelegt, war bis 1812 ein Nebengut von Damerow, dem heutigen Neu Damerow, zeitweilig auch ein adliger Wohnsitz und gehörte zur Hahn'schen Begüterung – daher der Dorfname. Nach den Verwüstungen des Dreißigjährigen Krieges wurde hier eine Meierei eingerichtet und von 1735 bis 1800 gab es auch eine Glashütte, wobei der Glashüttenmeister auch der Pächter der Meierei war. Nach dem Ende der (ersten) Glashütte von Hahnenhorst wurde hier eine Schäferei betrieben. Dann waren wohl genügend Bäume nachgewachsen und so wurde zwischen 1835 bis 1849 auf dem nördlich des Ortes gelegenen Hüttenberg die zweite Glashütte bewirtschaftet. Nach einer kurzen Pause wurde die dritte Glashütte am Ort erbaut und zwischen 1853 bis 1862 betrieben. Als wieder Bäume nachgewachsen waren, der Wald fachliche Bewirtschaftung erforderte, wurde Hahnenhorst 1882 eine Försterei, die der Staats-Kalender nicht unterschlägt. Es gab sogar eine Schule (nach dem Staats-Kalender zumindest bis 1909). Der besagte Staats-Kalender nennt für 1909 neun Einwohner der Försterei Hahnenhorst. Nach 1945 wohnten zunächst Flüchtlinge in Hahnenhorst und von 1967 bis 1989 bestand hier ein Kinderferienlager des Institutes für Pflanzenzüchtung Groß Lüsewitz, das außerhalb der Sommerferien auch Angehörige dieses Hauses zur Erholung nutzten. Groß Lüsewitz wurde 1344 erstmals urkundlich erwähnt und leitet den Dorfnamen aus dem Altpolabischen ab, »Ort, wo Leute eines Lus wohnen«. Seit 1994 befindet sich das Grundstück Hahnenhorst in Privatbesitz. Das Wohnhaus ist ein einstöckiger Klinkerbau auf Feldsteinfundamenten mit einem Krüppelwalmdach und wurde wohl um 1789 erbaut. Damerow, nun Neu Damerow, wurde 1274 erstmals urkundlich erwähnt und hat den Dorfnamen aus dem Altpolabischen, »Siedlung am Eichenwald«. Durch die Gemeinde Karow führt die B192. Die Anfahrt nach Hahnenhorst sollte durch eine gute Karte oder einen wegekundigen Begleiter unterstützt werden – die Nossentiner/Schwinzer Heide ist ausgedehnt und manche Waldwege verlaufen tatsächlich im Sande.

Hallalit

PLZ 17194, gehört zur Gemeinde Vollrathsruhe, galt als Vorwerk zum Gut Vollrathsruhe, wurde urkundlich erstmals als Lallingshof 1760 erwähnt und beim Vollrathsruher Erbvergleich (1822) mit Hallalit bezeichnet. Der Ortsname leitet sich aus dem Französischen ab und steht für das Ende einer damals üblichen Parforcejagd. »Da liegt er«. Gemeint war der erlegte Hirsch. Das hügelige Gemeindegebiet befindet sich am Südrand der Mecklenburgischen Schweiz und die großen Waldungen sind seit alters her wildreich. Von der gutswirtschaftlichen Spiritusbrennerei kündet nicht einmal ein leiser Duft, aber erhalten und auch bewohnt ist der

Feldsteinkaten, welcher mit seinen 104 Metern Länge als längster Katen dieser Art in Deutschland Aufmerksamkeit beanspruchen darf. Der Katen, genannt »dat lange Hus«, hat eine Breite von elf Metern, enthielt 16 Wohnungen und wurde in der Mitte des 19. Jahrhunderts errichtet. In der Gemeinde verläuft die Wasserscheide zwischen der Ostsee und der Nordsee. Vom Hügel, auf welchem auch das ehemalige Herrenhaus von Vollrathsruhe (um 1843 als eingeschossiger, massiver Putzbau errichtet, nach einem Brand 1918 im neobarocken Stil neu errichtet) steht, bietet sich ein herrlicher Blick auf die reizvolle Landschaft der Mecklenburgischen Schweiz mit ihrem Wechsel von Äckern und Wiesen, Hügeln, Wäldern und Seen. Durch die Gemeinde fließt die Westpeene. In Schloss Grubenhagen kündet der immerhin noch zehn Meter hohe Rest eines Bergfrieds von der einstigen Burg der Herren von Grube von älterer Zeit. Wer gut zu Fuß ist und vielleicht einen ortskundigen Führer findet, der sollte im nahen Klein Luckow den gut erhaltenen Burgwall über dem Ohgang-See aufsuchen. Klein Luckow wurde 1316 erstmals urkundlich erwähnt und leitet den Dorfnamen aus dem Altpolabischen ab, »Lauchort«. Eindrucksvoll auf einer Anhöhe liegt die Dorfkirche von Kirch Grubenhagen, ein größerer Bau aus Feldstein und Backstein, der in der Mitte des 13. Jahrhunderts errichtet wurde. Kirch Grubenhagen wurde urkundlich erstmals 1243 erwähnt. Es handelt sich um einen deutsch-slawischen Mischnamen, der auf den Gründer, einen Gefolgsmann Fürst Borwin I. zurückgeht. Die Gemeinde ist über die B 108 und die nahe Anschlussstelle Linstow der A 19 gut ereichbar.

Hammer

PLZ 17358, Hammer ist eine Gemeinde an der Uecker und liegt in der Nähe der pommerschen Kleinstadt Torgelow. Ein Hammer ist sicher nicht das einzige oder bevorzugte Werkzeug in diesem Dorf, das neben der sehenswerten Heimatstube auf eine über 350 Jahre alte Eichenallee verweisen kann.

In dem Nachbarort Liepe befindet sich ein schwedisches Blockhaus, das 1694 errichtet wurde, aber leider wenig gut erhalten ist. Liepe wurde 1354 erstmals urkundlich erwähnt und leitet den Ortsnamen aus dem Altpolabischen ab, »Linde, Lindenort«. Die Bierbrauer von Pasewalk nutzten Liepener Hopfengärten für ihr im Mittelalter geschätztes Bier, das »Pasenelle«. Seit der Mitte des 18. Jahrhunderts besaß Liepe eine eigene kleine Kapelle, heute nicht mehr vorhanden. Bei Liepe gab es eine Fähre zum Übersetzen auf das andere Ufer der Uecker. Am Ufer der Uecker führte durch die Liepener Wiesen ein Treidlersteig entlang, von dem aus Boote und Holzflöße bis nach Torgelow gezogen wurden. Der Dorfname Hammer verweist auf die bereits im Mittelalter vorgenommene Verarbeitung von Roheisen. Ob aus dem in der Region vorhandenen Raseneisenerz, dem Klump, oder ob, wie in der Regel üblich, aus Schweden importiertes Roheisen weiterverarbeitet wurde, kann nicht sicher beurteilt werden. Allerdings war der

Einfuhrzoll für schwedisches Roheisen recht hoch. Ob die Hammermühle, gelegen beim heutigen Dorf Hammer, im Mittelalter der Eisenverarbeitung diente, ist zwar anzunehmen, aber nicht urkundlich gesichert. Als 1756 eine Eisenhütte in Torgelow errichtet wurde, stand der Ort Hammer unter der dortigen Hüttenverwaltung. Hammer besteht eigentlich aus zwei Orten, nämlich Klein Hammer mit der Kornmühle, aus welcher eine Schneidemühle (Sägewerk) wurde, und Großhammer, dem Landwirtschaftsstandort. Am Abzweig von der B109 nach Hammer (Bahnhof Jatznick) befindet sich die einzige Samendarre des Landes, seit Jahrzehnten von der Forstwirtschaft betrieben. Führungen sind nach Anmeldung möglich. Die Samen von Nadelbäumen werden zum Trocknen auf den obersten Boden gebracht, durchlaufen dann mittels Schwerkraft den weiteren Trocknungsprozess, werden als reiner Samen in Gläser abgefüllt und liegen bereit zum Aufbau neuer Wälder. Dieses Verfahren funktioniert ohne technische Veränderungen seit 70 Jahren. Ein Radwanderweg, der über Hammer führt, verbindet die Ueckermünder Heide mit den Brohmer Bergen. Ein weiterer Wanderweg führt von Torgelow über Hammer, auch als »Schwedenroute« bezeichnet, in Liepe an den Resten des oben genannten Blockhauses und einem frei stehenden Glockenstuhl (auf dem Friedhof) vorbei. Die Glocke trägt die Jahreszahl 1729. Das nahe Torgelow, 1281 als Kirchdorf erstmals urkundlich erwähnt, liegt an der hier schiffbaren Uecker, kann auf eine Burgruine verweisen und leitet seinen Ortsnamen aus dem Altpolabischen ab. Eine Zusammensetzung des Namens mit der slawischen Bezeichnung für Stier ist wahrscheinlich. Nach 1720 wurde das Amt von Schweden an Preußen übergeben und wurde in die Gewinnung sowie Verarbeitung von Raseneisenstein eingebunden. So entstand im Ort um die Mitte des 18. Jahrhunderts ein Eisenhüttenwerk. Stadtrecht erhielt Torgelow erst 1945 und zwar durch einen Befehl des sowjetischen Stadtkommandanten. Im Zentrum des Ortes, an dem rechten Ufer der Uecker befand sich eine Niederungsburg. Der Platz trug den Namen »Kellerberg«, »Schloß« oder auch »Alt Torgelow« und ist heute bebaut.

Häschendorf

PLZ 18182, ist nicht als Herkunftsort der Betthäschen zu verstehen. Bei der Ortsbenennung kommt es offensichtlich auf die Betonung an. Der Ort gehört zur Gemeinde Mönchhagen und liegt östlich der altehrwürdigen und dennoch junggebliebenen Hansestadt Rostock, nahe der Ostseeküste und dem geschätzten Strand von Markgrafenheide, dem kleinen, idyllisch gelegenen Seebad. Markgrafenheide wurde urkundlich erstmals 1586 als »Moorgrabenheide« erwähnt. Mönchhagen wurde urkundlich bereits 1252 genannt. Der Ortsname dürfte sich aus dem Mittelniederdeutschen herleiten, »Rodungssiedlung der Mönche«. Für eine Gründung des Doberaner Klosters liegt kein Beleg vor.

Häschendorf wurde 1302 erstmals urkundlich als »Hesekendorp« erwähnt. Der Ortsname kommt aus dem Mittelniederdeutschen und steht für »dörp«, Dorf, und die weibliche Koseform zum Vornamen Hedwig. Von der Gutshofanlage blieben nur ein Fachwerkgebäude und ein Pferdestall erhalten, von dem Gutshaus Reste eines Stufengiebels. In Häschendorf wurde 1970 an der heutigen Bundesstraße 105 zur Erinnerung an die Opfer des Todesmarsches der Häftlinge des Außenlagers Barth des KZ Ravensbrück vom Mai 1945 ein Gedenkstein errichtet. Die Gemeinde ist über die B 105/die Bahnlinie Rostock–Stralsund gut erreichbar. In nur sechs Kilometer Entfernung besteht ein Anschluss an die A 19. Rostock, die alte Hansestadt (und einzige Großstadt des Landes) wurde 1160 erstmals urkundlich erwähnt, leitet den Namen aus dem Altpolabischen ab, »Ort, wo Wasser auseinanderfließt« und hatte mehrere slawische Vorläufer. Rostocks sehenswerte Bauten vollständig aufzuzählen würde, wie bei Greifswald, Schwerin, Stralsund und Wismar, den hier gesteckten Rahmen überfordern. Aber Sankt Marien mit seinem imposanten Innenraum, Sankt Petri (Sankt Peter über der See), die Pfarrkirche der ältesten Stadtgründung mit dem dreistöckigen Turm, der den Schiffern den Weg in die Stadt als Merkzeichen wies, und das alte Rathaus dürfen nicht unerwähnt bleiben. Die Kröpeliner Straße ist Rostocks beliebte Bummelmeile, die den Besucher auf den Universitätsplatz führt. Dort befindet sich das Denkmal von Gebhard Leberecht von Blücher, dem Marschall »Vorwärts« der Befreiungskriege. Die Universität wurde 1419 gegründet und kann sich als die älteste Universität in Nordeuropa heute wie einst sehen lassen. Wem der Trubel zu viel wird und wer auch am alten Stadthafen nicht die erhoffte Ruhe findet, der wird dieser eher im Zoo begegnen. Der Rostocker Zoo hat sich auf die Haltung nordischer Tiere spezialisiert und kann hier beachtliche Zuchterfolge vorweisen.

Hasenhäge

PLZ 19077. Hasen (Feldhasen) erfahren auch hier die Hege, wie sie das Landesjagdgesetz fordert, sind aber nicht die alleinigen Bewohner der Gegend. Der Name Hasenhäge wurde als Flurname eines Forstortes des benachbarten Forstreservates übernommen, als Ortsname Hasenhäge im 19. Jahrhundert eingeführt und stand für die Holz- und Chausseewärterwohnungen an der Chaussee von Schwerin nach Ludwigslust. Der Grossherzogliche Staats-Kalender von 1909, das offizielle Handbuch des Großherzogtums Mecklenburg-Schwerin, führt in Hasenhäge bei Sülstorf eine Unterförsterei auf – nebst Chausseehaus und Chausseewärter. Am Chausseehaus waren auch die Straßennutzungsgebühren zu entrichten – die Autobahnmaut für LKW lässt schön grüßen. Daher wurden die Chausseehäuser zunächst auch als »Chausseegeldhebestellen« oder »Wegzoll-Einnahmehäuser« bezeichnet. Hier wohnten gemeinsam die Familien des Chausseegeldeinnehmers und die des Chausseewärters. An der B 106 in Hasenhäge steht ein historischer Meilenstein und im Ort befindet sich im Hamburger Frachtweg 1 das Forsthaus, ein gepflegter Fachwerkbau mit Scheune. Der Name

Frachtweg verweist auf eine mittelalterliche Handelsroute. Das erwähnte Chausseewärterhaus steht in der Ludwigsluster Straße 1. Im Wappen der Gemeinde Lübesse findet sich im unteren Feld ein springender goldener Hase. Die Einwohnerzahl der Gemeinde hat sich nach 1990 mehr als verdoppelt. Vor allem Schweriner zogen auf das Land. Lübesse, der Hauptort der Gemeinde, wurde 1218 erstmals urkundlich erwähnt und dürfte den Dorfnamen aus dem Altpolabischen ableiten, »Ort eines Lub(es)«.

Hasenwinkel

PLZ 19417, gehört zur Gemeinde Bibow und liegt in der Nähe von Warin. Der Ort wurde beinahe winklig vor einem Wald angelegt und die Gegend dürfte nicht nur den Feldhasen zusagen. Hasenwinkel gehörte nach dem Grossherzoglichen Staats-Kalender zu Bibow, welches 1247 erstmals urkundlich erwähnt wurde. Der Dorfname Bibow lässt sich nicht sicher erklären, kommt aber wohl aus dem Altpolabischen, »Ort eines Biba«. Angenommen wird auch eine Beziehung zu dem slawischen Wort für »Trinker, Trinkgelage«. Abstinenzler waren die slawischen Altvorderen ganz gewiss nicht. Auch eine Ableitung aus dem slawischen Wort für »Wurstbrühe« oder »Wassersuppe« wird vermutet. Das herausragende, weit über die Region und das Land hinaus bekannte Gebäude von Hasenwinkel ist das ehemalige Herrenhaus, nun als Tagungshotel Schloss

Hasenwinkel genutzt, gepflegt und geschätzt. Schloss Hasenwinkel gehört seit 2002 zu den »Top 10 der Tagungshotels in Deutschland«. An der Stelle eines älteren Wohnhauses wurde zwischen 1908 und 1912 nach den Plänen von Paul Korff ein zweigeschossiges Gebäude im neobarocken Stil errichtet. Schloss Hasenwinkel kann als das bekannteste Bauwerk von Paul Korff angesehen werden. Markant erscheint der Mittelrisalit durch seinen Balkon und den oben abschließenden Segmentbogen. Der umfangreiche Park wurde von 1910 bis 1912 angelegt. Die Rekonstruktion von Schloss Hasenwinkel erfolgte zwischen 1993 und 1996. Das Restaurant »Marstall« im Schloss Hasenwinkel überzeugt durch sein gediegenes Ambiente und die waldreiche Umgebung bietet sich für ausgedehnte Wanderungen an. Schloss und Park stehen unter Denkmalschutz. Bibow, der Hauptort der Gemeinde, kann eine Backsteinkirche aus dem 14. Jahrhundert vorweisen, wurde aber bereits 1282 als Ort mit Pfarrei bezeichnet. Die Kirche ist ein geräumiger Backsteinbau mit angebauter Grabkapelle und Kreuzrippengewölbe im Chorraum. Der Fachwerkturm stammt aus dem Jahr 1745. Der »Bibower Kirchenbauverein« bemüht sich seit 1999 um die Erhaltung und Restaurierung der Kirche. Auf dem Bibower Friedhof erinnert ein Denkmal an gefallene Soldaten und Krankenschwestern, die bei der Bombardierung zweier Züge, kurz vor Kriegsende, zwischen Bibow und Blankenberg umgekommen sind. Blankenberg wurde urkundlich erstmals 1343 erwähnt und leitet den Ortsnamen aus dem Mittelniederdeutschen ab, »Siedlung an einem blanken (freien) Berg«. Um 1900 war Blankenberg ein größerer Erbpachthof mit Poststation, Dampfziegelei, Schule und zwei (!) Bahnhöfen. In einem Bahnhof wurde eine Schankwirtschaft betrieben. In der Nähe von Blankenberg befand sich eine slawische Burganlage. Als Denkmale der Eisenbahngeschichte präsentieren sich der Wasserturm, die beiden Empfangsgebäude der zwei Bahnhöfe und mehrere Bahnarbeiterhäuser mit den zugehörigen Ställen. Erhalten blieb auch ein ehemaliges Chausseehaus. Durch das Gemeindegebiet verläuft die A 14.

Heringsdorf

Das Ostseebad Heringsdorf hat gleich drei Postleitzahlen: 17419, 17424 und 17429, ging 2006 aus der Fusion der Gemeinden Ahlbeck, Heringsdorf und Bansin hervor und liegt im Osten der Insel Usedom. Heringsdorf wurde 1818 als Fischerkolonie angelegt. 1820 machte Friedrich Wilhelm III., König von Preußen, mit seinen Söhnen eine Rundreise durch Pommern, kam auch nach Usedom und bei dieser Gelegenheit wurde der Kronprinz Friedrich Wilhelm (IV.) gebeten, der neuen Fischerkolonie einen Namen zu verleihen. Dem Kronprinzen fiel nach dem erlebten Salzen und Verpacken der fangfrischen Heringe nur der Name Heringsdorf ein. Ab 1825 begann der Badebetrieb. Ahlbeck, Bansin und Heringsdorf galten zu Kaiserzeiten als »Badewanne von Berlin« und Heringsdorf als das Bad der Berliner Aristokratie und Hochfinanz. Heringe, die Brotfische der Ostseefischer, gaben Heringsdorf zwar seinen Namen, waren aber zwischenzeitlich so rar geworden, dass der Kabarettist Eberhard Cohrs vorschlug, den Ortsnamen Makrelendorf zu verwenden. Hering, gefangen vor Usedom und auf der Insel eingesalzen, soll der Überlieferung nach auch in die königlichen Küchen zu Berlin und Potsdam gelangt sein. Die Kirche von Heringsdorf wurde 1848 nach Plänen von Ludwig Persius, einem Schüler von Karl Friedrich Schinkel, im neugotischen Stil aus roten Backsteinen erbaut und 1914 erweitert. Als ein früher Siedler auf dem Gebiet des heutigen Ahlbecks gilt ein Müller, der 1699 die Genehmigung erhielt, eine Schneide- und eine Kornmühle zu bauen. Ihm schlossen sich in dem gleichen Jahr ein Fischer und ein Teerbrenner an. Friedrich II. sorgte dann für weitere Ansiedler.

Bansin ist ein junges Seebad. Erst 1897 wurde hier der Badebetrieb amtlich erlaubt. 1923 erhielt Bansin als erstes deutsches Seebad die Freibadeerlaubnis. Wesentlich älter als das Seebad ist das Dorf Bansin. Es wurde 1256 erstmals urkundlich erwähnt und dürfte den Namen aus dem Altpolabischen ableiten, »Ort eines Baca'?«.

Neben der sehenswerten Bäderarchitektur in der Gemeinde und den Seebrücken von Ahlbeck (1899 errichtet und 1970 bzw. 1993 restauriert) und Heringsdorf sei besonders auf die 1960 auf Initiative von Manfred von Ardenne gebaute Volkssternwarte in Heringsdorf verwiesen. Die Seebrücke von Heringsdorf ist mit ihren 508 Metern die längste Seebrücke Deutschlands und schon allein durch das Muschelmuseum einen längeren Besuch wert. Das moderne Kurhaus macht Heringsdorf zum Mittelpunkt des Badebetriebes auf Usedom. Nach Usedom und damit auch nach Heringsdorf führen uns die B 110 und die B 111 sowie die Schiffe der Weißen Flotte.

Hühnerbusch

PLZ 19258, wird nicht nur von Geflügel bewohnt, auch wenn unsere Haushühner von Dschungelhühnern, also im Gebüsch lebenden Wildhühnern, abstammen. Das Dorf gehört zur Gemeinde Neu Gülze, liegt im Naturpark Mecklenburgisches Elbetal und ist über die B 5 gut erreichbar. Am Anfang des Dorfes steht ein ehemaliges Wegzollhaus aus dem 17./18. Jahrhundert, heute ein Ziegelfachwerkbau auf quadratischem Grundriss mit Zeltdach. Hühnerbusch war, bevor Mecklenburg-Schwerin dem Norddeutschen Zollverein beitrat, eine von mehreren Zollstationen an der Wasserstraße der Schaale für den Transport von Holz und Salz. Die Schaale ist ein etwa 40 Kilometer langer Nebenfluss der Sude, entspringt dem Schaalsee und mündet bei Gülze in die Sude. Der Name für die Schaale, welche 1279 als

Scalen urkundlich erwähnt wurde, leitet sich aus dem Altpolabischen ab, »Die Steinige, Steinbach«. Aus der Bedeutung der Schaale für den Salz- und Holztransport erhielt Zarrentin die Anerkennung als Marktflecken. In der Schaale kommt noch die selten gewordene Bachmuschel vor. Zarrentin entstand aus einem um 1250 gegründeten Zisterzienser-Nonnenkloster, welches 1555 aufgehoben wurde. Als Klosterkirche wurde eine bereits vorhandene Dorfkirche umgebaut. Das Dorf Zarrentin wurde 1194 urkundlich erwähnt und leitet den Ortsnamen aus dem Altpolabischen ab, »Ort des Carneta«. Vom Kloster ist der Ostflügel erhalten, wohl im 14. Jahrhundert errichtet. Zarrentin erhielt 1938 Stadtrecht und kann neben seiner idyllischen Lage am Schaalsee auf eine Reihe interessanter Bauten verweisen. Der Gemeindename Gülze leitet sich aus dem Altpolabischen ab, ist im Lande noch öfter zu finden und kann mit »Kahlort« übersetzt werden. Gülze wurde 1281 erstmals urkundlich erwähnt, dürfte aber deutlich älter sein. Die Dorfkirche ist ein spätgotischer flachgedeckter Backsteinbau.

Hühnerland

PLZ 19300, gehört zur Gemeinde Prislich und liegt in der Nähe von Grabow, der bunten Stadt an der Elde, direkt an der Landesgrenze zu Brandenburg. Südlich von Hühnerland fließt der Meynbach, der hier eine Bifurkation ausbildet. Sein Wasser fließt sowohl nach Osten in die Tarnitz als auch nach Westen in die Alte Elde. Das Zentrum der Landesgeflügelzucht befindet sich nicht in Hühnerland, welches 1843 eine Meierei mit 16 Einwohnern war. Grabow, die Kleinstadt an der Elde, wurde wahrscheinlich 1252 zur Sicherung des Flussüberganges neben einer slawischen Burg und Siedlung angelegt. Der Name leitet sich aus dem Altpolabischen ab, »Hainbuchenort«. Die erste urkundliche Erwähnung dürfte bereits

1186 als deutsche Burg erfolgt sein. Die Stadtkirche Sankt Georg ist ein gotischer Backsteinbau und 1291 erwähnt. Das Rathaus wurde nach dem Brand von 1725 als stattlicher zweigeschossiger Fachwerkbau errichtet. Wer nach Grabow kommt, der sollte, Kalorien hin und (leichtes) Übergewicht her, auf den Genuss einer leckeren Spezialität nicht verzichten, die »Grabower Küßchen«. Ein Nachbarort trägt den Namen Neese. Hier dürfte die Dorfkirche, ein kleiner Fachwerkbau mit einem Flügelaltar, entstanden um 1681, einen Besuch wert sein. Der Ortsname kommt aus dem Altpolabischen und kann mit »Ort des Neg« von »nega« (Pflege) übersetzt werden. Die Kirche von Neese wurde 1541 erstmals erwähnt. Der heutige Fachwerkbau stammt jedoch aus den Jahren 1750 bis 1753. Der aus dem Vorgängerbau übernommene gotische Flügelaltar trägt die Jahreszahl 1681. Freunde historischen Straßenpflasters können dieses als Kopfsteinpflaster der unter Denkmalschutz stehenden Kastanienallee erleben.

Werle, seit 2004 auch zur Gemeinde Prislich gehörend, wurde urkundlich erstmals 1356 genannt und leitet den Namen aus dem Altpolabischen ab, »Adler« – nach dem slawischen Herrschergeschlecht bzw. der Stammesbezeichnung. Die Kirche in Werle ist ein einschiffiger turmloser Feldsteinbau und in die Zeit der Spätgotik einzuordnen. Nach dem Brand von 1719 wurde die Kirche restauriert und nach Osten in Fachwerk verlängert. Die Gemeinde Prislich und somit auch Hühnerland liegen nahe der B 5. Prislich wurde urkundlich erstmals 1424 erwähnt, dürfte aber deutlich älter sein und entlehnt den Namen aus dem Altpolabischen, »Quer?«.

Hullerbusch

PLZ 17258, Hullerbusch gehört zur Gemeinde Feldberg und liegt oberhalb des Schmalen Luzin, ein Klarwassersee mit bis zu 34 Meter Tiefe in einem Wald, der wohl namensgebend war, der Hullerbusch (Holunderbusch). Den Namen Hullerbusch trägt das kleine, aber reizvolle Hotel, welches 1905 als »Villa Hullerbusch« errichtet wurde. Die Lage und der Name weisen das Hotel als besonders geeignet für Verliebte aus, war Frau Holle, die holde Frau, nach Meinung unserer Altvorderen doch die Beschützerin der Liebenden. Darum durfte Holunderholz auch nicht im Herd verbrannt werden, schützte diese Ansicht den Holunderbusch, Frau Holles fruchttragenden Lieblingsstrauch. Die Fahrt über den Schmalen Luzin mit der handbetriebenen Seilfähre dürfte jeden Besucher erfreuen. Der Schmale Luzin ist nur 150 bis 300 Meter breit, dafür etwa sieben Kilometer lang. Nur noch im Schmalen Luzin kommt aktuell die endemische Luzinmaräne, auch als Tiefenmaräne bekannt, vor. Um den See, im Forstrevier Lüttenhagen, wachsen vor allem Buchenwälder, die »Heiligen Hallen«, mit bis zu 350-jährigen Bäumen, die zu den ältesten Buchenwäldern Deutschlands gehören und zugleich das älteste Schutzgebiet Mecklenburgs darstellen. Folgerichtig befindet sich in Lüttenhagen, wo seit 1886 neben Schule, Kirche und Krug auch eine Försterei besteht, ein Forstmuseum. Lüttenhagen wurde urkundlich erstmals 1311 erwähnt. Die Dorfkirche ist ein rechteckiger Fachwerkbau von 1683. Bei den Umbauten von 1859 und 1892 wurde die Westwand massiv in neugotischen Formen erneuert.

Die Wanderung in das nahe Feldberg sollte den Beifall eines jeden Besuchers finden, geht es doch über ansehnliche Hügel mit Ausblicken auf die bekannte Feldberger Seenlandschaft. Das Städtchen Feldberg entwickelte sich aus einem Dorf, welches bei einer Burg lag und erhielt erst 1919 das Stadtrecht. Ausgrabungen auf dem Schlossberg erbrachten Reste einer dichten Besiedlung innerhalb eines Burgwalls. Die Keramik vom Feldberger Typ wurde zur Leitform einer bestimmten Epoche der slawischen Besiedlung. Die Burg liegt auf einer Halbinsel im Haussee und trägt den Namen »Amtshof«. Das ehemalige Amtshaus von Feldberg stellt sich als zweistöckiger, um 1781 errichteter und verputzter Fachwerkbau dar. Die Stadtkirche von Feldberg ist ein kreuzförmiger Backsteinbau mit schlankem, quadratischem Turm, wurde zwischen 1872/1875 errichtet und verfügt noch über die Ausstattung aus der Erbauungszeit. Im nahen Carwitz, auf dem Bohnenwerder, lebte und arbeitete von 1930 bis 1945 Hans Fallada (Rudolf Dietzen). Hier befinden sich auch das Hans-Fallada-Museum und das Hans-Fallada-Archiv. Die Dorfkirche von Carwitz, ein um 1706 errichteter turmloser Fachwerkbau mit umlaufender Empore, wird in den Ablauf der jährlich stattfindenden Hans-Fallada-Tage unter regem Zuspruch einbezogen. Carwitz wurde 1393 erstmals urkundlich erwähnt und leitet den Namen aus dem Altpolabischen ab, »Ort eines Char?«. Nach Hullerbusch sollte über Feldberg angereist werden und zwar über die B198 bei Nutzung der Landstraße von Möllenbeck nach Feldberg. Die Dorfkirche von Möllenbeck ist ein rechteckiger Feldsteinbau aus dem 13. Jahrhundert mit frei stehendem Glockenstuhl. Möllenbeck wurde urkundlich erstmals 1337 genannt.

Hundehagen

PLZ 18236, gehört zu Kröpelin, der Kleinstadt zwischen den Hansestädten Rostock und Wismar, gelegen auf dem waldreichen Höhenzug der Kühlung. Ein oder mehrere Hunde waren, zumindest nicht direkt, an der Namensgebung für Hundehagen beteiligt. Ein Ackerstück, welches den Flurnamen »Hundehagen« trug, war mit einer der vier »Hofmeisterstellen« von Kröpelin verbunden. Während die anderen Baustellen mit Abgaben belastet waren, brauchten für die als erste Hofmeisterstelle bezeichnete Stelle keine

Abgaben gezahlt werden. Bevor dieses Ackerstück in den Besitz der ersten Hofmeisterstelle gelangte, hieß es »Rodehagen« und gehörte vielleicht dem Lokator von Kröpelin. Die erste urkundliche Erwähnung von Kröpelin erfolgte 1177 als Crupelin. Der Name kommt aus dem Altpolabischen und könnte mit »Ort des Chropola, Kropola« übersetzt werden, nach anderer Meinung als »Wachtelort« von »crepelice« für Wachtel, ebenfalls aus dem Slawischen stammend.

Kröpelin kann auf seine Stadtkirche, einen Backsteinbau mit Feldsteinsockel aus dem späten 13. Jahrhundert, verweisen und wurde 1280 als Stadt mit Lübischem Recht bewidmet. Nach Kröpelin führen uns die B 105 und die B 117.

Hungerstorf

PLZ 17139, gehört zur Gemeinde Faulenrost. Der Ortsname wird auf ein mecklenburgisches Adelsgeschlecht zurückgeführt. »Dorf eines Hunger«. Im Altsächsischen steht dieser Personenname für »junger Bär« und »Wurfspeer«. Hungerstorf wurde 1472 als Teil des Hahnschen Besitzes (ältere Linie) genannt, war aber bis in das 18. Jahrhundert ein Bauerndorf. Dann erfolgte eine Neuordnung der Flur und das in Mecklenburg übliche Bauernlegen. Damit war nicht nur die materielle Lage der zu Tagelöhnern gedrückten Bauern schlechter geworden. Von den Gütern des Gutsbesitzers von Engel (z. B. Breesen, Faulenrost und Hungerstorf) verminderte sich die Bevölkerung im Zeitraum von 1851/1853–1900/1905 durch Auswanderung um rund 35 Prozent. 1909 befand sich Hungerstorf wieder im Besitz der Grafen Hahn. Die Weltwirtschaftskrise sorgte für eine ausgleichende Gerechtigkeit. Das Gut wurde aufgesiedelt und an Bauern übergeben, welche auf dem Weizen- und Zuckerrübenboden reiche Ernte einbrachten und einbringen. Sehenswert ist die Pyramidenpappelallee von Hungerstorf nach Groß Gievitz, ebenso die

Ansammlungen von Zugvögeln auf ihren Schlafplätzen im Großen Varchentiner See, von den Hungerstorfer Seewiesen aus gut zu beobachten. Auf dem Weg von Hungerstorf nach Clausdorf kommt der Besucher an einem imposanten slawischen Burgwall vorbei, dessen Seeseite, d.h. zum Großen Varchentiner See hin, allerdings abgetragen worden ist. Sein Vorgänger könnte eine frühslawische Niederungsburg gewesen sein, die an der Kittendorfer Peene lag und zwar an der Landstraße von Hungerstorf nach Schwabendorf. Dieser Burgwall wird in die frühslawische Zeit des 7. bis 9. Jahrhunderts datiert und ist, da langjährig als Viehweide genutzt, stark abgetragen und kaum noch als Wallburg zu erkennen. Schwabendorf wurde 1935 tatsächlich von Schwaben bzw. Württembergern gegründet als Faulenrost – verschuldet und durch den Grafen Septimus von Hahn nicht mehr zu halten – an die Siedlungsgesellschaft Nordsiedlung ging. Diese siedelte hier, südlich von Faulenrost, 35 Familien an. Schwabendorf besteht aus Winkelhöfen und Einfirsthäusern, hat einen weilerartigen Aufbau ohne Dorfzentrum und auch ohne Funktionsbauten. Von Clausdorf aus liegt die B194 wieder recht nahe. Varchentin wurde urkundlich erstmals 1350 erwähnt und leitet den Dorfnamen aus dem Altpolabischen ab. Es wird eine sprachliche Nähe zu der Bezeichnung für »Feind« vermutet, vielleicht auch »Ort des Vargeta«. Die Dorfkirche von Varchentin ist ein Backsteinbau aus dem 13. Jahrhundert und wurde im 19. Jahrhundert verändert. Das ehemalige Gutshaus wurde 1847 von dem Schweizer Architekten Mouson als großer langgestreckter Bau in Formen der englischen Gotik errichtet. Der Landschaftspark wurde unter Beteiligung von Peter Joseph Lenné angelegt. Gäste sind hier willkommen und dürften sich auch wohlfühlen. Nach Hungerstorf kann man über die B194 gelangen, hat aber entweder in Sorgenlos oder Clausdorf von dieser abzubiegen.

Clausdorf trägt einen Mittelniederdeutschen Namen, »Ort eines Kläwes (Klaus)« und wurde urkundlich erst spät erwähnt, 1496. Neben der freien Uferzone zum Varchentiner See kann Clausdorf einen beachtlichen Bestand an Großbäumen vorweisen.

Immenhorst

PLZ 17498, liegt in der Gemeinde Wackerow an der B96, unweit von Greifswald, der alten Universitätsstadt. Zur Gemeinde gehört auch der Ortsteil Dreizehnhausen. Der Dorfname Wackerow kann nicht sicher erklärt werden. Die Ersterwähnung von Wackerow wird für 1209 angegeben. Immenhorst dürfte eine deutsche Neugründung sein. Die Immenhaltung, die Bienenhaltung, könnte bedeutungsvoll gewesen sein und zu der Namensgebung geführt haben. Nach damaliger Sitte wurde die Bienenhaltung meist als Zeidlerwirtschaft betrieben. Dafür waren alte, dicke Bäume und möglichst große Wälder erforderlich. An diese Bedingungen hatte sich die Braune Waldbiene, heute längst durch ertragreichere Arten verdrängt, bestens angepasst. Honig war seinerzeit nahezu das einzige verfügbare Süßmittel, wurde auch zum Konservieren von Früchten verwendet, hatte einen gesicherten Platz in der Heilkunde und Bienenwachs war unverzichtbar für die kirchlichen Zeremonien,

stellte eine feste Abgabe an die Kirche dar, hier vielleicht das Kloster Eldena (bei Greifswald).

Am Übergang der von Lübeck nach Stettin verlaufenden Küstenstraße über den Ryck und nahe einer 1193 bezeugten Salzquelle entstand in der zweiten Hälfte des 12. Jahrhunderts eine Kaufmannssiedlung mit der Nikolaikirche, heute als Dom bezeichnet. Östlich davon und von dem Zisterzienserkloster Eldena ausgehend, wurde die Stadt Greifswald mit der Marienkirche planmäßig angelegt. Weiter westlich erfolgte ab 1240 die nächste Stadterweiterung mit der Jacobikirche. 1456 erfolgte auf Betreiben des Bürgermeisters Rubenow die Gründung der Universität als zweitälteste Universität in Nordeuropa. Erhalten sind in Greifswald einige gotische Giebelhäuser und der malerische Hafen am Ryck sowie der Fischer- und Sportboothafen in Wieck nebst den Mauerresten, welche von dem genannten Kloster Eldena künden. Wieck wurde urkundlich erstmals 1284 erwähnt und gilt damit als eines der ältesten Fischerdörfer in Norddeutschland. Der Name dürfte sich aus dem Dänischen herleiten. Hier steht »vik« für eine Fjordbucht oder eine Flusseinbuchtung. Am Ortseingang grüßt die wieder errichtete Bockwindmühle. Über den Ryck führt in Wieck eine 1886 nach holländischem Vorbild errichtete, mehrfach in ihrem Holzbelag erneuerte Klappbrücke, deren Öffnen und Schließen von Hand erfolgt. Fußgänger und Radfahrer haben hier freie Fahrt, Autos nur eingeschränkt.

Jammer

Jammer, PLZ 19230, ist kein Ort des steten Jammerns und des lauten Wehklagens, hat auch keine erkennbare Nähe zum Windjammer, einem historischen Segelschiffstyp, sondern befindet sich im mecklenburgischen Binnenland, der Griesen Gegend, gehört zu der Gemeinde Kuhstorf, welche zwischen Hagenow und Ludwigslust liegt. Kuhstorf wurde 1363 als »Curdestorp« erstmals urkundlich erwähnt. Jammer nannte sich nach der mündlichen Überlieferung einst Langen Jammer, beansprucht diese Bezeichnung wieder und könnte den Ortsnamen aus dem Altpolabischen entlehnt haben, war doch die Griese Gegend die Region in Mecklenburg, wo slawische Bevölkerungsanteile am längsten nachgewiesen wurden. Zu Jammer gibt es eine Scherzfrage, welche sich kein Einheimischer versagt. »Warum werden in Jammer die Pfannkuchen nur auf einer Seite gebacken?« Antwort: »Weil die Häuser nur auf einer (Straßen)Seite stehen!« Hagenow wurde urkundlich erstmals 1190 bzw. 1194 als damaliges deutsches Kirchdorf erwähnt. Der Ortsname könnte ein Beispiel für einen deutsch-slawischen Mischnamen sein. Hagenow erhielt erst 1754 das volle Stadtrecht. Die Stadtkirche ist ein neugotischer Backsteinbau von 1875–1879. Vom mittelalterlichen Vorgänger wurde der Unterbau des Westturmes einbezogen. Zumeist aus dem 18. Jahrhundert stammend, ist in Hagenow eine Reihe von schlichten Fachwerkhäusern erhalten geblieben, so auch ein Ackerbürgerhaus in der Teichstraße. Laut Inschrift auf dem Torsturz wurde es 1740 errichtet. Es weist die Form eines Hallenhauses auf. Nach einer neueren Bewertung des »Atlas der Oikumene« des Ptolemaios könnte Hagenow als »Lirimeris« bereits zur Zeitenwende bestanden haben. Nach Jammer kann man über die B 5 gelangen, hat aber von dieser in Richtung Picher abzubiegen und fährt über Breesegard nach Jammer.

Breesegard wurde 1500 erstmals urkundlich erwähnt, hat einen Namensvetter bei Eldena und leitet wie dieser den Ortsnamen aus dem Altpolabischen ab, »Birkenberge«. Die Birke war, wie im Lande an weiteren Orts- und Flurnamen erkennbar, ein Lieblingsbaum der slawischen Altvorderen.

Jungfernbeck

PLZ 17358, verdankt seinen Namen kaum besonderer Tugendhaftigkeit im Ort. Das kleine Dorf gehört zur Gemeinde Torgelow-Holländerei und liegt am Westufer der unteren Uecker zwischen Torgelow, Eggesin und Ueckermünde in einer waldreichen Region. 1619 wurde das Gebiet an der unteren Uecker mit Kolonisten aus der Gegend von Danzig besiedelt. Holländer hatten in das Land an der Weichselmündung ihr Siedlungsmodell, die lockere Bebauung und das Trockenlegen von Sumpfland gebracht. Dieses Modell wurde von den 50 bis 60 Bauernfamilien, Mennoniten, die sich in Pommern mehr religiöse Toleranz versprachen, an die Uecker mitgenommen und so entstanden weit auseinanderliegende Holländereien, u. a. Jungfernbeck, daneben auch Dörfer mit Namen wie Hundsberg, Klein Danzig, Düsterort, Pfenningshorst, Quappenberg, Ziegenberg, Hundsbeutel und Kattenberg. Die Kolonisten wurden als freie Bauern angesiedelt und waren von den ortsüblichen Abgaben für vier Jahre befreit. In Torgelow-Holländerei befindet sich im weiten Niederungsgebiet der Uecker eine Burgstelle, genannt » Schloßberg« oder auch »Hasenberg«. Im nahen Ueckermünde, 1284 als Burg erstmals urkundlich erwähnt, lag wohl bereits vor der deutschen Besiedlung ein fürstlicher Wohnsitz und daher kann die Stadt ein (herzogliches) Schloss vorweisen. Ein Ort an der Mündung der Uecker wurde erstmals 1168 erwähnt. Die Burg sicherte den Übergang der Ostseeküstenstraße über die Uecker. Der Bau wurde im Mittelalter angelegt, 1546 neu errichtet, 1720 bis auf den Rest des Bergfrieds sowie den erhaltenen Südflügel abgebrochen und 1908 durch einen Brand erheblich beschädigt. Im Schutz der Burg entstand eine deutsche Siedlung, planmäßig angelegt mit viereckigem Marktplatz und einem gitterförmigen Straßennetz. Bereits 1260 erhielt Ueckermünde lübisches Stadtrecht. Die Stadtkirche Sankt Marien wurde nach 1473 als spätgotischer Bau errichtet, 1753 niedergelegt und der Neubau 1766 geweiht. Das Pfarrhaus ist in das 18. Jahrhundert zu datieren. Unweit der Altstadt liegt der Hafen mit seinen alten Speichern sowie der Hubbrücke und etwas außerhalb erwartet das Haffbad Einheimische und Gäste. Zu einem Besuch der Stadt sollte auch ein Gang durch den sehenswerten und großzügig angelegten Tierpark gehören. Die Uecker kann eine Länge von 103 Kilometern vorweisen, heißt in Brandenburg, wo sie bei Alt Temmen ihren Anfang nimmt, Ucker und mündet in Ueckermünde in das Kleine Haff, den westlichen Teil des Stettiner Haffs. Das Angerdorf Alt Temmen wurde 1375 erstmals urkundlich erwähnt. Nach der neueren Betrachtung des »Atlas der Oikumene« des Ptolemaios bestand Temmen bereits zur Zeitenwende als »Alisus«. An der Uecker siedelte der slawische Stamm der Ukranen. Hier besteht im Altpolabischen eine sprachliche Nähe zu der Bezeichnung für Grenzbewohner, Menschen, die am Rande (eines Gebietes) leben, wie auch in der Bezeichnung für Ukraine zu finden. Nach anderer Lesart wird die Bezeichnung »die sich Schlängelnde« bevorzugt. Jungfernbeck ist über die B 109, Abzweig Hammer, sodann über die Landstraße nach Torgelow und Torgelow-Holländerei zu erreichen.

Kakeldütt

PLZ 17252, gelegen am Oberlauf der Havel, wurde am 17. Februar 1342 in einer zu Güstrow geschriebenen Urkunde erstmals erwähnt. Nicolaus III. und Bernhard, Fürsten von Werle, überließen den Johanniter-Rittern zu Mirow für 45 M Lub. Pfennig Cake Wuttem. Der Ortsname leitet sich aus dem Altpolabischen ab und steht für »hoholu«, gleich Wirbel, Strudel. Die Havel, an deren südlichem Ufer das Dorf liegt, bestätigt diese Namensherkunft. Dörfler und Gäste, so auch Wasserwanderer, welche hier einen Rastplatz vorfinden, schätzen die ruhige Lage und das großartige Wasserwanderrevier. Der Flussname geht wohl sogar auf eine vorslawische, germanische Siedlungsphase zurück und dürfte damit zu den ältesten Flurnamen in Brandenburg und Mecklenburg gehören. Es besteht eine sprachliche Nähe zu Hafen und Haff. In Blankenförde, dem Dorf auf dem nördlichen Havelufer, steht eine nach Meinung von Forstleuten 800 Jahre alte Linde. Die Dorfkirche von Blankenförde datiert in den Anfang des 18. Jahrhunderts und erweist sich als rechteckiger Fachwerkbau mit hohem achtseitigen Turm. Blankenförde wurde urkundlich erstmals 1256 erwähnt. Der Ortsname dürfte sich aus dem Mittelniederdeutschen herleiten. Mirow wurde 1227 erstmals urkundlich erwähnt und leitet den Ortsnamen aus dem Altpolabischen ab, »Ort des Mir«, »Ort des Friedens«. An einer Straße durch das Seengebiet östlich der Müritz erbauten Johanniter 1227 eine Burg als Sitz eines Komturs mit einer Kirche. Die Kirche wurde 1945 völlig zerstört und 1951 wieder aufgebaut. Die ehemalige Johanniterkomturei wurde von 1749 bis 1760 zu einem Schloss ausgebaut. Gegenüber stehen das Kavalierhaus und Küchengebäude. Sehenswert sind weiterhin das Untere Schloss, das Torhaus und Bürgerhäuser, entstanden nach dem großen Stadtbrand von 1739. Erst 1919 erhielt Mirow Stadtrecht. Die Anreise nach Kakeldütt sollte durch eine genaue Karte unterstützt werden. Angeraten ist es, die B 198 zu nutzen und entweder in Mirow oder in Neustrelitz abzubiegen. In Userin, urkundlich erstmals 1346 erwähnt, ist ein Halt angebracht. Der Ort leitet seinen Namen aus dem Altpolabischen ab, vielleicht »Brandort«. Besonders interessant ist die Useriner Mühle mit ihrem Informationsangebot zur Landschaft und Geschichte unter dem alten Seenamen »Vylym« bzw. dem »wüst gewordenen Dorf Vylym«, 1346 erstmals urkundlich erwähnt und im Altpolabischen für »Ort des Velim« stehend.

Kamerun

PLZ 19294, liegt nicht in Westafrika, sondern gehört zu Malliß, einer Kleinstadt im Südwesten von Mecklenburg-Vorpommern, hat aber auch einen Namensvetter, den Zeltplatz bei Waren, der sehenswerten Stadt an der Müritz, PLZ 17192. Auf dem Zeltplatz oder am Wasser des großen Sees kann man sich, hinreichend Sonne vorausgesetzt und gut eingeölt, bräunen und erholen. Vielleicht wurde seinerzeit die Nähe zu der früheren deutschen Kolonie in Westafrika gesehen. Nach dem Volksmund hatte hier ein ehemaliger deutscher Kolonialsoldat eine Gaststätte eröffnet, wo es öfter sehr munter, beinahe südländisch, zuging. Bei Kamerun/Malliß hat die Ortsbezeichnung wohl einen anderen Hintergrund. Die Eisenbahner des Bahnbetriebswerkes, darunter Heizer und Lokschlosser, erschienen häufig durch Kohle und Asche recht gebräunt. Vielleicht war auch die nähere Umgebung öfter durch Kohlenstaub und Ruß dunkel eingefärbt. Daher kam es wohl zu diesem Ökelnamen, welcher trotz Seife und Bürste haften blieb. Malliß wurde urkundlich erstmals 1230 erwähnt und leitet den Namen aus dem Altpolabischen ab, »Ort des Mala«, vielleicht auch »Himbeerort«.

Kamerun ist über die B191 zu erreichen. Nahe liegt auch der schiffbare Eldekanal. Waren, der bekannte Luftkurort am Nordufer der Müritz, dem »Kleinen Meer« der Müritzer, welche hier einstmals siedelten, wurde 1229 urkundlich erwähnt und leitet den Stadtnamen aus dem Altpolabischen ab. Es wird eine sprachliche Nähe zu dem Krähenvogel Rabe (Kolkrabe) angenommen. Diese imposanten Vögel sind seit einigen Jahrzehnten im Lande Mecklenburg-Vorpommern wieder heimisch geworden. Waren wurde neben einem slawischen Dorf planmäßig angelegt, hat Stadtrecht seit 1292 und kann neben dem herrlichen See, Deutschlands größtem Binnensee, sowie dem malerischen Hafen auf zahlreiche interessante Gebäude verweisen. Die Georgenkirche, ein Backsteinbau, wurde Anfang des 14. Jahrhunderts errichtet und 1853 im neugotischen Stil umgebaut. Sankt Marien stellt sich als einschiffiger Backsteinbau vor, ebenfalls im 14. Jahrhundert errichtet und 1792 verändert. Das Neue Rathaus wurde in der Mitte des 19. Jahrhunderts als dreigeschossiger Rechteckbau in den Formen der Tudorgotik errichtet. Sehenswert sind Fachwerkhäuser am Markt und das Alte Rathaus, erbaut im 17. Jahrhundert. Unbedingt empfiehlt sich ein Bummel an der Steinmole mit Blick auf die Fachwerkhäuschen am Hang, liebevoll restauriert und in ihrer sonnigen Lage über dem See beinahe südländisch anmutend. Warens neueste Attraktion ist das Müritzeum, ein gelungener Neubau, wo die Region, ihre Naturgeschichte und Schönheit wie im nahen Museum sehenswert präsentiert werden. Nach der mehrfach erwähnten, neuen Betrachtung des »Atlas der Oikumene« von Ptolemaios könnte Waren zu den ältesten Orten im Lande gehören, weil nach dessen Meinung bereits zur Zeitenwende als »Coenoenum« bekannt. Dem zoologisch und botanisch interessierten Gast wird ein Ausflug nach Damerow und Jabel empfohlen. Damerow wurde 1309 erstmals urkundlich erwähnt und führt den Namen auf die altpolabische Bezeichnung für eine Siedlung am Eichenwald zurück – im Lande öfter anzutreffen. Auf dem Damerower Werder leben und gedeihen seit 1957 echte Wildrinder, die beinahe ausgerotteten Wisente, derzeit in einer Herde von 40 zotteligen Köpfen, und in Jabel steht im Pfarrgarten die umfangreichste Eibe des Landes. Mit wem es der Küchenchef im Gasthof »Zur Eibe« besonders gut meint, der kann probieren, wie ein zubereiteter (überzähliger) Wisent schmeckt. Nach eigenem Erleben – großartig. Das dunkelrote, kräftig nach Wild und Rind schmeckende Fleisch besteht jeden Vergleich mit Delikatessen ähnlicher Art. Jabel wurde urkundlich erstmals 1256 erwähnt und hat den Namen aus dem Altpolabischen erhalten, »Apfelbaumort«. Die Kirche von Jabel ist ein Neubau, 1868 auf älteren Gebäuderesten errichtet. Vom Vorgängerbau erhalten blieben der Turmunterbau und die Sakristei an der Nordseite. Jabel kann auf einen Campingplatz mit empfehlenswerter Gastlichkeit am Jabeler See verweisen. Der See gilt als gutes Angelgewässer und ist durch einen Kanal mit dem Loppiner See verbunden. Loppin wurde urkundlich erstmals 1318 erwähnt und leitet den Dorfnamen aus dem Altpolabischen ab. Es wird eine sprachliche Nähe zum Begriff für »Schaufel« angenommen. Nach Kamerun/Waren führen uns die B192 und B108, die Müritz-Elde-Wasserstraße und auch die Eisenbahn.

Karenz

PLZ 19284, ist eine Gemeinde in der Griesen Gegend, dem sandreichen Südwesten des Landes und liegt nahe der B191. In Karenz wurden nicht etwa die beliebten Karenztage von mittelalterlichen Ärzten und findigen Urlaubsplanern erfunden. Der Ort Karniste wurde urkundlich erstmals 1270 erwähnt und 1285 sowie 1291 als Karniz bezeichnet. Der Name kommt aus dem Altpolabischen und hat nach Kühnel (1882) vielleicht eine beinahe doch medizinische, möglicherweise auch juristische Bedeutung. »An den Ohren beschnitten« oder prosaischer »Nachkommen des Karna«. Der Aussichtsturm auf dem 71 Meter hohen Steinberg (in Norddeutschland heißen die Hügel zumeist Berge) bietet einen weitreichenden Rundblick, bei guter Sicht bis hin nach Dömitz und Ludwigslust. Ludwigslust entstand neben dem 1399 erwähnten Dorf Klewenow. Hier errichtete Herzog Christian Ludwig 1724 ein Jagdhaus, welches dann zu einem Jagdschloss ausgebaut wurde und 1754 den Namen Ludwigslust erhielt. Zeitweilig befand sich in Ludwigslust die Residenz der Herzöge von Mecklenburg-Schwerin. Erst 1876 wurde »Lulu«, wie die Einheimischen liebevoll sagen, zur Stadt erklärt. Ludwigslust weist zahlreiche Bauten des spätbarocken Klassizismus auf. Für die Opfer des Konzentrationslagers Wöbbelin wurde 1951/1952 ein Ehrenmal in der Achse zwischen Schloss und Schlosskirche errichtet. Sparsam wie die Altvorderen waren, bestand ein großer Teil der Inneneinrichtung des Schlosses aus vergoldetem Papiermaché – Dekorationen, die im Ort gefertigt wurden. Wöbbelin wurde urkundlich erstmals 1233 erwähnt, dürfte aber älter sein und hat den Namen aus dem Altpolabischen, »Brandort?«. In Wöbbelin befindet sich in einer Parkanlage die Grabstätte der Familie Körner. Für den 1813 gefallenen Theodor Körner wurde 1814 ein Grab mit Leier und Schwert aus Gusseisen errichtet. Ebenso angezeigt ist ein Besuch der dortigen Gedenkstätte für die Häftlinge des Konzentrationslagers Sachsenhausen mit dem 1960 von J. Jastram geschaffenen Denkmal. Auch in Wöbbelin blieben Gebäude, errichtet unter Verwendung von Klump, erhalten. Sie werden heute wieder liebevoll gepflegt.

Katerberg

PLZ 17392, ist kein Hügel in Form eines Katzentieres oder der Ursprung des Märchens von dem gestiefelten Kater, sondern ein Ausbau von Boldekow bei Anklam. Ein weiterer Ausbau führt den nachstehend auch auf Rügen erwähnten Ortsnamen Kiekut. Die Gemeinde Boldekow ist über die B 197 gut erreichbar, ebenso über die A 20, Abfahrt Neubrandenburg-Nord. Den Süden der Gemeinde durchquert der Große Landgraben mit seinem reizvollen Tal. Boldekow wurde 1313 erstmals urkundlich erwähnt und dürfte seinen Namen aus dem Altpolabischen ableiten, »Ort des Bolek?«. In Boldekow sollte die Dorfkirche, ein schlichter Feldsteinbau aus dem 13. Jahrhundert mit dem Kanzelaltar und dem Predigergestühl, Aufmerksamkeit finden, ebenso die ehemalige Schmiede, ein Längs-

laubenhaus mit verbretterten Giebeln, leider stark verändert, und im Ortsteil Zinzow der Landschaftspark. Zinzow wurde urkundlich erstmals 1277 erwähnt und dürfte den Namen aus dem Altpolabischen herleiten, vielleicht von einem Personennamen. Das Herrenhaus in Zinzow wurde 1908/1909 im Stil des Neobarock angelegt und 1999 aufwendig restauriert. Der Landschaftspark, als englischer Garten unter Denkmalschutz stehend, ist ebenso Aufmerksamkeit wert. Auf dem Gelände befindet sich auch ein selten gewordenes technisches Denkmal, eine alte Schnapsbrennerei aus dem Jahre 1850. Der Brennereibetrieb wurde wieder aufgenommen und der Brennmeister zeigt Besuchern gerne die Feinheiten der Spirituosenherstellung. Diverse Brände, Geiste und Liköre können probiert werden. Auf den Blücherstein bei Kavelpaß wird dort verwiesen.

Kavelpaß

PLZ 17392, bezeichnet einen Grenzpass von Friedland nach Pommern über den Großen Landgraben. Die Ersterwähnung datiert aus dem Jahre 1306. »Stede unde hus to der Koghelen« und 1331 heißt es castrun Cochele, Schloß zur Kogel. Der Name kommt aus dem Altpolabischen, bedeutet »Ort des Chochol« und ist ebenso wie Kakeldütt von »hoholu« abzuleiten. Nördlich des Ortes am Hang, unmittelbar neben der B 197 befindet sich ein Turmhügel (Rest) mit dem anspruchsvollen Namen »Grafenstuhl«. Die Geschichte hat in Kavelpaß eine besondere Pointe bereit. Im Siebenjährigen Krieg geriet der zunächst auf schwedischer Seite als Fahnenjunker kämpfende Gebhard Leberecht von Blücher im August 1760 hier in die Hände von Bellinghusaren. Nach anderer Lesart erfolgte diese historisch bedeutsame Gefangennahme im nahen Galenbeck. Im Galenbecker Gutshaus sei er gefangen gehalten worden und habe hier auch seine Übertrittsurkunde zur preußischen Armee unterschrieben. Bald beanspruchten mehrere Husaren, den späteren preußischen Marschall »Vorwärts« gefangen genommen zu haben, aber gelost haben sie um diese Ehre sicher nicht, auch wenn im Niederdeutschen Kaveln für Losen steht. Eher könnte die Mittelhochdeutsche Bezeichnung für Kobold hier auch für den Ortsnamen Verwendung gefunden haben. Bei Kavelpaß steht der Blücherstein, ein Findling von 11 Metern Durchmesser. Kavelpaß liegt an der B 197. Ganz kühne Wasserwanderer können auch über den Landgraben sowie den Peene-Südkanal anreisen.

Der Kavelpaß war nicht nur Grenzübergangsstelle, sondern auch Zollstation und gesichert durch einen Schlagbaum. Zöllner wachten auf beiden Seiten über die richtige Verzollung aller eingeführten Waren und hatten daneben ein wachsames Auge auf Bettler und andere landfahrende Leute. Diese wurden sofort wieder in ihr Heimatland zurückgeschickt. Auf pommerscher Seite tat ein königlicher (preußischer) Grenzaufseher von Boldekow aus diesen Dienst. Galenbeck dürfte seinen Namen aus dem Altpolabischen entlehnt haben, »Ort, wo Leute eines Golabek wohnen«. Damit bestände eine sprachliche Nähe zu der Bezeichnung für eine Taube. Es kann aber auch ein deutsch-slawischer Mischname bzw. eine Beziehung zu dem slawischen Wort für »Heide, Heideort« vorliegen. Galenbeck wurde 1277 erstmals urkundlich erwähnt. Etwa 200 Meter südwestlich der Kirche am Rande des Galenbecker Sees liegt eine Niederungsburg, genannt »Die Burg« oder »Schloßberg«. Nach der Historie wurde diese Burg 1453 zerstört.

Keffenbrink

PLZ 18315, gehört zur Gemeinde Grammendorf und liegt zwischen Grimmen und Tribsees nahe der A 20. Die Trebel bildet hier die historische Grenze zwischen Mecklenburg und Vorpommern. Der Flussname dürfte sich aus dem Altpolabischen ableiten, »Fluss durch Rodeland?«. Grammendorf wurde 1321 erstmals urkundlich erwähnt. Bei dem Dorfnamen könnte es sich um einen deutsch-slawischen Mischnamen handeln, »Ort des Grab«. Grimmen wurde urkundlich 1267 erstmals urkundlich genannt, regelmäßig angelegt und erhielt lübisches Recht. Die Stadt wurde neben einer 1306 bezeugten Burg der Fürsten von Rügen erbaut. Diese Burg schützte den Übergang der alten Landstraße von Rostock nach Greifswald über die Trebel. Sehenswürdigkeiten von Grimmen sind u. a. die frühgotische Marienkirche, ein Backsteinbau, um 1280 errichtet, das gotische Backsteinrathaus aus dem 14. Jahrhundert und erhaltene Teile der Stadtbefestigung mit drei spätgotischen Stadttoren. Bis in das 19. Jahrhundert hieß Keffenbrink Bauersdorf und wurde bereits 1291 als »Bousdorp« urkundlich erwähnt. Der heutige Ortsname leitet sich von den Freiherrn von Keffenbrink (Kevenbrink) her, welche in Vorpommern weiteren Landbesitz hatten. 1854 erwarb der Rittmeister a. D. von Keffenbrink Bauersdorf und beantragte die Umbenennung des Ortes in Keffenbrink. Das Gutshaus in Keffenbrink, ein zweigeschossiger Putzbau, wurde um 1900 errichtet und steht derzeit leer. Einige Wirtschaftsgebäude des ehemaligen Gutshofes werden noch genutzt, so ein Giebel durch ein Storchenpaar, das hier ein imposantes Nest errichtet hat. Auf dem Friedhof von Keffenbrink erinnert ein Ehrengrab an fünf sowjetische Opfer von Zwangsarbeit. Ein Mitglied der Familie von Keffenbrink, Karl Gustav von Keffenbrink, geboren am 17. November 1791 zu Krien, war preußischer Leutnant und gehörte zu den elf Schill'schen Offizieren, die am 16. September 1809 in Wesel erschossen worden waren. Jeden Besucher dürfte die Eichenallee in Keffenbrink erfreuen, beinahe aber noch mehr, so die Anreise aus Richtung Nehringen erfolgt, die geschlossene Lindenallee.

Um 1350 wurde in Nehringen eine St. Andreaskapelle geweiht, welche 1498 zur Pfarrkirche erweitert wurde. Im 16. Jahrhundert wurde die Kirche nochmals erweitert und aus dieser Zeit stammt auch der im Stil der Renaissance gestaltete Altar mit Marmorreliefs italienischer Schule. Der Westturm wurde 1774 anstelle eines älteren Turmes von 1598 errichtet. Nach aufwendigen Sanierungsarbeiten wurde die Kirche 1992 wieder eingeweiht. Nehringen war Grenzfeste zu Mecklenburg. Auf dem anderen Ufer der Trebel liegt das mecklenburgische Wasdow. An die Grenzfestung erinnert in Nehringen der Rest eines Turmes, als Fangelturm bezeichnet, noch ca. 15 Meter hoch und aus Backstein auf einem Sockelgeschoss von Feldstein errichtet. Blickfang in Nehringen und beliebtes Fotomotiv stellt die Holzzugbrücke dar, die seit 1911 die Trebel überquert, 1983 bis 1990 rekonstruiert wurde und als technisches Denkmal voll funktionsfähig ist. Erwähnt wird an dieser Stelle bereits für das Jahr 1504 eine Brücke, die aber keinen langen Bestand hatte. Das Herrenhaus in Nehringen wurde 1806 als Putzbau im klassizistischen Stil errichtet und steht derzeit leer. In dem gepflegten, nach englischem Vorbild angelegten Park befindet sich der bereits genannte Fangelturm (Rest). Erhalten sind auch noch Wirtschaftsgebäude des ehemaligen Gutes und Aufmerksamkeit dürfen alte Fachwerkhäuser finden, darunter das ehemalige Pfarrwitwenhaus, das auch als Küsterei diente und 1730 erbaut wurde. Wasdow, das mecklenburgische Gegenüber, wurde, wie bereits erwähnt, 1352 erstmals urkundlich genannt, ist somit etwa gleichaltrig wie Nehringen und dürfte den Dorfnamen aus dem Altpolabischen entlehnt haben, »Ort eines Vostek oder Vostko«. Es besteht eine inhaltliche Nähe zu der Bezeichnung für einen Soldaten, Kriegsmann aus der ersten Reihe. Hinter dem ehemaligen Gutshaus von Wasdow am Rande der Niederung befindet sich ein Niederungsturm, ebenfalls als »Fangelturm« bezeichnet. Kommt ein Besucher ins ziemlich entfernte Krien, welches eingangs erwähnt wurde, so ist ein Halt an der Dorfkirche angebracht, einem rechteckigen, verputzten Backsteinbau, dessen zweijochiger Chor in das 13. Jahrhundert datiert wird. Der verbretterte, auf einem Unterbau aus Feldsteinen errichtete Westturm hat ein reiches Backsteinportal und als Aufsatz eine Haube mit Spitzhelm. In der Dorfkirche wurde 1936 ein vergrabener behauener Stein gefunden, der nach Ansicht der Wissenschaft ein heidnischer Kultstein war, um 1200 mit christlichen Symbolen versehen, aber um 1300 dann doch vergraben wurde. Dieser Stein wird seit 1966 als Taufstein genutzt. Krien dürfte im 13. Jahrhundert bereits eine gefestigte Gemeinde, ein Kirchdorf gewesen sein, da der Ostteil der Kirche, der Altarraum, um 1280 an der Stelle eines slawischen Heiligtums errichtet wurde. Der Ortsname kommt aus dem Slawischen und könnte »Am Rande« bedeuten. Krien war ursprünglich als Rundling angelegt worden und wurde urkundlich erstmals 1266 erwähnt. Triebsees, eingangs genannt, liegt an einem Straßenübergang über die Trebel und wurde als slawische Burg bereits 1136 erwähnt. Der Ort bestand 1285 nicht mehr, wurde als zweite Burg der Fürsten von Rügen an diesem Platz der Ansatz zur planmäßigen Stadtgründung (1279) und erhielt 1285 Lübisches Recht. Die Thomaskirche, ein frühgotischer Backsteinbau aus der ersten Hälfte des 14. Jahrhunderts mit spätgotischem Flügelaltar, sowie das Mühlen- und Steintor als erhaltene Teile der mittelalterlichen Wehranlage (15. Jahrhundert) dürften das Interesse von Besuchern finden.

Kiekindemark

PLZ 19370, gehört seit 1922 zu Parchim, der alten Vorderstadt an der Elde und liegt im Südwesten des Parchimer Stadtgebietes auf einer Hochfläche, die den Sander der Weichseleiszeit überragt. Ein im 14. Jahrhundert im Süden der Parchimer Feldmark errichteter Wachturm dürfte der Vorläufer des Ortes sein.

Für den Standort eines Wachturmes war das hoch gelegene Gelände gut geeignet, um Angreifer, gern kamen Raubritter aus dem Brandenburgischen, rechtzeitig zu erkennen. »Guck in die Mark.« Sehenswert ist neben erhaltenen Teilen der Parchimer Landwehr, welche ebenso wie der Turm im 14. Jahrhundert errichtet sein dürfte, der Forsthof mit seinen denkmalgeschützten, restaurierten Einzelgehöften und ein nordwestlich vom Ort stehender, ebenfalls denkmalgeschützter Grenzstein. Auf dem Weg nach Slate liegt der sagenumwobene »Brautstein«, ein »Schälchenstein«, Kultort einer längst vergangenen Zeit. Nach der Volksmeinung wollte sich eine junge Frau nicht mit dem Gutsherrn verheiraten lassen. Sie wollte lieber zu Stein werden, als dem Gutsherrn in die Ehe zu folgen. Ihr Wunsch erfüllte sich auf dem Weg zur Kirche. Slate wurde 1343 erstmals urkundlich erwähnt und leitet den Ortsnamen aus dem Altpolabischen ab. Es wird eine Nähe zu dem Edelmetall Gold vermutet,

»die Zlata«. Claims wurden aber bislang nicht abgesteckt, auch keine Schürfrechte vergeben. Die in der Erzählung erwähnte Dorfkirche von Slate ist ein Backsteinbau aus dem 15. Jahrhundert. Der wuchtige quadratische Westturm wurde aus Feld- und Backstein errichtet. Ein spätgotischer Schnitzaltar vom Ende des 15. Jahrhunderts in einem neugotischen Altaraufbau gehört u. a. zur Innenausstattung.
Kiekindemark kann über die Abfahrt 15 (Richtung Parchim) der A 24 gut erreicht werden.

Kiekut

PLZ 18528, liegt unmittelbar am Kleinen Jasmunder Bodden, gehört zur Gemeinde Karow und befindet sich somit auf der schönen Insel Rügen. Die Herkunft des Ortsnamens ist unklar. Vielleicht hatten die Bauern und Fischer einen wetterfesten Ausguck eingerichtet, um zu wissen, wo sich gerade Piraten, auch Vitalienbrüder genannt, und andere unerfreuliche Zeitgenossen aufhielten. Während der Sommerzeit sind ganz in der Nähe Piraten und deren Gegner in Ralswiek erlebbar, stehen auch Klaus Störtebeker und Gödeke Michels auf der Bühne, die oft der Nachbau einer Hansekogge ist. Karow wurde bereits 1193 als »Charua« in der Gründungsurkunde des Klosters Bergen als dessen Besitz genannt. Der Name kommt aus dem Altpolabischen und bedeutet wohl »Ort des Kara«. Zu der kleinen Gemeinde gehört auch der Ort mit dem Namen Streu. Die Gardvogtei »Streye« wurde 1249 der Herrschaft Putbus zuerkannt. Eine seit dem 13. Jahrhundert für Streu bezeugte Kapelle soll zwischen 1650 und 1675 unter Graf Carl Gustav Wrangel abgebrochen und das Material zum Bau seines Wohnhauses in Ralswiek verwendet worden sein. Der Name Streu dürfte sich aus dem Altpolabischen herleiten und für einen Personennamen stehen. Ralswiek wurde urkundlich erstmals 1311 erwähnt. Die Bedeutung des Ortsnamens ist umstritten. Möglich erscheint eine Herkunft aus dem Altpolabischen und damit ein Personenname, aber auch eine Beziehung in das Dänische. Hier steht »ral« für Kies und die Endung »wiek« im Nordischen für Orte an einem Bach, Fluss oder mit einem Hafen. Als Seehafen wurde der Ort bereits im 8. Jahrhundert von den Ranen, den slawischen Bewohnern Rügens, gegründet. Auch die Anwesenheit der Wikinger ist in Ralswiek durch vier Bootsfunde belegt. Heute geht es, abgesehen von den Scheingefechten auf der Bühne, in Ralswiek friedlich, ja freundlich zu. Wer Erholung und unaufdringliche Gastlichkeit sucht, der findet beides ganzjährig im Schlosshotel Ralswiek. In Ralswiek hat sich auf dem Gelände eines, in das 13. Jahrhundert zurückreichenden Gutes, das bis zur Reformation dem Bischof von Roskilde gehörte, ein schlichtes Herrenhaus mit Bauteilen aus dem 17. Jahrhundert und um 1900 erhalten. Das Gut gelangte 1881 in den Besitz des schottischen Grafen Douglas, der auf einer Anhöhe nahe am alten Herrenhaus das heutige Schloss in den aufwendigen Formen der französischen Renaissance errichten ließ. Das zweigeschossige Bauwerk mit einem Treppenturm an der Hofseite und zwei Rundtürmen an der dem Großen Jasmunder Bodden zugewandten Hauptfassade bildet den Mittelpunkt einer weiträumigen Parklandschaft. Der Landschaftspark ist im Wesentlichen um 1810 entstanden und um 1900 unter Einbeziehung kleinerer Waldbestände großzügig erweitert worden. Bei Ralswiek wurde 1973 der Dirham-Schatz gefunden, ein 2,7 Kilogramm schwerer Schatz aus etwa 2000 Silbermünzen und Münzbruch, vorwiegend aus dem arabischen Raum und in Teilen im Kulturhistorischen Museum in Stralsund ausgestellt. Auf die Tradition der Seefahrt verweist der Fund von vier Eichenbooten, die in das neunte Jahrhundert zu datieren sind. Putbus, ein Kurort auf Rügen, wurde 1810 planmäßig als Residenzsiedlung nach dem Muster von Bad Doberan angelegt. Am nahen Strand wurde 1816 der Badebetrieb eröffnet und 1821 das Theater fertig gestellt. Der Park von Putbus, angelegt nach einem Plan von Christian Daniel Rauch und die Bebauung des Circus, des kreisförmig angelegten Zentrums der ehemaligen Residenzstadt, ziehen jährlich viele Besucher an. 1960 erhielt Putbus das Stadtrecht verliehen. Der Ausgangspunkt für die Stadtanlage war das fürstliche Schloss, um 1900 verfallen und 1965 abgetragen. Die Schlosskapelle, zwischen 1844 und 1846 ursprünglich als Kursalon errichtet, wurde 1891/1892 zur Kirche umgebaut und 1967 restauriert. Putbus führt den Ortsnamen auf das Altpolabische zurück, »hinter dem Holunderbusch«. Dieser fruchttragende Strauch wächst auch heutigentags in Putbus und Umgebung. Ein Nicolaus de Podebuz wurde bereits 1253 urkundlich genannt. Von der B 196 kann man über Karow und Streu nach Kiekut gelangen.

Kinnbackenhagen

PLZ 18445, stellt keine anatomische Kuriosität dar, sondern liegt als altes Fischerdorf am Barther Bodden, der hier »Die Grabow« heißt, und damit im Nationalpark »Vorpommersche Boddenküste«. Einige der reetgedeckten Fischerhäuser stehen unter Denkmalschutz. Durch den kleinen Ort führt der Ostsee-Fernradwanderweg. In Kinnbackenhagen betreibt der örtliche Anglerverein einen kleinen Hafen, aber auch von den weiteren sechs (!) kleinen Privathäfen kann das hervorragende Angelrevier geführt angesteuert werden. Hecht, Zander und Barsch wachsen in dem Boddenwasser zu Größen heran, wie in kaum einem Binnengewässer. Der Ortsname Kinnbackenhagen erklärt sich nach fachlicher Ansicht wie folgt. Hagen ist die Bezeichnung für ein kleineres Waldstück. Bake ist wörtlich zu nehmen, nämlich als ein festes Seezeichen, das hier an Land in einer Bucht stand und den Fischern den Weg wies. Dieses Seezeichen wurde, zumindest bei Dunkelheit und schlechter Sicht, mit dem vorhandenen Brennmaterial, den Kienspänen und Holz aus dem harzreichen Wurzelstock von Kiefern befeuert. Es war ein Leuchtfeuer, betrieben mit einem nachwachsenden, in der Gegend verfügbaren Energieträger. Der Ortsname könnte somit auch Kienbeckenhagen geschrieben werden. Da Kinnbackenhagen früher zu einem Kirchspiel auf dem Zingst gehörte, waren öfter Fahrten auch bei wenig guter Sicht erforderlich. Die Halbinsel Zingst liegt am östlichen Ende der Halbinsel mit den drei Teilen Fischland, Darß und eben Zingst, auch der Zingst genannt. Der Name Zingst leitet sich aus dem Altpolabischen ab und steht für »Heuinsel«. Die Landesstraße L 21 führt von Ribnitz-Damgarten über das Fischland, den Darß und den Zingst bis nach Barth. Groß Mohrdorf, der Hauptort der Gemeinde, wurde 1314 erstmals urkundlich als »Murdorp« oder »Mordorp« erwähnt. Die Dorfkirche Sankt Marien ist ein aufwendiger Backsteinbau aus der zweiten Hälfte des Jahrhunderts mit reicher Innenausstattung. Im Frühjahr und Herbst rasten in der Umgebung von Groß Mohrdorf bis zu 40 000 Kraniche, so viele, wie sonst an keinem Platz in Europa. Dann kommen auch Vogelliebhaber in Scharen nach Groß Mohrdorf und Kinnbackenhagen. Trotz der Ruhe und Weite der Vorpommerschen Boddenlandschaft sind es nur wenige Autominuten, um Stralsund, Rügen oder den Darß zu erreichen.

Klein Krams

PLZ 19288. Weder hier noch in Klein Krams Ausbau findet häufig oder gelegentlich ein Krammarkt statt. Klein Krams gehört zur Gemeinde Alt Krenzlin, liegt somit in der Griesen Gegend und wurde urkundlich erstmals 1431 erwähnt, dürfte aber deutlich älter sein und seinen Namen aus dem Altpolabischen entlehnt haben. Klein Krams Ausbau entstand 1850. In Klein Krams können neben einem historischen Wegweiserstein mehrere ehemalige Häuslereien und eine frühere Büdnerei Aufmerksamkeit beanspruchen. Alt Krenzlin, der Hauptort der Gemeinde, dürfte auch älter sein, als es die erste urkundliche Erwähnung (1369) belegt. Der Ortsname kommt aus dem Altpolabischen und könnte von einem Personennamen abgeleitet sein. Loosen, ein weiterer Ort der Gemeinde, wurde 1363 erstmals urkundlich erwähnt und dürfte seinen Namen ebenfalls aus dem Altpolabischen herleiten, »Kahlort?«. Loosen liegt am Raseneisensteinweg, der Orte in der Umgebung von Ludwigslust verbindet, wo die Verwendung von Raseneisenstein, in Mecklenburg auch als »Klump« bezeichnet, sichtbare Spuren hinterlassen hat. In Loosen sind es Wohnhäuser, »Zum Forsthof«, genauer das Forsthaus und eine alte Büdnerei. Raseneisenstein ist eine durch hohe Eisengehalte gekennzeichnete Verfestigung in rezenten und fossilen Grundwasserböden, gesteinsbrockenartig oder bankartig als Bodenhorizont auftretend und wurde etwa ab dem dritten Jahrhundert vor Christi abgebaut und bis in das 18. Jahrhundert verhüttet. Raseneisenstein stellt kein Gestein oder Erz im geologischen Sinne dar, sondern eine nachträglich verfestigte Sedimentfraktion des Bodens. In der Griesen Gegend diente Klump als billiges Baumaterial für Wohn- und Wirtschaftsgebäude, erwies sich auch als geeignet für dekorative Zwecke, wie in Ludwigslust erlebbar. Klein Krams ist über die B 5, sodann die Landstraße in Richtung Alt Krenzlin gut erreichbar.

Kniep

Findet sich gleich mit zwei Postleitzahlen in Mecklenburg-Vorpommern. PLZ 17194 gehört zur Gemeinde Hohen Wangelin und die PLZ 17192 zu dem Kniep bei Schwastorf. Beide Orte liegen im früheren Landkreis Müritz und sind weder Geburtsort von Christoph Heinrich Kniep, dem Porträtzeichner und Landschaftsmaler, welcher Johann Wolfgang von Goethe auf dessen Italienreise (1787) begleitete, noch von Wolfgang Kniep, einem Zeitgenossen, der sich in besinnlich-heiterer Form mit Land und Leuten in seiner

Heimat Mecklenburg auseinandersetzt. Der Ortsname könnte aus dem Westfälischen übernommen worden sein, wo es mehrere Orte dieses Namens gibt. Im Niederdeutschen wird mit Kniep eine Zange oder Klemme bezeichnet. Zum Knieper, dem Nordseehummer, besteht gesichert keine erkennbare Nähe. Das Kniep bei Schwastorf weist in der Ortsmitte einen Findling mit der Inschrift »Flurneuordnung 2006« auf. In Schwastorf steht eine Kapelle, als neugotischer Feldsteinbau um 1900 errichtet und mit Backsteinelementen versehen. Schwastorf wurde 1289 erstmals urkundlich erwähnt und leitet den Ortsnamen aus dem Altpolabischen ab, »Dorf des Swerc«. In Groß Dratow wird ein Besuch der ehemaligen, um 1860 erbauten Dorfschmiede, welche nun eine Gaststätte ist, empfohlen. Die Dorfkirche von Groß Dratow stellt sich als Feldsteinbau aus dem 13. Jahrhundert mit Turm vor. Groß Dratow wurde 1284 erstmals urkundlich erwähnt und dürfte den Namen aus dem Altpolabischen ableiten, »Ort des Drat«. Die Gemeinde, am Rande des Müritz-Nationalparks gelegen, ist über die B 192 gut erreichbar.

Das Kniep bei Hohen Wangelin stellt einen Ausbau dar, bestehend aus vier Gehöften nebst der ehemaligen Fischerei, alle großzügig und mit viel Platz zum Nachbarn angelegt. Ein Gehöft dient als Tierpension. Hohen Wangelin, das »Mutterdorf« von Kniep befand sich im Besitz des Klosters Malchow, welches 1572 säkularisiert und in ein adliges Damenstift überführt wurde. 1830 wurden aus den Klosterbauern in den einzelnen Klosterämtern Erbpächter, welche die Gebäude und das Inventar erwerben konnten. So entstanden neben der Fischerei die vier Bauernhöfe von Kniep. Ein historisch-landesüblicher Weg führt den Besucher an einer Heckenreihe entlang zu diesem Kniep, zum Radweg am Malkwitzer See. Letzterer wurde 1345 erstmals urkundlich erwähnt. Der Name dürfte sich aus dem Altpolabischen ableiten, »Ort des Malek«. Der nahe Forst ist Garant für Ruhe und Naturvielfalt, und, wie im früheren Müritzkreis beinahe die Regel, der Müritz-Nationalpark liegt nicht weit ab. In der Gemeinde befinden sich die Quellen der Nebel und der Westpeene. Die Dorfkirche von Hohen Wangelin, ein spätgotischer Backsteinbau aus dem 15. Jahrhundert mit Turm und einer Granit-Taufe im Garten, sollte ebenfalls Aufmerksamkeit finden. Hohen Wangelin wurde urkundlich erstmals 1244 als Wangelin erwähnt. Der Dorfname leitet sich aus dem Altpolabischen ab und kann entweder mit der Bezeichnung für Kohle (Holzkohle) in Beziehung gebracht werden oder mit der Form eines Flurstückes, »Ecke, Winkel«. Nahe von Hohen Wangelin in Linstow befindet sich ein Anschluss zur A19 und die B108 führt auch durch die Gemeinde. In Linstow ist ein Besuch des Wolhynier Umsiedlermuseum angebracht. Auch die Dorfkirche ist von Interesse, ein rechteckiger Backsteinbau aus der Mitte des 13. Jahrhunderts, der um 1870 umgebaut wurde und den schlanken Turm erhielt. 1939/1940 kamen 73 wolhyniendeutsche Familien nach Linstow, die nach dem Deutsch-Sowjetischen Grenz- und Freundschaftsvertrag nach Deutschland übersiedelten. Sie errichteten ihre Gehöfte in traditioneller Bauweise aus Holz und deckten die Dächer mit (Roggen-) Stroh. Ein Gehöft dient seit 1993 als das Wolhynier Umsiedlermuseum. Linstow wurde urkundlich erstmals 1236 erwähnt und leitet den Namen aus dem Altpolabischen ab, »Ort mit einen See, wo es Schleie gibt«. Diese Fische kommen auch heute noch in dem See vor.

Knüppeldamm

PLZ 17209, muss nicht (mehr) über einen aus Knüppeln errichteten Damm aufgesucht werden. Das Dorf in der Nähe von Röbel verfügt über bessere Verkehrsanbindungen, liegt nahe der Abfahrt Röbel der A19 und besitzt noch einige Meter Kopfsteinpflaster. Der Ort gehört zur Gemeinde Fincken, liegt dicht am Quell der Elde in reizvoller Lage zwischen Hügeln, Wald und Wasser. Knüppeldamm war zeitweilig eine Schäferei und Glashütte, häufig üblich nach den Verwüstungen des Dreißigjährigen Krieges und in der aufkommenden Gutswirtschaft. Fincken, das Hauptdorf, wurde 1310 erstmals erwähnt (to Vinken) und kann auf eine der wenigen im Lande erhaltenen Rundscheunen verweisen, die heute als Gemeindezentrum dient. Sie wurde im 18. Jahrhundert als Pferdestall errichtet. Heute ziert sie das Wappen der Gemeinde, von Werner Schinko gestaltet. Im Modellpark Mecklenburgische Seenplatte in Neubrandenburg kann die Scheune als Miniatur bewundert werden. Das Gebiet um Fincken ist durch Wanderwege gut erschlossen. Die Dorfkirche von Fincken ist ein rechteckiger Putzbau und wurde am Ende des 18. Jahrhunderts erbaut. Das ehemalige Gutshaus wurde um 1800 als zweigeschossiger massiver Putzbau mit Portal und Freitreppe am Rande des Finckener Sees errichtet. An der Südseite des Dorfes in Richtung der Wiesenniederung befindet sich ein Turmhügel, genannt »Das Kloster«.

Röbel, 1239 erstmals urkundlich erwähnt, liegt am Westufer der Müritz und leitet seinen Namen aus dem Altpolabischen ab, »Ort des Robola«. Nach anderer Lesart wird auch eine Nähe zu der slawischen Bezeichnung für Sperling vermutet. Die Stadt wuchs, wie heute noch erkennbar, aus zwei Gründungen zusammen. Auf einer Seite lag neben einer deutschen Burg, welche die Straße von Waren nach Wittstock sicherte, das Dorf Alt-Röbel mit der zum Bistum Schwerin gehörenden Marienkirche. Auf der anderen Burgseite stand die zum Bistum Havelberg zählende Nikolaikirche, um die sich eine Kaufmannssiedlung bildete. Stadtrecht erhielt die Kaufmannssiedlung wohl bereits 1261. Neben den beiden großen Kirchen und dem Hafen kann Röbel auf eine sanierte Altstadt mit erhaltenen Teilen der Stadtmauer und herrlicher Lage an dem großen See verweisen, wovon sich zahlreiche Urlauber regelmäßig überzeugen. Zwischen der Alt- und Neustadt am Ostufer des Mönchsees liegt eine Burgstelle, genannt »Burgberg« oder auch »Mühlenberg«, und etwa 4,3 Kilometer nordwestlich der Marienkirche in sumpfiger Niederung ein Turmhügel, als »Teufelskanzel« bezeichnet.

Knüppeldamm kann auch über die B 198 erreicht werden.

Koblentz

PLZ 17309, befindet sich nicht am Rhein, sondern am Rande des Randowbruches in der südlichen Ueckermünder Heide. Der Große Koblentzer See, ein Naturschutzgebiet, liegt in unmittelbarer Nähe des Dorfes. Das 1872, nach anderer Quelle bereits 1854, in spätklassizistischen Formen erbaute Mausoleum der von Eickstädt fungiert seit 1895 als Dorfkirche. Aus der alten Dorfkirche wurde der anspruchsvolle Kanzelaltar übernommen. Koblentz wurde urkundlich erstmals 1578 erwähnt, nach anderer Quelle bereits 1490. Auch der damalige Landesherr hatte um 1585 Interesse an Koblentz, oder vielmehr an der dort befindlichen alten Salzquelle, aber deren einlötiger Salzgehalt erwies sich dann doch als nicht ausreichend für eine Wiederaufnahme der Salzgewinnung. Gewinnbringender waren da schon eine Glashütte, die Schäferei, die Rossmühle, der Teerofen und nicht zu vergessen – der Tabakanbau. Die geologische Karte von Mecklenburg-Vorpommern, Ausgabe 1998, führt bei Koblentz eine Salzquelle auf. Gewerbliche Nutzung dieser Quelle scheint aber nicht beabsichtigt. Dem Besucher wird auch ein Gang zum östlich des Ortes gelegenen Naturdenkmal »In den Riedens Eichen« empfohlen. Im nahen Krugsdorf, 1490 erstmals urkundlich als Krussdorf erwähnt, ab 1635 Krugsdorf genannt, lädt herrlich klares Wasser der großen Kiesgrube zum Bade ein. Die Dorfkirche zu Krugsdorf ist ein rechteckiger Fachwerkbau mit westlichem Dachturm und wurde zu Anfang des 18. Jahrhunderts errichtet. Der Kanzelaltar und ein Tafelgemälde mit der Predigt Johannes des Täufers sind besonders erwähnenswert. Das ehemalige Herrenhaus wurde saniert, zu einem Hotel umgebaut und verfügt über einen größeren Golfplatz. Unweit von Krugsdorf am Weg nach Zerrenthin lag eine der geheimsten Dienststellen der Deutschen Wehrmacht, eine Funkaufklärungsstation, gut getarnt, nach dem Krieg als Wohngebäude genutzt, mit Funkhaus bezeichnet und nun wohl endgültig verfallend. Der Weg nach Zerrenthin wird empfohlen und ist durch den

Kirchturm mit seinem Spitzhelm gar nicht zu verfehlen. Die Kirche ist ein rechteckiger Feldsteinbau mit breiterem Westturm und in das 13. Jahrhundert zu datieren. 1970 wurde im Inneren an der Ost- und Südwand ein Zyklus von Wandmalereien aus der ersten Hälfte des 16. Jahrhunderts mit szenischen Darstellungen, Aposteln und Heiligen freigelegt. Zerrenthin wurde urkundlich erstmals 1216 erwähnt. Der Name dürfte sich aus dem Altpolabischen ableiten, vielleicht von einem Personennamen. Das große Bauerndorf liegt beiderseits der B104. In Zerrenthin lebte längere Zeit Irma Harder als Bäuerin und Autorin zahlreicher Bücher, in denen das Dorf und seine Einwohner in den bewegten Kriegs- und Nachkriegszeiten betrachtet wurden. Wer Krugsdorf in östlicher Richtung verlässt, diese auch beibehält, passiert Breitenstein und kommt an die Randow, hier über eine neu errichtete Brücke vor Dorotheenwalde zu überqueren. Das Vorwerk Breitenstein wurde um 1851 durch die Zusammenlegung verschiedener Bauernhöfe errichtet und 1934 nach dem Reichssiedlungsgesetz in fünfzehn neue Bauernstellen aufgesiedelt. Dorotheenwalde wurde 1748 als Witwensitz für Dorothea, die Gemahlin Georg IX. von Eickstedt, eingerichtet. 1914 wurde das Gut Dorotheenwalde an das Kriegsministerium verpachtet, das dort ein Remontendepot einrichtete. 1924/1925 erwarb die Pommersche Landgesellschaft Dorotheenwalde und siedelte das Gut auf, welches 1928 den Status einer Gemeinde erhielt. Die Randow verläuft in ihrem Urstromtal, dem Randowbruch, wo Ehm Welk die »Heiden von Kummerow« angesiedelt hat, und verfügt über zwei Mündungen. Der südliche Flussabschnitt mündet in die Welse, der nördliche Bereich bei Eggesin in die Uecker. In der slawischen Zeit trug der Fluss den Namen »Lochnitza«, der »mit Fluss der Pfützen« übersetzt werden kann. Diese Bezeichnung hat sich in dem Ortsnamen Löcknitz erhalten. Das Städtchen Löcknitz, an einer Furt der Randow zwischen Pasewalk und Stettin gelegen, wurde indirekt 1212 erwähnt und 1267 urkundlich gesichert genannt. An Sehenswürdigkeiten empfehlen sich besonders die (mittelalterliche) Burg Löcknitz mit Burgfried, eine

»Tausendjährige Eiche« am Löcknitzer See, die liebenswert-skurrile Bronzeskulptur »Nachtwärter Bartel mit Kater« vor dem Amtsgebäude und die Kirche, ein neugotischer Backsteinbau mit Westturm. Wenige Tage vor dem Ende des Zweiten Weltkrieges wurde Löcknitz durch Bombardierung zu zwei Dritteln zerstört. Nicht unerwähnt sollen hier auch der Ehrenfriedhof für die gefallenen sowjetischen Soldaten, das Denkmal für die Opfer des Faschismus auf diesem Areal und der Gedenkstein für die jüdischen Opfer der Shoah aus Löcknitz sein.

Der Name Löcknitz könnte nach anderer Meinung auch mit »Sumpfbach« übersetzt werden. Die Bezeichnung Randow hat sich erst um 1700 durchgesetzt. Nach Koblentz bietet sich eine Landstraße an, welche von der B104 nach Krugsdorf führt. Nahe, bei Pasewalk, liegen zwei Abfahrten der A 20, Pasewalk Süd und Pasewalk Nord.

Kölln

PLZ 18292, hier handelt es sich nicht um einen Schreibfehler und der Name des an der Nebel gelegenen kleinen Dorfes leitet sich auch nicht aus dem Lateinischen ab – wie im Fall der großen Stadt am Rhein. 1339 erfolgte die erste urkundliche Erwähnung als »molendino ville Colne«. Der Dorfname kommt aus dem Altpolabischen und dürfte für »kol«, Pfahl, Pflock als Hinweis auf Bauten (Pfahlbauten) auf sumpfigem Untergrund stehen. Sicher befand sich hier auch ein Übergang über die Nebel für eine Straße, welche Güstrow und Krakow bereits in slawischer Zeit berührte. Kölln gehört zur Gemeinde Hoppenrade, deren Gebiet vom Durchbruchstal der Nebel geteilt wird. Im Dorf steht eine 1892 neu errichtete und nunmehr stillgelegte Wassermühle. Der Mühlbach wurde leider umgeleitet. Die Köllner Mühle dient als Heuhotel und Naturkostladen.

Eine Fischtreppe im Verlauf der Nebel bei Kölln erleichtert Fischen den Weg flussaufwärts.

In Hoppenrade steht ein 1853 im Stil der Neorenaissance erbautes Herrenhaus mit einem Ecktürmchen, 2001 saniert und nun privaten Wohnzwecken dienend. Zum denkmalgeschützten Ensemble gehören ein Park und das Inspektorhaus, dieses seit 2002 ein Gästehaus mit einfacher Ausstattung. Der Ortsname leitet sich aus dem Mittelniederdeutschen ab, »Rodungssiedlung, wo Hopfen angebaut wird«. Hopfenanbau wird in Hoppenrade seit längerer Zeit aber nicht mehr betrieben. Kölln an dem Fluss Nebel liegt direkt an der B 103. Bei Altentreptow befindet sich ein weiterer Namensvetter. Dieser verfügt über die PLZ 17089 und liegt zwischen der A 20 und dem Großen Landgraben. Kölln am Großen Landgraben hat eine spätmittelalterliche Kirche, ein Feldsteinbau, der 1872 restauriert wurde. Der Schnitzaltar ist in die Zeit der Spätgotik zu datieren. Kölln wurde 1254 erstmals urkundlich erwähnt, kann aber auf eine viel ältere Siedlungsgeschichte verweisen, was die dem Bau der Autobahn A 20 vorangehenden archäologischen Untersuchungen belegen. Bereits in der vorrömischen Eisenzeit befand sich hier eine germanische Siedlung und von der Mitte des zweiten Jahrhunderts nach Christi bis gegen Ende des sechsten Jahrhunderts bestand hier ein germanisches Dorf, das somit die Völkerwanderungszeit überdauerte. Nach den reichen Funden und deren Herkunft von den dänischen Inseln, aus dem Reich der Thüringer und Bajuwaren oder vom alemannischen Gebiet (langobardischer Machart) kann die Siedlung als germanischer Adelshof angesehen werden. Besonders begeistert waren die Archäologen über einen unscheinbaren, plattgehämmerten Eisenring, der als Teil eines Nackenschutzes eines Helms oder sogar eines Kettenhemdes angesehen wird. Daher kamen die Archäologen zu der Meinung, dass in dieser Siedlung ein germanischer Adliger mit weitreichenden Verbindungen lebte. Im nahen Altentreptow, auf einer Insel in der Tollense im Anschluss an eine slawische Burg gegründet und 1245 erstmals urkundlich erwähnt, erhebt sich auf einem Hügel Sankt Peter, die Stadtkirche, im 14./15. Jahrhundert als gotische Backsteinhallenkirche errichtet. Sie kann eine bemerkenswerte Inneneinrichtung vorweisen – den spätgotischen Flügelaltar aus dem 15. Jahrhundert und einen Taufstein aus dem 13. Jahrhundert. Die beiden spätgotischen Tortürme zeigen sich als gut erhaltenene Backsteinbauten. Die Stadt nannte sich bis 1939 Treptow und der Burgvorgänger sicherte den Übergang der Straße von Neubrandenburg nach Demmin über die Tollense. Am Klosterberg kann ein Findling, der »Große Stein«, 1915 feierlich als »Bismarckstein« geweiht, bestaunt werden. Er gilt mit seiner Masse von ca. 360 Tonnen und einem Volumen von 133 Kubikmetern als das größte Geschiebe auf dem Festland Norddeutschlands. Nur der legendäre »Buskam«, vor dem Seebad Göhren im Flachwasser der Ostsee liegend, übertrifft ihn an Größe, Umfang und Inhalt. Göhren, das Fischer- und Lotsendorf, wurde 1165 erstmals urkundlich erwähnt und führt den Ortsnamen auf das altpolabische Wort für Berg zurück, »gora«.

In Altentreptow und dem nahen Thalberg, wirkte von 1844 bis 1856 Fritz Reuter als Turn- und Zeichenlehrer. Thalberg war zu Fritz Reuters Zeiten ein Stadtgut von Altentreptow und Fritz Reuter wurde 1844 von dem Pächter Fritz Peters aufgenommen. Fritz Peters erkannte die dichterische Begabung von Fritz Reuter. 1850 übersiedelte Fritz Reuter von Thalberg nach Altentreptow. Der Ortsname der Kleinstadt leitet sich aus dem Altpolabischen ab und könnte für »Wäldchen, Gehölz« oder auch für einen Personennamen stehen.

Kölln am Großen Landgraben kann über die Abfahrt 29 (Anklam) der A 20 angesteuert werden, ist aber auch über die B 96 (bei Altentreptow) und dann über eine Landstraße nach Werder und Wodarg erreichbar.

Werder wurde urkundlich erstmals 1287 erwähnt. Welche Geschäfte auch Geistliche tätigen konnten, belegt folgendes Beispiel: Nikolaus von Heydebreck, Herr auf Klempenow, hatte (vor) 1444 seine Getreideernte aus dem Dorf Kölln an Curt von Schwerin, Pfarrer zu Werder, verkauft. Der Name Werder stammt aus dem

Mittelniederdeutschen und steht für »Siedlung auf von Wasser umgebenem Land« oder »Insel, von Wasser umgebenes Land«. Die Dorfkirche ist ein Feldsteinbau mit dreiseitigem Ostschluss und wurde 1751 erbaut. Der westliche quadratische Dachturm aus Backstein wurde 1890 angefügt. Der Taufstein wird in das 13. Jahrhundert datiert. Zu Wodarg liegen zwar keine mittelalterlichen Urkunden vor, bei Ausgrabungen im Rahmen des Baus der A 20 wurden in Ortsnähe Funde getätigt, die auf das Bestehen eines slawischen Adelssitzes aus dem späten neunten Jahrhundert verweisen. Dieser wurde an einer Furt im Tollensefluss errichtet. Siedlungskontinuität existierte über die nächsten Jahrhunderte – bis zum Zuzug deutscher Siedler im 13. Jahrhundert. Die Geschichte dieses Ortes »Burg Conerow«, 1248 erstmals urkundlich erwähnt, endete im 14. Jahrhundert. Der Name Conerow dürfte altpolabischer Herkunft sein und »Ort eines Konar« bedeuten. Der Dorfname Wodarg leitet sich wohl aus dem Altpolabischen ab, »Ort, wo Leute eines Vodarg wohnen?«. Es besteht auch die Möglichkeit einer sprachlichen Nähe zu dem Begriff »lieb, teuer«. Das ehemalige Gutshaus ist ein eingeschossiger Putzbau von 1773, erhielt im 19. Jahrhundert einen Anbau und ist umgeben von einem großen englischen Landschaftsgarten aus dem 19. Jahrhundert. Bei der Dorfkirche handelt es sich um einen rechteckigen Putzbau mit einem ebenfalls rechteckigen Westturm aus Backstein. Die Glocke wurde 1801 in Stettin gegossen. In für Wissenschaftler eher ungewöhnliche Begeisterung gerieten die Archäologen, als 2003 am Fundplatz Wodarg Reste eines hölzernen Wehrspeichers entdeckt wurden, der wohl im Zusammenhang mit der Burg Conerow zu sehen ist.

Korleput

PLZ 18299, liegt am Korleputer Mühlbach, dem Quellbach der Recknitz und gehört zu der Kleinstadt Laage, die auf einem Hügel über dem Tal der Recknitz errichtet wurde. Korleput wird nicht von einem Mann mit dem Vornamen Korl (allein) bewohnt, welcher Puten hält. Das kleine Dorf, derzeit 20 Einwohner, wurde urkundlich erstmals 1450 als Kuddelput erwähnt. Die Wassermühle Korleput, die im 16. Jahrhundert errichtet wurde und bis 1997 (nach Modernisierung) ihren geschätzten Dienst tat, wurde 1997 durch einen Brand beschädigt, leider nicht wieder aufgebaut und 2001 abgerissen. Laage, der Sitz der Gemeindeverwaltung und des gleichnamigen Amtes, wurde urkundlich 1216 als Lauena erwähnt und erst 1726 findet sich die heutige Schreibweise. Der Name leitet sich aus dem Altpolabischen ab und kann mit »Steg, über Wasser, Sumpf gelegter Balken« übersetzt werden. Laage liegt an einer natürlichen Furt über die Recknitz und war daher unfreiwillig an zahlreichen militärischen Auseinandersetzungen vergangener Zeiten beteiligt. Den Dreißigjährigen Krieg und dann folgenden Seuchenzug der Pest haben nach der Geschichtsschreibung nur fünf Einwohner überlebt. Bereits in slawischer Zeit wurde der Übergang durch eine Burg gesichert. Neben diesem Sperrfort an der historisch bedeutsamen via regia – die heutige A 20 folgt dem alten Handelsweg in großen Zügen – entwickelte sich eine slawische Siedlung. Laage gehörte zur Herrschaft Werle und erhielt 1309 von den Fürsten zu Werle Stadtrecht.

Die Stadtkirche ist eine romanisch/frühgotische Hallenkirche, die aus Feld- und Backsteinen errichtet wurde. Der Baubeginn wird in die Mitte des 13. Jahrhunderts datiert. Das Pfarrhaus stammt aus dem späten 18. Jahrhundert. Das neogotische Rathaus wurde, welch praktische Leute waren unsere Altvorderen doch, zusammen mit Spritzenhaus, Eiskeller und Gefängnis (1872) errichtet. Vom Aussichtsturm auf dem Pfendkammerweg, der bis vor einigen

Jahrzehnten der Wasserturm war, bietet sich ein weiter Blick über das Recknitztal. Eine Betrachtung wert sein sollte auch die Korffsche Villa, 1911/1912 durch den Architekten Paul Korff erbaut. Paul Korff, 1875 in Laage geboren und 1945 auch in Laage gestorben (Freitod beim Einmarsch der Roten Armee) war ein bekannter Architekt, dessen erhaltene Bauten Mecklenburg zur Zierde gereichen. Leider werden sie nicht immer hinreichend gepflegt. Im nahen Rossewitz, 1359 erstmals urkundlich erwähnt, ist das ehemalige Herrenhaus einen Besuch wert. Zwischen 1657 bis 1680 erbaut und 1993 saniert, ist es ein stattlicher Rechteckbau mit Walmdach und strenger Gliederung. Das Herrenhaus wurde von Charles Philippe Dieussart, der auch das Torhaus des Renaissanceschlosses Güstrow entwarf, erbaut. Der Dorfname leitet sich aus dem Altpolabischen ab und kann vielleicht mit »Ort, wo Leute eines Ros wohnen« übersetzt werden. Nach Laage und damit auch Korleput führen Wege auf allen Ebenen. Für Wasserwanderer ist die Recknitz interessant, Eisenbahnfreunde können mit der Eisenbahn anreisen und die B 108 quert in Laage die Recknitz. Sogar ein Anflug ist möglich, nämlich über den Flughafen Laage. Hier erlaubt die militärische Nutzung tatsächlich auch den zivilen Gebrauch. Der Flugplatz nennt sich zwar Flughafen Rostock-Laage, liegt aber bei Kronskamp. Das Dorf Kronskamp wurde urkundlich erstmals 1298 erwähnt und hat den Namen aus dem Mittelniederdeutschen, »Siedlung beim Kranichskamp«. Als Ursprung ist wohl ein Flurname anzusehen. Von Laage sollte die Weiterfahrt nach Korleput genau erfragt werden, so kein Navigationsgerät zur Verfügung steht.

Köthel

PLZ 17166, besteht aus Groß sowie Klein Köthel und liegt in der Nähe von Teterow, dem mecklenburgischen Schilda mit der europaweit bekannten Motorradrennbahn, dem Bergring. Kötel von Schafen oder anderen Nutztieren liegen meist nicht auf den Dorfstraßen herum. Klein Köthel wurde urkundlich erstmals 1323 als de Cotle erwähnt. Groß Köthel wird erst 1498 als Kotellde genannt. Groß Köthel ist eine deutsche Ortsgründung, die neben dem ehemals slawischen Klein Köthel entstand. Der Zusatz Groß kam im 16./17. Jahrhundert auf. Der Dorfname bezieht sich auf die Lage von Klein Köthel zwischen beachtlichen Hügeln und kann als sehr treffend angesehen werden, »Kesselort.« Der Mühlteich in Klein Köthel verweist auf die ehemalige Wassermühle in dem kleinen Dorf mit dem Straßentunnel unter der Eisenbahnstrecke Schwerin – Neubrandenburg – Pasewalk – Stettin. Das nahe Teterow wurde urkundlich erstmals 1236 erwähnt, 1272 als städtische Siedlung bezeichnet, hatte einen slawischen Vorläufer und leitet den Namen aus dem Altpolabischen ab, »Wildhuhnort«. Birkhühner kamen bis um 1920 in den Mooren und Wäldern der näheren Umgebung vor. Die Siedlung Teterow entstand in der Nähe eines slawischen Zentralortes, der 1171 von König Waldemar von Dänemark zerstört wurde. Der Burgwall weist noch Vorburg und Hauptburg auf und die

Wendenschänke sollte auch einen Besuch wert sein. Dabei geht es sogar über das Wasser, nämlich mit einer Fähre. Die slawischen Altvorderen in Teterow müssen sehr begabte Töpfer gewesen sein, denn ihre Keramik ist als Teterower Typ in die Archäologie eingegangen. Stadtmauer und die beiden Stadttore, eines davon das Stadtmuseum beherbergend, sind gut erhalten. Die Stadtkirche Peter und Paul ist ein dreischiffiger Backsteinbau aus dem 13. Jahrhundert und reich ausgestattet. Von der planmäßigen Anlage der Stadt kündet noch das gitterförmige Straßennetz. Teterow sicherte die Straße von Rostock nach Neubrandenburg und sieht sich als geografischer Mittelpunkt des Landes Mecklenburg-Vorpommern. Vor dem Rathaus ist auf dem Markt eine Platte mit diesbezüglicher Inschrift in das Pflaster eingelassen. Gleich daneben steht der Marktbrunnen mit einer Knabenfigur und dem Teterower Hecht – eine Arbeit von Professor Wilhelm Wandschneider, gebürtig aus Plau/Mecklenburg. Mit diesem Brunnen und der Inschrift in Plattdeutsch haben die Teterower Humor bewiesen und sich selbst auf die Schippe genommen.

Klein Köthel liegt an der Landstraße, welche Krakow am See und Teterow verbindet, somit nicht weit von der B104. Unweit dieser Landstraße und nahe bei Klein Köthel befindet sich auf einem respektablen Hügel die ehemalige Försterei »Hohes Holz«, nun eine empfehlenswerte Gaststätte. Von der B108 führt eine kurvenreiche Landstraße direkt nach Groß Köthel.

Krim

PLZ 19395, liegt nicht am Schwarzen Meer, sondern in Mecklenburg-Vorpommern in der Nähe von Lübz, der Stadt mit dem bekannten Bier. Krim war ursprünglich die Hufe Nummer Zwei des nach 1922 teilweise aufgesiedelten Hofes Retzow und wurde später Krim genannt. Der Ort ist ein geschlossener Einzelhof westlich von Hof Retzow und liegt an der alten Fernhandelsstraße Lübeck–Berlin. In der Schmettauschen Karte von 1788 wird Krim noch nicht vermerkt. Seit 1841 befindet sich der Hof in Erbpacht. Die Nachfahren des Erbpächters von 1841 bewirtschaften den Hof als Eigentum bis heute. Die Scheune trägt das Datum 1857 (Krimkrieg, 1854–1857). In der Nähe liegt Barackendorf, eine Erinnerung an den Ersten Weltkrieg, als hier Kriegsgefangene interniert waren. Retzow, das Dorf von welchem der Hof Retzow den Namen und sicher auch einen Teil der Feldmark nahm, wurde erst 1448 urkundlich erwähnt, dürfte aber deutlich älter sein. Der Dorfname leitet sich aus dem Altpolabischen her und könnte mit »Flussort« übersetzt werden. Es scheinen aber auch andere Erklärungen möglich – siehe Retzow bei Rechlin. Die Dorfkirche ist ein rechteckiger Fachwerkbau aus der zweiten Hälfte des 15. Jahrhunderts mit einem geschnitzten Altaraufsatz, Ende des 16. Jahrhunderts gefertigt, einer aus der gleichen Zeit stammenden, ebenfalls geschnitzten Kanzel und einem Kirchenstuhl von 1667. Retzow kann nicht nur einen ausnehmend interessant gestalteten Dorfplatz vorweisen, sondern liegt auch an der Seidenstraße (von Mecklenburg-Vorpommern). In Retzow steht ein mitteldeutsches Ernhaus, welches 1789 erbaut wurde und den schönen Namen Ülepüle trägt, eine niederdeutsche Bezeichnung für Schmetterling. Das reetgedeckte Ernhaus in Retzow gilt als das letzte erhaltene Gebäude dieser Art in der Gegend, zeichnet sich durch einen großen Hausflur, den Ern aus, der den Wohnbereich vom Stall trennte, und wurde 1993/1995 nach altem Vorbild rekonstruiert. Heute befindet sich im Ülepüle-Haus eine Leinen- und Filzmanufaktur. Naturmaterialien wie Wolle, Seide und Leinen werden in traditioneller Weise verarbeitet, dabei modern und künstlerisch gestaltet. Führungen und Kurse werden angeboten und in einem Laden können Produkte des Hauses Ülepüle erworben werden. Auch im Wunderfeld-Laden in Plau am See werden Erzeugnisse aus dem Haus Ülepüle angeboten. Zur Gemeinde gehört auch Gnevsdorf, das 1448 erstmals urkundlich erwähnt wurde, aber deutlich älter sein dürfte. Der Ortsname könnte ein deutsch-slawischer Mischname sein, »Dorf eines Gnev«. In Gnevsdorf steht das einzige Lehmmuseum Deutschlands, selbstredend an der Lehm- und Backsteinstraße. Das Lehmmuseum zeigt auch die Verwendung von Lehm in jüngerer Zeit, wie sie z. B. an der Güstrower Lehmbauschule (1949 gegründet) vermittelt wurde. Die Kirche von Gnevsdorf wurde zwischen 1895 und 1897 im neogotischen Stil erbaut. Der Kirchturm weist die beeindruckende Höhe von 55 Metern aus und als Besonderheit dieses Baus trägt der Pfeiler in der Mitte des Hauptganges das gesamte Gewölbe des Mittelschiffs. In der Sakristei steht der spätmittelalterliche Schnitzaltar der Vorgängerkirche, der bereits Ansätze der Renaissance aufweist. Nach Retzow und Krim kann über die B 103, sodann über die Landstraße von Ganzlin nach Lübz angereist werden, ebenso über die B 191 von Lübz in Richtung Ganzlin, einem Abschnitt der Lehm- und Backsteinstraße. Ganzlin wurde 1346 erstmals urkundlich erwähnt und leitet den Dorfnamen aus dem Altpolabischen ab, »Ort des Gasèla?«. Die Dorfkirche in Ganzlin wurde 1905 nach einem Brand neu aufgebaut und hat einen Altar vom Ende des 15. Jahrhunderts, der leider stark übermalt wurde. Die ehemalige Brennerei dient als Informations- und Ausstellungszentrum der Retzower Sandheide. In der Nähe liegt das größte zusammenhängende Magerrasengebiet Mitteleuropas, das Naturschutzgebiet »Marienfließ«. Retzow stellt für dieses Naturschutzgebiet das Eingangstor dar.

Kublank

PLZ 17348, liegt in der Nähe von Woldegk, der Mühlenstadt, in einem Endmoränengebiet mit für Norddeutschland respektablen Hügeln. Der Name hat keine Beziehung zu Kühen, wohl aber zu einem anderen landwirtschaftlichen Nutztier. Im Altpolabischen steht »kobyla« für Stute. Kublank wurde 1298 als Cvbiank erstmals urkundlich erwähnt, 1312 Coblank geschrieben und 1338 Cublanke genannt. Offensichtlich siedelten hier slawische Pferdefreunde, deren Leidenschaft für edle Rösser im Pferdeland Mecklenburg-Vorpommern weiter besteht. Die Gemeinde Kublank ist über die A 20 und B 104 gut erreichbar. Sehenswert die Dorfkirche, ein Feldsteinbau aus dem 14. Jahrhundert, nach dem Brand von 1911 wiederhergestellt und 1965 restauriert.

Woldegk, die Stadt, die ob der vielen hier einst arbeitenden Windmühlen den Beinamen Mühlenstadt trägt und in jedem Sommer unter regem Zuspruch auch ein Mühlenfest feiert, ist eine Gründung der Markgrafen von Brandenburg. Die sicherten mit dieser Stadt wohl um 1250 die Straße von Prenzlau nach Neubrandenburg. Die zugehörige Burg wurde 1310 erwähnt. Die ersten Windmühlen wurden in Woldegk 1587 errichtet. Am Stadteingang steht eine der größten Turmwindmühlen Norddeutschlands. Eine weitere Mühle dient seit 1969 als Mühlenmuseum und ist als technisches Museum erhalten geblieben. Eine dritte Mühle führt gar den Namen Moulin Rouge. Der rote Holländer ist Wohnung und Töpferwerkstatt. Nördlich von Woldegk liegen die Helpter Berge, die höchsten Hügel im Land mit stolzen 179 Metern über dem Meeresspiegel. Woldegk wurde 1945 zu 75 Prozent zerstört. Die Stadtkirche, ein Feldsteinbau aus der 2. Hälfte des 13. Jahrhunderts, wurde auch schwer beschädigt. Die Gewölbe, der Fachwerkaufsatz des Turmes und die gesamte Ausstattung wurden zerstört. 1955 wurden das Schiff und der Chor mit flachen Decken wiederhergestellt. Erhalten blieben Teile der Stadtmauer. Erwähnung finden soll auch ein Gebäudekomplex am Rande der Stadt. Auf dem Bullenberg, oberhalb der B 104, befindet sich, behütet und gepflegt, ein Teil des Stolzes der Rinderzüch-

ter des Landes, die preisgekrönten und wertvollen Besamungsbullen sowie deren potentielle Nachfolger. Daher ist der Zutritt in den inneren Bereich der Rinderzucht von Mecklenburg-Vorpommern auch nur wenigen, auserwählten Fachleuten gestattet.

Kuchelmiss

PLZ 18292, liegt am reizvollen Durchbruchstal der Nebel, etwa auf halbem Wege zwischen Krakow und Teterow, mit einer Abfahrt an der A 19. Der Ortsname wird im Lande häufig und zum Ärger der Dorfbewohner als Kugelmist ausgesprochen, hat aber nichts mit den als Naturdünger geschätzten Hinterlassenschaften von Nutztieren zu tun. Kuchelmiss wurde 1366 das erste Mal urkundlich als Kuchelmisse erwähnt und 1479 mit »to Kuchelmisse« bezeichnet. Der Ortsname kommt aus dem Altpolabischen und kann mit »Strudelbachort« übersetzt werden, sei jedoch nach Foster und Willich (2007) unklar. Die Nebel erinnert aber in ihrem Durchbruchstal viel eher an einen Mittelgebirgsfluss, denn an ein gemütliches norddeutsches Fließgewässer. Ein Besuch in der ehemaligen,

nun als Museum zugänglichen Wassermühle kann sehr empfohlen werden, ebenso eine Wanderung durch das Nebelholz nach Serrahn. Das Dorf wurde wohl als Rundling angelegt. Die Kirche stammt im Kern aus der Mitte des 13. Jahrhunderts und wurde 1872 erweitert, dabei allerdings erheblich verändert. Sie kann ein reich ornamentiertes Orgelprospekt auf der Orgelempore von 1740 vorweisen. Serrahn wurde 1298 erstmals urkundlich erwähnt und leitet den Ortsnamen aus dem Altpolabischen ab, »Senkgarn, Aalfangkiste«. Diese Übersetzung von Trautmann wird etwas angezweifelt und auch die Möglichkeit als »Ort eines Ziran« gesehen. Aale kommen und kamen allerdings im See und in der Nebel vor, werden gerne gefangen und gegessen, gleich ob gebraten, geräuchert oder sauer eingelegt. Nach der Volksmeinung muss Serrahn aber schon vor 1298 existiert haben, denn der Teufel hätte hier mit seiner Großmutter vor dem Pflug den Nebeldurchbruch zwischen Serrahn und Kuchelmiss ausgepflügt. Nach Fritz Reuter war hier das Paradies und mitten in Kuchelmiss findet sich auch der Flurname »Paradies« – hier lag die Gutsgärtnerei an einem Platz mit günstigem Kleinklima, vielleicht doch das Paradies? Die reizvolle Lage des Dorfes Serrahn am Nordostzipfel des Krakower Sees fiel bereits den Herren von Werle, einer mecklenburgischen Fürstenlinie auf, die im 15. Jahrhundert hier zeitweise ihre Sommerresidenz eingerichtet hatten.

Kuhlen

PLZ 19412, bildet mit dem benachbarten Wendorf und weiteren Orten eine (kleine) Gemeinde zwischen Brüel und Warin im Bereich der Sternberger Seenlandschaft. Das im 13. Jahrhundert urkundlich erstmals erwähnte Dorf liegt nicht etwa in mehreren Kuhlen, sondern auf ansehnlichen Hügeln über dem Tal der Warnow. Der Ortsname dürfte aus dem Altpolabischen abzuleiten sein, ist aber nicht hinreichend sicher zu erklären. Wendorf fand erstmals 1321 urkundliche Erwähnung und kann auf das Schlosshotel Wendorf verweisen, welches als Herrensitz zwischen 1904 und 1906 im Jugendstil errichtet wurde. In Holdorf, einem weiteren Dorf der Gemeinde, lebte und arbeitete ab 1845 für einige Zeit August Heinrich Hoffmann von Fallersleben auf dem Gut von Rudolf Möller, nachdem er 1844 aus Preußen ausgewiesen worden war. In der nicht mehr vorhandenen Scheune soll der Dichter nach der Überlieferung seine Bibliothek versteckt haben. Vielleicht mag ihn sogar die Weite der Mecklenburger Landschaft zu Werken wie den bekannten Kinderliedern »Alle Vögel sind schon da«, »Ein Männlein steht im Walde« oder »Kuckuck, Kuckuck ruft's aus dem Wald« angeregt haben. Das Deutschlandlied hat er allerdings auf Helgoland verfasst. Holdorf wurde 1254 erstmals urkundlich erwähnt. Brüel, das nahe Städtchen an der B 104, wurde 1222 erstmals urkundlich erwähnt und leitet seinen Namen aus dem Altpolabischen ab, »Klumpen, Scholle, Erde«, vielleicht auch »Raseneisenerde«. Die Landwirte der Region könnten dieser Einschätzung ihrer Äcker durchaus zustimmen. Vielleicht erfolgte auch später die Eindeutung von dem deutschen Wort Brühl für einen feuchten Wiesengrund, eine Aue (Foster und Willich, 2007). Brüel erhielt um 1340 Parchimer Stadtrecht. Die Stadtkirche ist ein Backsteinbau aus dem Ende des 13. Jahrhunderts mit reicher Innenausstattung, die anstelle des Turmes einen breiten Westbau mit Staffelgiebel aufweist. Warin wurde 1178 erstmals erwähnt und hat den Namen aus dem Altpolabischen, »Ort eines Var(a)«. 1229 war der Ort ein Kirchdorf und sogar Nebenresidenz der Bischöfe von Schwerin, die hier eine Burg erbauten, welche wohl den Anstoß zur städtischen Entwicklung gab. Seit 1306 erscheint Warin als Stadt, geschützt durch Wall, Graben und Tore. Zu den Sehenswürdigkeiten von Warin gehören die neugotische Stiftskirche, zwischen 1874 und 1878 erbaut, das Predigerwitwenhaus von 1733, das älteste Gebäude der Stadt und ein Denkmal für den in Warin geborenen Zeichner und Illustrator Ernst Lübbert (1876–1916). Und am Sportplatz steht eine Tausendjährige Eiche. Sternberg wurde zwischen 1230 und 1250 in der Nähe einer slawischen Burg (aus dem 7. bis 9. Jahrhundert) planmäßig angelegt. 1248 erhielt die Siedlung das Stadtrecht verliehen. Der alte Burgname gab der Stadt ihren Namen. Nach dem MUB heißt der Ort 1256 Sternberch, ein symbolisierender Name, der Glück verheißen sollte. Seit 1275 trafen sich an der Sagsdorfer Brücke bei Sternberg die mecklenburgischen Herrscher und Stände (Ritterschaft, Geistlichkeit und Bürgermeister) zu ihren Landtagen. Auf einem außerordentlichen Landtag (1549) wurde die Einführung der Reformation in Mecklenburg beschlossen. An diesen historisch bedeutsamen Vorgang erinnert ein Denkmal an der Sagsdorfer Brücke, der Reformationsstein. 1572 erfolgte die Verlegung des Landtages von Sagsdorf nach Sternberg und nach dem Güstrower Vergleich, von 1621 war dieses Privileg ab 1628 mit Malchin zu teilen (bis 1918). Urkundlich wurde Sagsdorf als Ort erst 1316 genannt. Der Name leitet sich aus dem Mittelniederdeutschen her, »Dorf eines Mannes namens Sack«. Er kann als Beiname für den Sackmacher, aber auch als Scheltname verstanden werden. 1492 erlangte Sternberg durch ein Judenpogrom über Mecklenburg hinaus traurige Bekanntheit. Ein Gedenkstein aus dem Jahre 1958 auf dem ehemaligen jüdischen Friedhof erinnert an die Toten ihrer Gemeinde. Sehenswert sind u.a. der historische Stadtkern, die Stadtkirche Sankt Maria und Sankt Nikolai, das Rathaus und die gut erhaltene Stadtbefestigung. Im Heimatmuseum können sehr schöne Exemplare des »Sternberger Kuchen« bewundert werden. Hier handelt es sich nicht um frühe Backerzeugnisse von außerordentlich langer Haltbarkeitsdauer, sondern um interessante Geschiebe, zumeist um fossilreichen Sandstein aus dem obersten Oligozän. Kuhlen liegt nahe, aber nördlich der B 104.

Kukuk

PLZ 19406, gehört zu Hohen Pritz, liegt am Klein Pritzer See und stellt keine, in orthographischer Hinsicht fehlerhafte Ehrung für den Vogel des Jahres 2008, den Kuckuck, dar. Der Ortsname leitet sich auch nicht von der Bezeichnung für eine Schiffslaterne ab, die völlig abgeblendet werden konnte, ohne dass man sie löschen musste. Auf dem reizvollen Klein Pritzer See kam und kommt man ohne ein solches Gerät aus. Kukuk war, bei dem Holzreichtum der umliegenden Wälder nicht überraschend, als Glashütte angelegt worden, die von 1728–1740 das schlichte Mecklenburger Waldglas produzierte. Hier kam der Hüttenmeister aus der weit verbreiteten Hüttenmeisterfamilie Gundlach, sein Name: Christian Friedrich Gundlach. Im Kirchbuch der Kirche zu Hohen Pritz wird für 1751 auf der ehemaligen Glashütte »Kuckuck« noch ein Just Harm als Aschefahrer genannt. Ein Glasbläser, der den Familiennamen Kuckuck trug und aus Oberode zugewandert war, könnte für den Dorfnamen zuständig gewesen sein. Der Meinung, der Ortsname stamme aus dem Slawischen und sei von dem Personennamen des Lokators abgeleitet, kann nicht gefolgt werden. Dafür liegen für den Ort weder urkundliche Belege noch archäologische Nachweise vor. Eher könnte eine Nähe zu einem Personennamen aus dem Mittelniederdeutschen vermutet werden. Kukuk kann neben der landschaftlich schönen Lage auch einen Campingplatz am Klein Pritzer See und einen Friesenhof vorweisen. Hier kann der Umgang mit edlen Pferden geübt werden, ja es besteht sogar die Möglichkeit, auch dem eigenen Pferd einen aufbauenden Urlaub zu verschaffen. Bei aller Pferdeliebe wurde den edlen Rössern bislang (noch) kein Zutritt in den Western-Salon zu Kukuk gestattet. Angler werden den 244 Hektar großen Klein Pritzer See, gleich ob vom Boot oder vom Ufer aus, ebenfalls schätzen. Hecht, Barsch und sogar Aal sollen beißfreudig sein. Welsfänge sind verbürgt und bei entsprechenden Eisverhältnissen ist ein erfolgreiches Eisangeln auf Bratbarsche beschrieben worden.

Die Dorfkirche des Gemeindedorfes Hohen Pritz ist ein spätgotischer rechteckiger Feldsteinbau mit einem Westturm, der sanierungsbedürftig ist. Der Ostgiebel besteht aus Backstein. Hohen Pritz wurde 1256 erstmals urkundlich erwähnt, Klein Pritz 1306. Der Name leitet sich aus dem Altpolabischen ab und kann vielleicht mit »Durchflussort« übersetzt werden. Nach Kukuk gelangt man u.a. über die L 19, die Mestlin und Sternberg verbindet.

Kummer

PLZ 19288, gehört seit 2005 zu Ludwigslust und leitet wie das nachstehend aufgeführte Kummerow den Ortsnamen aus dem Altpolabischen ab, »Ort des Komar«, nach anderer Auffassung »Mückenort«. Kummer wurde urkundlich erstmals 1406 erwähnt, dürfte aber deutlich älter sein. Nach der Sage stand vor langer Zeit in der Nähe von Kummer eine Burg, von welcher aus die Burg Glaisin erfolglos belagert wurde. Daher komme der Dorfname Kummer. Glaisin wurde urkundlich 1248 erstmals erwähnt und leitet den Dorfnamen aus dem Altpolabischen ab, »Ort des Glas«. Die Burg Glaisin wurde 1248 durch Heinrich II. zerstört. Auch heutigentags kann manch Verkehrsteilnehmer in dem Ort Kummer einen Kummer erleben, nämlich bei Missachtung des stationären Blitzer an der B5. In Kummer finden sich noch viele Hinweise auf die einst charakteristische Struktur der Dörfer der »Griesen Gegend«. Den Ortskern bilden die Bauernhäuser, dann folgen Büdnereien und am Rand die noch kleineren Anwesen der Häusler. Die alte Ziegelei und die Ziegeleiteiche sind Hinweise auf gewerbliche Tätigkeiten, wie die um 1880 errichtete Windmühle (Kummer nennt sich auch Mühlendorf). Am Picher Weg darf ein älteres, reetgedecktes Haus Aufmerksamkeit erwarten. Wer von Kummer nach Ludwigslust kommt, der sollte dem als Barockgarten angelegten Schlosspark einen längeren

Besuch abstatten. In diesem größten Park des Landes befindet sich neben vielen anderen Sehenswürdigkeiten ein Denkmal, das nicht einem Reiter, sondern einem Pferd gewidmet ist, um 1815 von Herzog Friedrich Franz I. zur Erinnerung an sein Lieblingspferd errichtet.

Kummerow

PLZ 17139, hier das Dorf am Kummerower See bei Malchin gelegen, hat mehrere Namensvettern im Lande und darüber hinaus. Der Name kommt aus dem Altpolabischen und bedeutet nach unterschiedlicher Auslegung entweder »Ort des Komar« oder »Mückenort«. An Mücken fehlt es zumindest in der warmen Jahreszeit nicht, sollte aber als Beleg für eine gesunde Umwelt gesehen werden. Besonderen Kummer empfinden die Bewohner des 1276 als »villa Kumerowe« erstmals erwähnten Dorfes mit der sehenswerten Lage zwischen dem großen See und dem Radfernweg Mecklenburgische Seenplatte–Rügen offensichtlich nicht. Cummerow, so schrieb sich der Ort bis in das 20.Jahrhundert, erhielt sogar Stadtrecht, das aber 1671 wieder verloren ging. Der Ort war mit seiner strategisch wichtigen Burg über Jahrhunderte ein Streitobjekt zwischen Mecklenburg und Pommern, Schweden und Preußen. Die Dorfkirche ist ein Backsteinbau, erbaut im 13. Jahrhundert, im 18. Jahrhundert und 1964 verändert. Kanzelaltar, Herrschaftsempore und Orgelprospekt sind in das 18. Jahrhundert zu datieren. Das Schloss, besser als Herrenhaus zu bezeichnen, 1733 errichtet und 1964 restauriert, ist ein langgestreckter, zweigeschossiger Rechteckbau mit Mansardendach. Die zwei Eckpavillons sind durch eingeschossige Traktate mit dem Hauptbau verbunden. Ganz in der Nähe von Kummerow befindet sich Malchin, wo im Wechsel mit Sternberg die Mecklenburgischen Landstände tagten. Malchin als Region wurde urkundlich erstmals 1215 erwähnt und leitet den Namen aus dem Altpolabischen ab, »Ort eines Mal-ch«. Die Gegend ist weitaus länger besiedelt. Das »Heidenholz«, ein kleiner Wald im Weichbild der Stadt, war über mehrere Jahrtausende ein immer wieder benutzter Bestattungsplatz. Malchin ist eine planmäßige Gründung und wurde um 1220 zwischen dem Kummerower See sowie dem Malchiner See als Grenzfestung an der Peene angelegt und erhielt 1235 das Stadtrecht. Von der Stadtbefestigung sind das Kalensche Vortor und das Vortor des Steintores, beides Backsteinbauten aus dem zweiten Viertel des 15. Jahrhunderts, sowie geringe Reste der Stadtmauer erhalten. Die Stadtkirche Sankt Maria und Sankt Johannis wurde in spätromanischer Form angelegt, nach dem Brand 1397 als dreischiffige Basilika neu errichtet und seither mehrfach umgebaut. Die Kirche weist eine reiche Innenausstattung auf. Das Stadtzentrum wurde in den letzten Tagen des Zweiten Weltkrieges fast vollständig zerstört. Hinter dem Rathaus findet sich an einem Wohnhaus eine Tafel, die an den berühmtesten Sohn der Stadt erinnert. Siegfried Marcus erfand den ersten funktionsfähigen Verbrennungsmotor vor Nikolaus Otto und Rudolf Diesel. Nach Kummerow kann man sowohl über die B 104 von Malchin als auch von der B 194 Richtung Grammentin fahren. Grammentin wurde 1222 urkundlich erstmals erwähnt. Der Dorfname leitet sich aus dem Altpolabischen ab, »Ort eines Grabeta«. Die schlichte Dorfkirche ist ein barocker Feldsteinbau, der mehrfach verändert wurde. Der Westturm ist aus Fachwerk errichtet und trägt einen Pyramidenhelm. Die Grammentiner Künstlergemeinschaft verhalf dem Sägewerk in Grammentin neben weiteren Kunstwerken zu dem größten Wandbild von Mecklenburg-Vorpommern. Da Kummerow an dem gleichnamigen See liegt, ist auch eine Anreise über denselben nicht nur möglich, sondern ausgesprochen reizvoll.

Lehmkuhlen

PLZ 19075, besteht nicht aus historischen Grubenhäusern. Auch wurde hier weder das Bauen mit Klehmstaken noch mit Lehmziegeln erfunden, praktiziert aber sehr wohl. Eine erkennbare Nähe zu dem dauerhaften und Norddeutschland prägenden Backstein liegt auch vor. Der Name des Ortes geht auf Lehmvorkommen zurück und Reste von Lehmgruben sind noch vorhanden. Das Dorf liegt in der Nähe von Schwerin, gehört zur Gemeinde Sülstorf und wurde urkundlich erstmals am 12. Juli 1328 als Lemkule erwähnt. Um 1700 gehörte Lehmkuhlen nebst Holthusen, Sülte und Sülstorf zu dem landesherrlichen Hof in Boldela. Boldela wurde um 1400 urkundlich erwähnt. Wer Sülstorf, den Hauptort der Gemeinde besucht, sollte auch den am Bahnhof gelegenen Ehrenfriedhof für die dort im April 1945 verstorbenen KZ-Häftlinge eines Evakuierungszuges des KZ Neuengamme aufsuchen. Holthusen wurde urkundlich erstmals 1248 erwähnt. An die Eisenbahnzeit von Holthusen erinnert das ehemalige Empfangsgebäude des Bahnhofes. In Sülstorf kann die Dorfkirche, ein Saalbau aus Backstein und in das 15. Jahrhundert zu datieren, Aufmerksamkeit beanspruchen. Der Altaraufsatz zeigt eine ansprechende Kreuzigungsgruppe mit üppiger Akanthus-Schnitzerei. Die Kirche in Sülstorf wurde 1979 durch ein Feuer vernichtet und 1984 wieder aufgebaut. Der hölzerne Turm wurde 2003 errichtet. Sülstorf wurde urkundlich erstmals 1217 erwähnt und leitet den ursprünglichen Ortsnamen aus dem Altpolabischen ab, »Ort, Dorf des Sul, oder Züle«. Sülte erscheint 1373 erstmals urkundlich und wird als zum Kirchspiel Uelitz gehörend genannt. Der Ortsname steht, wie auch bei anderen Orten mit ähnlichen Namen, für eine Salzgewinnung. Uelitz ist deutlich älter und wurde 1218 erstmals in einer Urkunde genannt. Der Ortsname dürfte sich aus dem Altpolabischen herleiten und steht vielleicht in einer Beziehung zu dem slawischen Wort für Straße oder auch zu der Bezeichnung für einen Bienenstock. Die Dorfkirche von Uelitz, ein einschiffiger Backsteinbau, ist im Kern mittelalterlich, erhielt ihre heutige Gestalt durch die Restaurierung von 1747 und den Westturm 1894. Lehmkuhlen liegt gut erreichbar an der B 321.

Lutheran

PLZ 19386, liegt zwar ganz in der Nähe von Rom, dem mecklenburgischen Rom, hat aber keine erkennbar größere Nähe zu der ewigen Stadt. Auch die erste überlieferte Schreibweise des Ortsnamens, »Latran«, klingt nur so ähnlich wie Lateran, der päpstliche Palast in der Stadt am Tiber. Und mit dem Tiber möchte sich die östlich der Gemeinde verlaufende Müritz-Elde-Wasserstraße, da viel sauberer, wohl nicht vergleichen lassen.

Lutheran wurde urkundlich erstmals 1324 als Latran erwähnt, 1334 auch Lateran geschrieben, was an Rome grenzt. Es dürfte seinen Namen aus dem Altpolabischen herleiten. Die Kirche von Lutheran erweist sich nicht als städtischer Prachtbau, sondern zeigt sich dörflich-bescheiden, wurde 1721 als kleine rechteckige Saalkirche unter Verwendung von einheimischem Backstein mit einem Fachwerkturm errichtet. Durch die Gemeinde Lutheran führt die B 191. Nahebei liegt Lübz, die Stadt mit dem bekannten Bier, und nicht weit ab auch Parchim, die altehrwürdige Stadt an der Elde.

Lütten Klein

PLZ 18107 liegt an der unteren Warnow und gehört zur Hansestadt Rostock. Bei dem Ortsnamen handelt es sich nicht um eine aus Niederdeutsch und Hochdeutsch gebildete Dopplung. Lütten Klein wurde urkundlich erstmals 1340 erwähnt. »In dem haue tho Kleine by Rostogk«. Der Ortsname kommt aus dem Altpolabischen, kann mit Ahornort übersetzt werden, da hier »klen« für Ahorn steht.

Er ist ein Beleg für die Existenz einer slawischen Siedlung, Wendisch Klein, später Lutken Klein, woraus dann Lütten Klein wurde und die Existenz einer deutschen Siedlung, Groß Klein. Einige Gebäude des ehemaligen 1934 in Rostock eingemeindeten Dorfes sind noch zu finden, so auch ein Abbau in Form eines bäuerlichen Gutshoftyps als Dreiseitenhof, errichtet in der zweiten Hälfte des 19. Jahrhunderts. Die heutige Neubausiedlung Lütten Klein wurde zwischen 1965 und 1969 errichtet. Das benachbarte Groß Klein, PLZ 18109, war ursprünglich ein Bootsbauerdorf, wovon heute noch Straßennamen künden. Es wurde ebenfalls 1934 in Rostock eingemeindet. Lütten Klein und Groß Klein sind über die B 103 und B 105 gut erreichbar.

Milchhorst

PLZ 17440, könnte vom Dorfnamen her die Meinung stützen, dass Mecklenburg-Vorpommern ein Land ist, wo Milch und Honig fließen. Die Leistungen der geprüften Milchkühe finden sich auch tatsächlich in der Spitzengruppe deutscher Milchkühe. Mit dem Honig sieht es nicht mehr so gut aus. Das Land, das einst und in hoher Qualität Honig exportierte, führt mittlerweile auch Billighonige ein. Der kleine Ort liegt am Peenestrom in der Nähe von Wolgast und war über Jahrhunderte als Fideikommiß eng mit dem Rittergut Hohensee verbunden. 1865 verkaufte der Freiherr von Kirchbach das Rittergut Hohensee samt dem dazugehörigen Dorf Negenmark und dem Mühlenwesen Horst oder Milchhorst an den Rittergutsbesitzer von Borcke. Die Ortsbezeichnung dürfte auf einen Flurnamen zurückgehen. Die Gemeinde ist über die B 111 gut erreichbar.

Hohensee wurde 1451 urkundlich erwähnt, dürfte aber älter sein. Das Gutshaus Hohensee, ein zweigeschossiger Putzbau mit Mansardendach, wurde 1945 gesprengt. Von den Wirtschaftsgebäuden des Gutes ist nur noch ein Stallgebäude mit der Jahreszahl 1934 erhalten geblieben. Wolgast, Tor auf die Sonneninsel Usedom, war schon in slawischer Zeit ein wichtiger Burgort, befand sich hier doch der Übergang der alten Ostseeküstenstraße über den Peenestrom. Diese Burg wurde 1123 erstmals urkundlich erwähnt und findet sich auch in der Beschreibung der Reise des Missionsbischofs Otto von Bamberg (1128). 1563 entstand anstelle der alten Burg ein Schloss als Residenz der Herzöge von Pommern-Wolgast. Das Schloss wurde 1843 abgetragen. Die deutsche Stadt Wolgast wurde planmäßig um einen älteren Kern, die Petrikirche, angelegt. Die große Petrikirche ist eine querschifflose, dreischiffige Backsteinbasilika mit Westturm. Neben Sankt Jürgen, der Friedhofskapelle und Sankt Gertrud, der Begräbniskapelle, beides spätgotische Backsteinbauten, verdient das Rathaus Beachtung, ein zweigeschossiger rechteckiger Backsteinbau, um 1718–1724 wiederhergestellt. Interessant sind auch Wohnhäuser in der Burgstraße und die »Kaffeemühle«, das Heimatmuseum, ein zweigeschossiger, quadratischer Fachwerkbau auf Feldsteinsockel und in den Anfang des 17. Jahrhunderts zu datieren. Den Hafen mit den alten, zum Teil als Gasthäuser im historischen Ambiente gestalteten Speichern sollte sich kein Besucher entgehen lassen. Sehenswert ist die Peenebrücke, eine Klappbrücke. Beliebt sind zudem die Heringswochen. Peene und Peenestrom bilden zusammen den westlichsten Mündungsarm der Oder. Nach Milchhorst kann man zunächst über die B 111 fahren und biegt vor Wolgast in Richtung Hohensee ab.

Mistorf

PLZ 18276, liegt zwischen der Kreisstadt Güstrow und dem Städtchen Schwaan. Mistorf wurde erstmals im Jahre 1249 urkundlich erwähnt. »Johannes plebanus de Mistisdorph«. In dem Dorf geht es bei aller Wertschätzung, die Naturdünger in der Landwirtschaft genießt, keinesfalls mistig zu. Die Ortsbezeichnung ist als ein slawisch-deutscher Mischname anzusehen und bedeutet wohl »Dorf eines Mist oder Mistis«.

Ähnliche Ortsnamen kommen im Lande auch anderweitig vor und dürften sich auf den jeweiligen slawischen Lokator beziehen. Über die Verbindungsstraße von Güstrow nach Schwaan ist die Gemeinde gut zu erreichen. Die Kapelle von Mistorf ist ein sehenswerter rechteckiger gotischer Backsteinbau und wurde im Jahre 1342 errichtet. Schwaan, das Städtchen am Übergang über die hier schiffbare Warnow, bedarf einer näheren Betrachtung. Hier wurde bereits 1170 eine slawische Burg bezeugt, neben der ein deutsches Kirchdorf (1232 genannt) entstand, das 1276 als oppidum (Stadt) bezeichnet wurde. Der Name leitet sich aus dem Altpolabischen ab, »Ort eines Zivan«. In den slawischen Namen wurde die deutsche Bezeichnung für Schwan hineingedeutet. Das Stadtwappen zeigt einen kampfbereiten silbernen Schwan mit goldenem Schnabel, goldenen Füßen und goldener Krone um den Hals. Zumindest zwei Gebäuden der Stadt sollte der Besucher Aufmerksamkeit schenken. Die Stadtkirche Sankt Petri ist ein einschiffiger, gewölbter Backsteinbau mit Westturm, reich gegliedert und aus der ersten Hälfte des 13. Jahrhunderts. Von der alten Ausstattung sind die um 1300 entstandene Triumphkreuzgruppe und eine Sandsteintaufe von 1589 neben einer spätgotischen Madonnenfigur besonders erwähnenswert. Das zweite Gebäude, welches dem Besucher empfohlen werden kann, ist die ehemalige Wassermühle im Zentrum der Stadt. Hier befindet sich seit 2002 eine bedeutende Sammlung der Werke der Künstlerkolonie Schwaan. Die Künstlerkolonie bildete sich Ende des

19. Jahrhunderts. Bereits um 1860 hatten Maler Schwaan und seine Flusslandschaft als Motiv für ihre Bilder entdeckt. Ihr Stil ist als Abkehr von der akademischen Malweise zu sehen. Vor allem dem 1857 in Schwaan geborenen Maler Karl Bunke ist zu verdanken, dass Schwaan zu einer wirklichen Künstlerkolonie wurde. Als Anfahrt nach Mistorf kann man die Landstraße von Güstrow nach Schwaan nutzen, aber auch von Bützow nach Güstrow, jeweils mit Abzweig in Lüssow. Lüssow wurde urkundlich erstmals 1226 genannt und führt den Ortsnamen wohl auf den altpolabischen Personenamen »Lusà, Lus« zurück. Die Dorfkirche ist ein Feldsteinbau aus der Mitte des 13. Jahrhunderts mit einem quadratischen Turm in Schiffsbreite. Auch Backstein wurde verarbeitet und das Gebäude mehrfach erneuert. Die Schiffsjoche zeigen westfälisches Kuppelgewölbe.

Mönchbusch

PLZ 17214, ist keine moderne Einsiedelei. Mönchbusch war bereits in der zweiten Hälfte des 18. Jahrhunderts eine Meierei des Gutes Alt Schwerin mit Schäferhaus, Schafstall und Scheune, hatte nach der Volkszählung von 1819 27 Einwohner und gehörte zur Gemeinde Alt Schwerin. 1822 existierte ein Hof, bestehend aus dem Verwalterhaus und fünf Wirtschaftsgebäuden. Um 1900 stand hier eine Schafherde von 860 Köpfen und es lebten nach dem Staats-Kalender von Mecklenburg-Schwerin 1909 in Mönchbusch drei Erbpächter. Nach 1990 entstanden im Dorf neue Gebäude, wurden vorhandene Häuser modernisiert, so auch zwei ehemalige Tagelöhnerkaten. Radwanderer werden Mönchbusch auf ihren Touren anfahren, sollten auf dem Weg zur Naturparkverwaltung im »Karower Meiler« mit der sehenswerten Dauerausstellung zur Entwicklung und Natur der Region den abzweigenden Weg zum »Moorochsen« nicht übersehen. Letzterer ist ein Aussichtsturm im

Moorgelände am Nordufer des Plauer Sees. Zu Alt Schwerin gehört auch der Ortsteil Glashütte, wo von 1847 bis 1901 das grüne Mecklenburger Waldglas hergestellt wurde. Die Glashütte, weit nach der Blütezeit dieses Gewerbes gegründet, gilt als diejenige in Mecklenburg, wo Glas auf traditionelle Weise trotz der Konkurrenz durch moderne Verfahren am längsten hergestellt wurde – hier unter Verwendung von Torffeuerung und bei Kinderarbeit! Dabei mussten die Kinder der Glasmacher vor allem Handlangerdienste leisten, auch in Schichtarbeit. Von einem geregelten Schulbesuch konnte da kaum die Rede sein. Ungewöhnlich auch der lange Produktionszeitraum an diesem Standort. Von der Verwendung des hiesigen Torfes als Brennmaterial künden noch heute die großen gefluteten Torfstiche am Nordufer des Plauer Sees. Alt Schwerin, der Hauptort der Gemeinde, wurde 1289 erstmals urkundlich erwähnt und leitet den Dorfnamen wie die Landeshauptstadt aus dem Altpolabischen ab, »wildes Tier, Tiergarten«. Durch die Lage zwischen dem Plauer See und dem Drewitzer See hatte das Dorf im Mittelalter eine strategische Bedeutung, zogen die Heerscharen deutscher Kaiser und ihrer Markgrafen durch das Gebiet, so auch Heinrich der Löwe, Herzog von Sachsen und Bayern, auf dem »Wendenkreuzzug« (1147). Daher werden hier gleich mehrere mittelalterliche Befestigungen vermutet, deren genaue Lokalisierung aber noch aussteht. Nach dem Dreißigjährigen Krieg erfolgte auch in Alt Schwerin das Bauernlegen und 1848 wurden die letzten Bauern aus dem Ort vertrieben, mussten sich auf dem schlechtesten Boden der Umgebung, in Ortkrug, ansiedeln. Der Name leitet sich noch aus der Postkutschenzeit her und verweist auf den ehemaligen Krug als seinerzeit sehr willkommene Raststätte. Alt Schwerin hat sich seit den 1960er Jahren auf den Tourismus ausgerichtet. Das Agrarhistorische Freilichtmuseum befindet sich allerdings derzeit in einem größeren Umbaugeschehen. Das heute als Seniorenheim genutzte ehemalige Gutshaus ist ein eingeschossiger Backsteinbau von elf Achsen mit Souterrain und Mansardendach. Es wurde 1733 errichtet, auch mit zwei fensterlosen

Kammern unter der Freitreppe für unbotmäßige Gutsuntertanen. Am Hofeingang zum ehemaligen Gutsbezirk befindet sich ein aus dem ehemaligen Gut Vollrathsruhe hierher versetztes schmiedeeisernes Gittertor, eine Arbeit aus dem dritten Viertel des 19. Jahrhunderts im Stil des zweiten Rokokos. Das Tor erhielt auf der Chicagoer Weltausstellung von 1893 einen Sonderpreis. Das Seniorenheim liegt inmitten einer Parkanlage am Tauchowsee. Zu dem Museum gehören neben der ehemaligen Schnitterkaserne (1904 für etwa einhundert polnische Landarbeiter errichtet), mehrere Feldsteinkaten, ein Neubauernhaus und die sorgfältig restaurierte ehemalige Dorfschule. Hier dürften Schulkinder unserer Tage mehr als staunen. Die Dorfschule wurde 1760 als einklassige Schule erbaut und erhielt 1878 einen Anbau. Auch in Mönchbusch wurde eine Schnitterkaserne errichtet. Im Freilichtmuseum befinden sich weitere umgesetzte Denkmäler – die Reifenschmiede aus Herzfelde (Uckermark), um 1910 erbaut, die Gutsschmiede aus Marxhagen (ehemaliger Müritzkreis), Mitte des 19. Jahrhunderts erbaut und eine Erd-Holländer-Windmühle aus Jarmen (Landkreis Demmin), um 1843 erbaut. Das Angerdorf Herzfelde wurde 1375 erstmals urkundlich erwähnt. Der Name kommt aus dem Mittelniederdeutschen und steht für »hert« wie Hirsch und »Veld« für Feld.

Die Dorfkirche von Alt Schwerin ist ein rechteckiger gotischer Backsteinbau, wohl im 14. Jahrhundert errichtet und 1950 restauriert. Der Westturm wurde 1842 vorgesetzt. Sein Untergeschoss besteht aus Feldsteinen, das Obergeschoss aus Backsteinen. Wer sich erholen möchte, der findet in Alt Schwerin und seiner wasser- sowie waldreichen Umgebung viele Möglichkeiten, Angler ganz besonders. Der Plauer See ist ein ausgezeichnetes Angelgewässer, vor allem vom Boot aus. Fisch gibt es aber auch beim Fischer zu kaufen, gleich ob frisch, geräuchert oder in anderer Form zubereitet. Auch Pferdefreunden kann Alt Schwerin empfohlen werden. Einmal jährlich findet hier eine Kaltblutschau statt, können die imposanten Helfer des Bauern, heute von Liebhabern gezüchtet, bewundert werden.

Derzeit finden keine Schauen statt, da der Umbau des Freilichtmuseums noch nicht abgeschlossen ist. Alt Schwerin ist über die Abfahrt Malchow der A 20 gut erreichbar und durch das Dorf führt die B 192.

Mönkebude

PLZ 17375, liegt nahe an der Mündung der Zarow in einem Landschaftsschutzgebiet und hat sogar zwei Häfen. In Mönkebude sitzen oder saßen keinesfalls Mönche in einer Bude herum und stahlen dem Herrgott den Tag. Der Ort wurde in slawischer Zeit angelegt, nannte sich damals »Doblowitz« und lehnte sich, wie auch heute, an das große Waldgebiet der Ueckermünder Heide an. 1244 erschien erstmals der Name Monekebude. Die Mönche, eigentlich Regularkanoniker des Prämonstratenser-Klosters Grobe auf Usedom, erhielten um 1300 vom Pommernherzog das Recht, in »Monekebude« Bau- und Brennholz für den eigenen Bedarf zu schlagen bzw. von den Klosterbauern schlagen zu lassen. Sie kamen dazu in Kähnen über das Haff und bauten sich wohl eine feste Unterkunft, eine »Bude der Mönche«. Gegen Ende des 19. Jahrhunderts wurde die Kahnschifffahrt auf Haff und Zarow noch bedeutender,

ebenso die Fischerei. Auch Holz aus der Ueckermünder Heide wurde in bedeutendem Umfang auf der Zarow geflößt. Daneben war eine Reihe von Einwohnern im Schilfrohrschnitt saisonal beschäftigt. Mönkebude ist heute ein Fischer- und Bauerndorf mit viel Platz für Urlauber. Sehenswert ist die schlichte Dorfkirche, zwar erst 1934 errichtet, kann aber als Besonderheit einen Ostturm vorweisen. Im Gemeindewappen findet sich eine Zierde jeder Tafel, ein Haffzander. Die Zarow, ein etwa 16 Kilometer langer Fluss, entspringt in der Großen Friedländer Wiese bei Ferdinandshof, fließt durch die Ueckermünder Heide und mündet in Mönkebude in das Stettiner Haff. Umweltverträgliche Fischtreppen bei Meiersberg und Zarowmühl lassen wieder auf einen natürlichen Fischbestand hoffen. Der Flussname dürfte aus dem Altpolabischen kommen und eine sprachliche Nähe zu dem Begriff für Graben haben. Meiersberg entstand nach 1748 neben einer Glashütte mit Teerofen. Der Ortsname geht auf den Oberforstmeister Meyer zurück, der bei Friedrich II. die Erlaubnis zum Bau der Glashütte erwirkte. Die bäuerliche Ansiedlung hieß zunächst Schlabrendorf, nach dem preußischen Kriegsrat und Kammerdirektor Ernst Wilhelm von Schlabrendorf. 1827 wurde die schlichte Feldsteinkirche in Meiersberg errichtet, welche ein Walmdach sowie ein verschaltes Türmchen hat. Der Feldsteinbau stellt im Lande der Backsteinkirchen mit seinen weiß verputzten Fensterfaschen eine beinahe auffallende Erscheinung dar. Meiersberg war zunächst 1730 als »Kuhmelkerei« unter dem hoffnungsvollen Namen »Besserdran« gegründet worden, aber die Milchpreise waren seinerzeit wohl (auch) nicht kostendeckend bis rentabel und das Geschäft musste beendet werden. Ein Wirbelsturm verwüstete 1747 die umliegenden Wälder und führte zum Aufbau der besagten Glashütte.

Zarowmühl, 1235 erstmals urkundlich erwähnt, hatte eine Kirche und wurde »Zarow mit der Mühle« geschrieben.

Nach Mönkebude kann man von Ueckermünde über die L 21 Richtung Ducherow fahren oder über die B 109 und in Ducherow in Richtung Ueckermünde abfahren. Daneben und »historischkorrekt« ist eine Anreise über das Haff möglich. Ducherow wurde 1258 erstmals urkundlich erwähnt. Der Ortsname dürfte sich aus dem Altpolabischen ableiten und vielleicht »Ort eines Duch« bedeuten. Die Dorfkirche von Ducherow ist ein rechteckiger Feldsteinbau aus dem 15. Jahrhundert und wurde durch den Umbau von 1744 barockisiert sowie verputzt. Gleichzeitig erfolgte der Anbau des Westturmes mit der geschweiften Haube. Das ehemalige Gutshaus wurde in der Mitte des 18. Jahrhunderts als zweigeschossiger Putzbau mit H-förmigem Grundriss und Mansardendach angelegt, später durch Umbauten nachteilig verändert. In Ducherow befindet sich ein Motorradmuseum. Hans Fallada hat zwei Hauptfiguren seines Romans »Kleiner Mann – was nun?« in Ducherow angesiedelt.

Mückenfang

PLZ 23974, gehört zur Gemeinde Boiensdorf, die in der Nähe der schönen Insel Poel an der Ostsee liegt und über die B105 gut erreichbar ist. In Mückenfang sind keine professionellen zweibeinigen Mückenfänger zu Hause. Der Ortsname leitet sich von der Bezeichnung für eine Pflanze ab. Silene armeria, das Nelken-Leimkraut, wird im Volksmund als Mückenfang bezeichnet. Die Pflanze hat unter dem Knoten des Stängels einen klebrigen Ring, an welchem öfter Mücken oder andere Insekten haften bleiben. Boiensdorf wurde urkundlich erstmals 1236 erwähnt und trägt einen deutsch-slawischen Mischnamen, »Dorf eines Bydovic«. In

Boiensdorf steht ein heute als Wohnhaus genutztes Hallenhaus, erbaut am Ende des 18. Jahrhunderts. Im nahe gelegenen Stove, 1249 erstmals urkundlich erwähnt, steht eine funktionsfähige Holländer-Mühle, 1889 erbaut, die ganzjährig für Besucher geöffnet hat – ein funktionierendes technisches Denkmal. Stove kommt auch nicht von Stövchen, sondern leitet den Ortsnamen aus dem Altpolabischen ab, »stehendes Gewässer, Teich, Wehr, Damm«. Auch der Name der Insel Poel findet sich im Altpolabischen, »Feld, Flur, Ebene«. Dieser wurde bereits 1163 urkundlich erwähnt. Auf Poel empfiehlt sich u. a. ein Besuch des Hafens von Kirchdorf, das 1306 erstmals urkundlich genannt wurde. Die Dorfkirche ist ein weithin sichtbarer, innerhalb der Erdwälle des abgebrochenen Schlosses gelegener Backsteinbau aus dem 13. Jahrhundert, der im 16. Jahrhundert erweitert und im 19. Jahrhundert restauriert wurde. Vom Kirchenbau des 13. Jahrhunderts ist nur noch der Westturm erhalten. Der Schnitzaltar ist in den Anfang des 15. Jahrhunderts zu datieren. Berührend sind auch für den heutigen Betrachter Grabsteine in der Vorhalle und Tafeln in der Kirche mit Hinweisen auf die Gefahren der Seefahrt und des Fischfanges auf der Ostsee. Der Ortsname bezieht sich auf die ab 1259 bezeugte Kirche. Im 16. Jahrhundert wurde an den Namen das Grundwort »dörp« angefügt.

Nebel-Station

PLZ 23999, erweist sich nicht als der Ort, wo der bekannte und beliebte Küstennebel auf handliche Flaschen abgefüllt wird, sondern hat vielmehr eine tatsächliche Beziehung zu der meteorologischen Erscheinung, die häufig die Seefahrt behindert. Es handelt sich um ein am historischen Ort befindliches ehemaliges Seezeichen. Das Äußere ist stilgerecht erhalten, aber die Blinkzeichen kommen nun von der Höhe einer modernen Stahlkonstruktion, die nahebei über dem Steilufer an der Ostsee auf der Insel Poel errichtet wurde. Die ehemalige Station erweist sich als gepflegtes Feriendomizil mit traumhaftem Blick auf die Ostsee. Über eine hölzerne Treppe gelangt der Besucher an den Strand, welcher meist naturbelassen ist, und hat dann etwa 500 Meter Wassertreten vor sich, bevor er wirklich Schwimmen kann. Für Kinder ist der Strand daher besonders geeignet und Hundefreunde finden nahebei viel Platz für ihre vierbeinigen Schützlinge. Nebel-Station liegt in der Nähe von Gollwitz und ist von dort über einen Weg durch den Küstenwald für Fußgänger und Radwanderer gut erreichbar. Von diesem Weg bieten sich großartige Aussichten über das Steilufer auf die Ostsee. Gollwitz wurde 1225 erstmals urkundlich erwähnt. Der Dorfname leitet sich aus dem Altpolabischen ab und dürfte für »gol'a« gleich Heide bzw. »kahl« stehen, könnte sich aber auch auf einen Personennamen beziehen. Im 14. Jahrhundert bestand der Ort aus zwei Dörfern, Ostergollwitz und Westergollwitz. Aus Ostergollwitz wurde das heutige Gollwitz, das noch einige ältere Gehöfte aufweist, aber längst zu einem beliebten Ferienort wurde. Wer Gollwitz aufsucht, der sollte, aus gebührlichem Abstand, das Naturschutzgebiet Langenwerder betrachten. Hier finden Seevögel dringlich benötigte, ungestörte Brutplätze. Außerhalb der Brutsaison werden in begrenztem Umfang Führungen angeboten. Aus Westergollwitz, dem heutigen Kaltenhof, wurde ebenfalls ein Urlauberdorf mit günstiger Lage. Inselbewohnern wird ja ein besonders ausgeprägter Sinn für Traditionen nachgesagt. In Kaltenhof findet diese Ansicht ihre dokumentierte Bestätigung. An der Zufahrtsstraße, offensichtlich der ältere Teil des Dorfes, begrüßt den Besucher ein handgefertigtes Transparent »Gallienanfang«. Am Ende dieser Straße heißt es daher folgerichtig »Gallienende«. Auf Poel dürfte ein Halt in Malchow, 1302 erstmals urkundlich als »villa Malchowe« benannt, interessant werden. Hier befindet sich neben einem Institut ein erlebbarer, wissenschaftlich überwachter Pflanzengarten und 1877 wurde hier Hans Lembke, ein erfolgreicher Pflanzenzüchter, geboren. Seine in bäuerlichen Kreisen noch gut bekannte Kartoffelsorte »Capella« war lange Zeit führend im Ertrag und sehr robust. Die Familie von Hans Lembke saß seit dem 17. Jahrhundert auf demselben Hof in Malchow. Der Ortsname leitet sich von einem altpolabischen Personennamen ab, »Ort eines Mal-ch«. Auf die Insel Poel gelangt man u. a. über die A 20, Abzweig Kreuz Wismar und von dort in Richtung Norden auf der L 29. In Groß Strömkendorf ist in Richtung Insel Poel abzubiegen. Groß Strömkendorf wurde urkundlich 1260 erstmals erwähnt und trägt einen slawisch-deutschen Mischnamen, »Dorf eines Stromek«.

Neppermin

PLZ 17429, liegt auf der Sonneninsel Usedom. Auf Usedom befindet sich zwar auch ein Spielkasino, aber Neppermin ist nicht der bevorzugte Herkunftsort der Nepper, Schlepper und Bauernfänger. Das Dorf Neppermyn wurde 1238 erstmals urkundlich erwähnt und heißt seit 1618 Neppermin. Auch die schwedische Landesaufnahme, erstellt zwischen 1692 und 1705, führt den Ort als Neppermin, im Besitz von Pudagla, auf. Neppermin hatte zu der Zeit zehn Bauernstellen, darunter zwei Priesterbauern und einen

Kossaten. Der Schulze trug den ehrenvollen Namen Martin Wekbrot, auch Weckebrot geschrieben. Der Dorfname kommt aus dem Altpolabischen und kann mit »Ort des Neper« übersetzt werden. Am Nordufer des Achterwassers liegt ein kleinerer slawischer Burgwall, im Volksmund häufig, allerdings nicht zutreffend, als Schwedenschanze bezeichnet. Im nahen Pudagla sollte das Schloss Beachtung finden. Es wurde 1574 im Auftrag der Herzöge von Pommern-Stettin auf dem Gelände des 1156 gegründeten und im 16. Jahrhundert aufgegebenen Prämonstratenserkloster Grobe erbaut. Es handelt sich um einen langgestreckten, zweigeschossigen Bau über dessen Hauptportal das Wappen der Herzöge von Stettin, flankiert von zwei wilden Männern, angebracht ist. Pudagla wurde 1270 erstmals urkundlich erwähnt und leitet den Ortsnamen aus dem Altpolabischen ab, »am Berg«. Grobe war nicht nur das älteste, sondern auch reichste Kloster auf Usedom, u. a. ausgestattet mit eigenem Fischereirecht und autarker Gerichtsbarkeit. Südlich von Pudagla liegt eine im Jahr 1799 errichtete Bockwindmühle, restauriert, ein kleines Mühlenmuseum beherbergend. An Schautagen können Gäste den Mahlvorgang ansehen. In Neupudagla befindet sich seit 1848 das Forstamt und es kann ein Gesteinsgarten aufgesucht werden. Nach Usedom führen zwei Straßenverbindungen. Die B 111 quert in Wolgast auf einer Hubbrücke den Peenestrom und bei Zecherin macht es ihr die B 110 ebenfalls auf einer Hubbrücke nach. Die Zecheriner Brücke (1999 erneuert) bietet einen interessanten Blick über das Land am Peenestrom und führt in die Stadt Usedom, welche wohl bereits 1125 auf einer Missionsreise des Bischofs Otto von Bamberg erwähnt wurde. Zecherin wurde urkundlich erstmals 1187 genannt. Der Name dürfte sich aus dem Altpolabischen herleiten und vielleicht für einen Personennamen stehen. An der schmalsten Stelle des Peenestromes wurde bereits im Napoleonischen Krieg durch russische Truppen ein Brückenschlag vorgenommen. Die Insulaner schätzten diese Brücke offensichtlich nicht, wollten vielleicht auch unter sich bleiben, beseitigten den hölzernen Übergang und setzten wieder eine Fähre ein.

Erst 1934 erfolgte hier ein erneuter Brückenbau. Die Burg Usedom besteht urkundlich gesichert zumindest seit 1140. Sie existiert wohl schon länger und wurde 1115/1119 in den Dänenkriegen zerstört. 1128 hielt sich hier der Missionsbischof Otto von Bamberg auf. Die Stadt dürfte um 1250 planmäßig angelegt worden sein und erhielt 1298 lübisches Recht. In Usedom sollte zumindest das Anklamer Tor, um 1450 als spätgotischer Backsteinbau entstanden, einen Besuch wert sein; ebenso die Marienkirche, im Kern ebenfalls spätgotisch und 1891 erweitert, die alte slawische Burganlage sowie der Schlossberg mit einem Denkmal, das an die Missionsreisen des Bischofs Otto von Bamberg erinnert.

Nutteln

PLZ 19412, hat noch mehrere Namensvettern. Unser Nutteln wurde 1344 als »de Nuttele« erstmals urkundlich erwähnt und ist gut erreichbar über die B104. Die heute noch sichtbaren Wälle und der Graben ringsum das ehemalige Herrenhaus, einem villenartigen Klinkerbau aus dem späten 19. Jahrhundert, lassen an dieser Stelle eine mittelalterliche niederadlige Befestigung vermuten. Nutteln könnte als »Nussort« gegründet worden sein, könnte aber auch aus dem Mittelhochdeutschen stammen und als »Nutloh, Nussholz« bezeichnet sein. Ebenso wird ein Gewässername aus vorslawischer Zeit als Ursprung vermutet. Das Dorf liegt am Nordende des Mickowsees, der von der Warnow durchflossen wird. Wasserwanderer können hier einsetzen und als nächstes Ziel Weitendorf ansteuern, das nach ca. 12 Kilometern reizvoller Fahrt, vorbei an Biberburgen, erreicht ist. Wer mehr über diese großen Nager erfahren will, der kann vorher in Alt Necheln anlegen und das Werk des leider schon verstorbenen Naturfreundes und Biberschützers Peter Wilhelm Lindemann würdigen. Necheln wurde erstmals im 16. Jahrhundert genannt, dürfte aber wesentlich älter sein und den Ortsnamen aus dem Altpolabischen ableiten, »Nedamir«, oder auch in Beziehung zu den slawischen Wörtern für »schief, abschüssig, krumm, geneigt« stehen. Weitendorf wurde 1286 erstmals erwähnt und an einer Furt durch die Warnow gegründet. Der Dorfname stellt einen deutsch-slawischen Mischnamen dar, »Ort eines Vojta«.

Oberhof

PLZ 23949, liegt nicht im Thüringer Wald, sondern in Mecklenburg-Vorpommern und gehört zur Gemeinde und Kleinstadt Klütz im Klützer Winkel an der Ostsee zwischen den Hansestädten Wismar und Lübeck. Berge und Nadelwälder wie um Oberhof, den bekannten Wintersport- und Erholungsort im Thüringer Wald, wird ein Besucher hier nicht erwarten, Erholung dennoch finden. Als Wohlenberger Wick kommt die Ostsee Oberhof recht nahe. Ein Wald bei Klütz, der silva cliuz, wurde bereits 1188 erwähnt, Klütz als Ort 1230, vielleicht auch schon 1202. Der Name Klütz kommt aus dem Altpolabischen und könnte für Schlüssel stehen. Danach wäre Klütz als »Schlüsselort« zu bezeichnen. Klütz gilt als eine der ältesten Siedlungen auf einer der Lichtungen des einstigen Klützer (Ur-) Waldes. Eine weitere Namensherkunft des Ortes aus dem Altpolabischen könnte sich aus dem Wort »Quelle« ergeben. Oberhof wurde wahrscheinlich von Tarnewitz aus erschlossen und zunächst Ober Tarnewitz benannt, seit dem 17. Jahrhundert Oberhof, der obere Hof. Oberhof kann auf ein Gutshaus verweisen, das um 1900 im Stil des Neobarock als Putzbau errichtet wurde und da von einem Landschaftspark umgeben ist. Tarnewitz wurde 1230 erstmals urkundlich erwähnt. Der Ortsname leitet sich aus dem Altpolabischen ab und steht für einen Wald mit »Dorn, Dornengesträuch«. Der Turm von Sankt Marien zu Klütz, eine spätromanische Backsteinkirche, deren

Bau im 13. Jahrhundert begonnen wurde, weist den Weg in die Gemeinde. Diese verfügt mit dem Schloss Bothmer, einer Galerieholländermühle und dem 2006 eröffneten Uwe-Johnson-Literaturhaus über weitere Sehenswürdigkeiten. Schloß Bothmer wurde zwischen 1726 und 1732 errichtet und gilt als die größte erhaltene Barockanlage des Landes. Ein Wassergraben und ein System aus Lindenalleen umschließen die sieben Hektar große Schlossinsel mit dem Park, der noch barocke Strukturen aufweist und ganzjährig besucht werden kann. Das Schloss wurde nach englischen und niederländischen Vorbildern errichtet. Der sanierungsbedürftige leerstehende Gebäudekomplex befindet sich seit 2008 (wieder) im Eigentum des Landes Mecklenburg-Vorpommern. Vergessen werden sollte bei einem Besuch der Gegend auch nicht die Gedenkstätte für die beim Untergang der Cap Arcona umgekommenen KZ-Häftlinge in Klütz. Oberhof liegt günstig erreichbar an der B106.

Panschenhagen

PLZ 17194, liegt nahe der B108, zwischen Waren, der sehenswerten Stadt an der Müritz, und Teterow, dem Schilda des Landes. In Panschenhagen werden keine hochprozentigen Getränke verwässert. In dem kleinen Ort wird vielmehr das altehrwürdige Töpferhandwerk, das im Lande eine lange Tradition hat, gepflegt. Panschenhagen wurde am 6. April 1289 in einer Urkunde des Bischofs Hermann von Schwerin erstmals erwähnt. Das Gutshaus wurde 1876 erbaut, 1989 saniert und wird als Panschenhagen geführt. Am Nordostrand von Panschenhagen befindet sich eine mittelalterliche Befestigung, die den Flurnamen »Wallwiese« oder auch »Burgberg« trägt. Im benachbarten Marxhagen steigen die Hügel der Endmoräne bis auf stolze 125 Meter an. Marxhagen dürfte seinen Namen auf das Adelsgeschlecht Marquardt zurückführen und wurde 1273 als Marquordeshagen, »Rodungsdorf eines Marquardt«, genannt. Nach der Überlieferung wurde in Marxhagen durch die damaligen Pächter der Meierei, die Gebrüder Freudenfels, die Bedeutung des Mergelns für Äcker und Grünland erkannt und hier zuerst in Mecklenburg eingeführt. Von der Westspitze des großen Landschaftsparks, der in der Mitte des 19. Jahrhunderts angelegt wurde, bietet sich ein großartiger Blick auf die Moränenlandschaft des mittleren Mecklenburgs. In Sommerstorf, einem weiteren Ort der Gemeinde, wurde am 17. Februar 1751 Johann Heinrich Voß geboren. Nach dem Besuch der Lateinschule in Neubrandenburg und folgendem Studium war Johann Heinrich Voß in der Lage, Homer in das Deutsche zu übersetzen, wodurch Heinrich Schliemann, aufgewachsen im gar nicht so weit entfernten Ankershagen, mit diesem Werk in den Händen seine bekannten Ausgrabungen vornehmen konnte. Das Geburtshaus von Johann Heinrich Voß ist heute das Wirtshaus »Zum Hufschmied«. Einen Besuch wert sollte auch die Dorfkirche von Sommerstorf sein. Hier handelt es sich um einen frühgotischen Backsteinbau mit dem ebenfalls aus dieser Zeit stammenden Westportal, vor das später der Westturm gesetzt wurde. Der Kanzelaltar wird in das 18. Jahrhundert datiert, die davor befindlichen Schnitzfiguren zu einem Altar aus dem 15. Jahrhundert. Sommerstorf wurde urkundlich erstmals 1289 erwähnt. Pferdefreunde werden Sommerstorf als empfehlenswerten Ort gleichfalls kennen.

Passee

PLZ 23992, die Gemeinde liegt zwischen der Hansestadt Wismar und dem Ostseebad Rerik in einer hügeligen, von Wäldern und Mooren geprägten Landschaft. Das Dorf wurde 1318 erstmals urkundlich als »villa Barssze« erwähnt und 1581 finden wir den heutigen Namen. Die Ortsbezeichnung könnte sich aus dem

Altpolabischen ableiten und wäre dann mit »Bienenstockort« zu übersetzen. Bienenhonig kam damals und bis vor einigen Jahren zumeist noch aus dem Lande. Möglich ist aber auch die Herleitung von einem slawischen Personennamen, der bereits christianisiert wurde – von Bartholemäus. Sehenswert ist die Dorfkirche, ein gotischer Backsteinbau, wohl im frühen 14. Jahrhundert errichtet. Wer sich für selten gewordene, gefährdete Haustierrassen interessiert, der kann diese in Tüzen, einem Dorf der Gemeinde, sehen und zu ihrem Erhalt beisteuern. Tüzen wurde 1581 erstmals urkundlich erwähnt, dürfte aber deutlich älter sein. Der Name Tüzen leitet sich aus dem Altpolabischen ab und bedeutet etwa »fettes Land«, eine Aussage, die auch ein heutiger Landwirt bestätigen würde. Rerik, der Badeort an der Ostsee, wurde urkundlich erstmals 1267 als Garitz erwähnt und leitet den Namen aus dem Altpolabischen ab, »Burg, Befestigung«. Alt Gaarz erhielt 1938 Stadtrecht und wurde in Rerik umbenannt. Grabungen in dem Burgwall scheinen die Bedeutung des alten Handelsplatzes, der bereits 808 (!) in den fränkischen Reichsannalen erwähnt wurde, schon in frühmittelalterlicher Zeit zu stützen. Im Jahre 808 wurde der Hafen Rerik durch dänische Wikinger zerstört. Auf dem Schmiedeberg finden sich Reste eines slawischen Burgwalles. Die Pfarrkirche von Rerik, ein Backsteinbau auf Feldsteinsockel aus dem 13. Jahrhundert, wird als eines der herausragenden Beispiele frühgotischer Landkirchen des mecklenburgischen Küstengebietes angesehen. Besucher von Rerik werden sich daneben auch über die Bäderarchitektur freuen und ihre Schritte bald zum Hafen lenken. Nach Passee bringt uns die Landstraße, die von Rostock über Satow nach Wismar führt. Satow wurde 1219 erstmals urkundlich erwähnt und leitet den Dorfnamen aus dem Altpolabischen ab, vielleicht von einem Personenamen. Die alte Dorfkirche von Satow, heute eine Ruine, war ein frühgotischer Feldsteinbau vom Ende des 13. Jahrhunderts und wurde unter Einbeziehung von Backstein für Portale, Fenster sowie die Innengliederung errichtet. Die heutige Dorfkirche ist ein neugotischer Bau aus der zweiten Hälfte des 19. Jahrhunderts.

Patzig

PLZ 18528, liegt auf Rügen, Deutschlands größter Insel, und gehört mit den anderen Ortsteilen der Gemeinde zum Amt Bergen. Das Dorf ist über die B 96 gut erreichbar. Der Ortsname kommt aus dem Altpolabischen, kann von »Piasky« abgeleitet werden und ist mit Sandfläche, sandige Gegend zu übersetzen, ein zutreffender Name. Die erste urkundliche Erwähnung datiert aus dem Jahr 1232. Witzlaw I. bestätigte dem Nonnenkloster zu Bergen die Schenkung eines Hofes in »P'asky« durch seinen Vater Jaromar. Die Kirche von Patzig (Sankt Margarethen) wurde im 15. Jahrhundert errichtet, hatte einen Vorgänger aus dem 13. Jahrhundert und besitzt einen der ältesten Taufsteine Rügens, gefertigt aus rotem Granit. Auf dem Gemeindegebiet liegen die Woorker Berge, das größte zusammenhängende Hügelgräberfeld Norddeutschlands. Am Rande des kleinen Dorfes Woorke lädt ein neu errichtetes Blockbohlenhaus auf traumhaftem Seegrundstück Gäste zum längeren Verweilen ein. Woorke wurde 1340 erstmals urkundlich erwähnt und leitet den Dorfnamen aus dem Altpolabischen ab, »Berg, Hügel« oder eher »Siedlung zwischen Hügeln, Bergen« – ein zutreffender Name. Patzig im Sinne von »unwirsch oder frech« erscheinen die Dorfbewohner nicht, zurückhaltend norddeutsch schon eher. Die Dorfkirche wurde als Backsteinbau und unter Verwendung von Feldsteinen errichtet. Chor und Schnitzaltar stammen aus der Mitte des 15. Jahrhunderts. Das Gutshaus wurde 1867 erbaut, steht leer und verfällt leider. Bergen, die größte Stadt auf Deutschlands größter Insel, liegt auf einem Höhenrücken in der Nähe des slawischen Burgwalles auf dem Rugard, in das 11./12. Jahrhundert zu datieren und durch spätere Einbauten leider stark verändert. Vor der dänischen Eroberung (1168) befand sich hier auch eine slawische Siedlung. 1193 erfolgte die Stiftung eines Benediktinernonnenklosters, das um 1250 die Zisterzienserregeln annahm. Stadtrecht erhielt Bergen erst 1613. Der Bau der Stadtkirche begann um 1180 durch Jaromir I. Im 14. Jahrhundert erfolgte der Ausbau zu einer Hallenkirche. An der Westwand eingemauert befindet sich ein slawischer Grabstein, eine nach oben zugespitzte Grabstele mit dem Reliefbild eines bärtigen Mannes. Die Klostergebäude wurden um 1600 und nach 1629 niedergelegt. Ein Rest des Refektoriums erhielt sich im jetzigen Pförtnerhäuschen. Zu einem Besuch Bergens gehört die Besteigung des 91 Meter hohen Ernst-Moritz-Arndt-Turms auf dem Rugard. In Bergen wurden 1829 der Chirurg Theodor Billroth und 1848 der Historiker Hans Delbrück geboren. Der Duvenbeek, das größte Fließgewässer der Insel Rügen, entspringt am nördlichen Stadtrand von Bergen und präsentiert sich als gelungenes Projekt zur Renaturierung eines Bachlaufes und seines Einzugsbereiches.

Picher

PLZ 19230, liegt im Norden der Griesen Gegend in einem waldreichen Gebiet, der Picherschen Heide, zwischen Sude, Elde und Elbe. Der Ort gilt nicht als Traumwohnsitz trinkfester Landsleute. Picher wurde urkundlich erstmals 1291 als Pychere erwähnt, gehörte zur Grafschaft Dannenberg, kam Anfang des 14. Jahrhunderts zur Grafschaft Schwerin und dann teilweise zum Grundbesitz des Klosters Eldena. Der Dorfname leitet sich aus dem Altpolabischen ab und könnte von »pihali« für das Schlagen abgeleitet werden. Picher wurde 1588 in den landesherrlichen Besitz überführt. In dem mit 35 Hufen recht großen Dorf siedelten auch frühzeitig Handwerker. Im 18. Jahrhundert gab es im Dorf einen Schmelzofen zur Silbergewinnung aus bei Picher vorkommenden Flugsanden. Sehenswert ist die neugotische Backsteinkirche von Picher, errichtet in den Jahren 1875–1879. Über die B5 ist Picher, 2010 zum schönsten Dorf des Landes gekürt, gut erreichbar.

Pieverstorf

PLZ 17237, liegt im Havelseenquellgebiet in der westlichen Teilfläche des Müritz-Nationalparks und kann auf die Pieverstorfer Berge mit bis zu 105 Meter Höhe verweisen. Pieverstorf wurde urkundlich erstmals 1273 erwähnt, aber offensichtlich nicht von slawischen Abstinenzlern gegründet. Im Altpolabischen bedeutet piv oder pil trinken, pivo Bier. In einer etwas freien Übersetzung können wir Pieverstorf als Bierort bezeichnen. Aus dem Bauerndorf wurde ein Gutsdorf. Von dem Gutshof künden nur noch ein Pfeiler, die wieder errichtete Gutshofmauer, der nun gepflegte Park mit Aussichtspunkt und eine Pflasterstraße. In der Nähe, am Dambecker See, liegt ein imposanter bronzezeitlicher Burgwall. Dambeck wurde urkundlich erstmals 1257 erwähnt und dürfte den Namen aus dem Altpolabischen ableiten, »Eichenwaldort, »Ort, wo Eichen wachsen«. Das ehemalige Gutshaus, zunächst als Fachwerkbau im 18. Jahrhundert errichtet, wurde um 1900 umgebaut, erhielt den heutigen Turm, erfuhr um 1930 einen weiteren Umbau, wurde 1995/1996 saniert und dient nun als Familienferienstätte. Der alte Speicher, in der zweiten Hälfte des 19. Jahrhunderts erbaut, drohte zu verfallen, scheint aber eine neue Chance zu bekommen. Pieverstorf hat einen Namensvetter im Lande und ist gewissermaßen Beleg für noch andere Ortsgründer aus slawischen Zeiten mit Zuneigung zum Gerstensaft, Pieverstorf bei Grevesmühlen mit der PLZ 23936 und 1237 erstmals urkundlich erwähnt. Von Pieverstorf nach Ankershagen, wo Heinrich Schliemann aufwuchs, führt nun ein modern-historischer Pflasterweg. Vorzuziehen ist der alte Landweg, beschattet von etwa 150-jährigen Flatterulmen, die eine Rarität im Lande darstellen. Der Gesundheitszustand der Bäume ist allerdings wenig gut. Am Mühlensee bei Ankershagen kann die gekennzeichnete Havelquelle besucht werden. In Ankershagen empfiehlt sich zunächst ein Besuch des Heinrich-Schliemann-Museums, wo sogar eine friedliche Nutzung des Nachbaus des bekannten Trojanischen Pferdes möglich ist.

Das »Silberschälchen«, der von Heinrich Schliemann geschätzte kleine Teich, befindet sich an der beschriebenen Stelle im geräumigen Pfarrgarten. Die Dorfkirche ist ein frühgotischer Feldsteinbau aus dem 13. Jahrhundert mit Formteilen aus Backstein. Neben der Kirche befindet sich das Grabmal der Mutter von Heinrich Schliemann. Das ehemalige Gutshaus, das schon bessere Tage gesehen hat, wurde in der ersten Hälfte des 16. Jahrhunderts auf den Fundamenten einer alten Wasserburg erbaut und mehrfach verändert. Im Garten finden sich Reste der alten Befestigung. Ankershagen wurde urkundlich erstmals 1252 erwähnt. Nach Pieverstorf kann man über die B 193 fahren, biegt bei Brustorf in Richtung Kratzeburg ab und gelangt über kurvenreiche Wege an das Ziel.

Plötz

PLZ 17129, gemeint ist das Dorf in der Nähe von Demmin, nicht der Namensvetter bei Halle/Saale. Plötz wurde urkundlich erstmals am 18. Juni 1249 erwähnt. Bischof Wilhelm von Camin pfarrte bei der Johanniskirche in Kartlow etliche Dörfer, so auch Plaz, ein. Unsere slawischen Vorfahren waren anerkannte Fischer, kannten sich gewiss auch mit der Zubereitung von Plötzen und anderen Weißfischen aus, aber daher kommt der Name nicht.

Im Altpolabischen steht Plotu für Zaun, handelte es sich bei dem slawischen Vorgänger von Plötz um einen Ort, welcher mit einem auffallenden Zaun gesichert war. Nach Meinung der Wissenschaft war Ploth hier der Name für den slawischen Burgbezirk. Die Dorfkirche von Plötz ist ein rechteckiger Feldsteinbau mit halbrundem Ostschluss. Sie ist in das 15. Jahrhundert zu datieren und wurde 1841 durch Veränderungen der Fenster und die Errichtung eines quadratischen westlichen Backsteinturmes in neoromanischen Formen verändert. Die Glocke wurde um 1500 gegossen. Das ehemalige

Gutshaus ist ein auffälliger zweigeschossiger Putzbau von elf Achsen mit quadratischem viergeschossigem Treppenturm und Nebenflügel. Haus und Park wurden in der Mitte des 19. Jahrhunderts im Tudorstil errichtet. Demmin wurde um 1070 erstmals erwähnt und als Burg am Übergang bzw. Zusammenfluss von Peene, Trebel und Tollense angelegt, sicherte die Straßen von Rostock nach Stralsund, Stettin sowie Neubrandenburg und wurde 1945 stark zerstört. Im Jahr 1249 erhielt Demmin lübisches Stadtrecht und war auch Mitglied der Hanse. Historische Sehenswürdigkeiten sind die Pfarrkirche, ein gotischer Backsteinbau aus dem 14. Jahrhundert, Reste der Stadtbefestigung mit dem Luisentor und der Pulverturm. Der Ortsname dürfte sich aus dem Altpolabischen ableiten, »Ort eines Dyma«, könnte aber auch unter Bezug auf die sumpfige Gegend als »Rauchort« übersetzt werden. Es erscheint sogar möglich, dass eine Heeresabteilung Karls des Großen auf seinem Feldzug gegen die Wenden bis in die Demminer Gegend kam. Demmin kann nicht nur mit einer slawischen Niederungsburg, gelegen an einem Peeneknie an der Einmündung der Tollense, genannt »Haus Demmin«, auf das Alter der Stadt verweisen. Etwa vier Kilometer nordöstlich von Demmin befindet sich ein Turmhügel (Rest). Die Dorfkirche von Kartlow ist ein Feldstein-Backsteinbau mit spätgotischem Sterngewölbe. Sie wurde 1869–1872 restauriert und erhielt dabei auch den Westturm. Erhalten ist eine gotische Taufe aus Kalkstein. Das Herrenhaus in Kartlow zeigt sich als große neogotische Anlage mit Park, der ursprünglich nach einem Entwurf von Joseph Peter Lenné gestaltet wurde. Als Vorbild des Herrenhauses von Kartlow gilt das Schloss Chambord in Frankreich, vom Schinkel-Schüler Friedrich Hitzig. Das entworfene Kartlower Herrenhaus zeigt aber keine Symmetrie wie sein Vorbild. Kartlow wurde 1245 erstmals urkundlich erwähnt.

Jarmen, die nächste (Klein-)Stadt, wurde am Übergang über die Peene planmäßig angelegt, 1269 als Germin erstmals genannt und 1290 als oppidum bezeichnet. Die Stadtkirche Sankt Marien wurde um 1840 als neugotischer Backsteinbau auf den Resten eines mittelalterlichen Baues errichtet. Sowohl der Alte Markt wie auch der Neue Markt weisen einen dreieckigen Grundriss auf. Die Sicht auf die alten Speicher ist leider durch die Brücke der A 20 über die Peene beeinträchtigt. Der Ortsname dürfte sich aus dem Altpolabischen ableiten und für den Personennamen »Jaromir« (kühn, eifrig) stehen. Nach Plötz kann man über die B 96 fahren und biegt von dieser in Völschow ab. Völschow wurde urkundlich erstmals 1249 erwähnt. Der Name leitet sich aus dem Altpolabischen ab, »Ort des Volcek oder Völzke«. Völschow lag im slawischen Burgbezirk »Ploth«. Die Dorfkirche von Völschow ist ein rechteckiger spätgotischer Feld-Backsteinbau aus dem 15. Jahrhundert, der 1860 und 1960 restauriert wurde. An der Südseite des Kirchenschiffs befinden sich eingeritzte mittelalterliche Sonnenuhren. Bei der Orgel handelt es sich um eine der seltenen pneumatischen Orgeln, diese 1934 in Stettin hergestellt.

Plötzenhöhe

PLZ 19395, ist ein Ortsteil von Plau mit Camping- und Badeplatz am Plauer See. Die Siedlung Plötzenhöhe entstand ab 1930 und leitet ihren Namen von einem Wadenzug, einem Gewässerflurnamen, ab. Plötzenhöhe verfügt über einen Sandstrand und liegt an einer relativ schmalen Stelle des Plauer Sees, gegenüber von Zislow. Zislow wurde 1255 erstmals urkundlich erwähnt und leitet den Ortsnamen aus dem Altpolabischen ab, »Ort des Cicel«. Auffällig zeigt sich in Zislow die 1749 geweihte Dorfkirche, ein kleiner achteckiger Fachwerkbau (Oktogon) mit freistehendem Glockenstuhl, der 1990 saniert wurde. Etwa zwei Kilometer nördlich des Ortes befindet sich eine gut erhaltene slawische Höhenburg, in das 7.–9. Jahrhundert zu datieren. Der Plauer See gehört mit seinen 39 Quadratkilometern zu den größten Seen des Landes. Die Stadt Plau, gelegen am Ausgang der Müritz-Elde-Wasserstraße, hatte einen slawischen Vorgänger und wurde 1226 erstmals erwähnt. Der Name kommt aus dem Altpolabischen und dürfte von einem Flurnamen abgeleitet sein, »Flößort«. Nördlich von Plau lag die slawische Burg Quetzin mit Siedlung. Quetzin ist nach dem dendrologischen Nachweis in das späte 10. Jahrhundert zu datieren und war ein administrativ-kulturelles Zentrum im Stammesgebiet der Warnower. Quetzin wurde urkundlich erstmals 1170 erwähnt und hat den Namen aus dem Altpolabischen erhalten, »Ort des Kveta«.

Die Siedlung Plau erlebte nach der Zerstörung der Burg Quetzin einen wirtschaftlichen Aufschwung, erhielt 1225 oder 1226 bereits das Stadtrecht und sicherte den Übergang über die Elde mit einer der größten Festungen des Landes. Die frühgotische Backsteinkirche Sankt Marien ist in das 13. Jahrhundert zu datieren und gilt als eine der besterhaltenen Backsteinkirchen des Landes mit westfälischer Prägung. Von der einstigen großen Festungsanlage kündet nur noch der westliche begehbare Burgturm, 1448 errichtet und das Burgmuseum beherbergend. Das Rathaus wurde 1888 im Stil der niederländischen Renaissance errichtet. Plau kann auf mehrere technische Denkmale verweisen, darunter die 1916 errichtete Hubbrücke, die 1934 erbaute Eldeschleuse mit der Hühnerleiter und die bereits 1273 erwähnte und 1930 stillgelegte Wassermühle. Daneben ist Plau Teil der Lehm- und Backsteinstraße und verweist mit berechtigtem Stolz auf das 1994 gegründete Bildhauermuseum Professor Wilhelm Wandschneider (u. a. Schöpfer des Hechtbrunnens auf dem Teterower Marktplatz). Der erste Ehrenbürger von Plau war Ernst Alban, hier geboren und sich als Augenarzt, dann Maschinenbauer einen Namen machend. Plau empfiehlt sich besonders Wasser- und Radwanderern. Jedes Jahr findet im Sommer ein fröhliches Spektakel auf dem Plauer See statt, die Badewannenrallye. Hier können oft kühne Konstruktionen von Wasserfahrzeugen der Marke Eigenbau über und manchmal auch unter dem Wasser bewundert werden. Naturfreunde werden sicher den Karower Meiler mit seiner ständigen Ausstellung »Der Naturpark Nossentiner/Schwinzer Heide, eine geschützte Kulturlandschaft in Mecklenburg-Vorpommern« aufsuchen und auch dem Bärenwald Müritz in Stuer einen Besuch abstatten. Hier finden Braunbären, oft aus wenig guten Haltungen stammend, artgerechte Lebensbedingungen vor, können in ihrer natürlichen Umgebung erlebt werden. Das bärenstarke Bio-Bistro verwöhnt daneben die Besucher mit Leckereien aus der Region. In Stuer befindet sich eine Burgruine aus dem 13./14. Jahrhundert mit Haupt- und Vorburg. Die Dorfkirche ist ein rechteckiger Fachwerkbau und wurde am Ende des 17. Jahrhunderts errichtet. Stuer wurde 1289 erstmals urkundlich erwähnt und leitet den Ortsnamen aus dem Altpolabischen mit einer sprachlichen Nähe zu Grillen oder einem Nagetier ab. In Karow gibt es den Karower Meiler, ein Gebäude mit vielen Informationen zum Naturschutz. Karow wurde 1251 erstmals urkundlich erwähnt und leitet den Namen aus dem Altpolabischen ab. »Ort des Kara«. Die Dorfkirche ist ein flachgedeckter Feldsteinbau aus dem späten 15. Jahrhundert mit einem (Ost-)Giebel aus Backstein. Das Gutshaus, heute eine Stätte der Gastlichkeit, ist ein klassizistischer Putzbau mit Dreieckgiebel. Es wurde 1906/1907 verändert. Mehr Besucher allerdings finden sich auf dem Gelände der RZMV, Rinderzucht Mecklenburg-Vorpommern, ein, vor allem, wenn in der Auktionshalle Spitzentiere aus der Rinderzucht des Landes vorgestellt und angeboten werden. Nach Plau und damit auch Plötzenhöhe führen uns die B 103, B 191 und B 198.

Poggendorf

PLZ 18516, gehört zur Gemeinde Süderholz, hat aber auch einen Namensvetter in der Nähe von Friedland. Das Dorf wird nicht etwa nur von Fröschen (Poggen) bewohnt oder zumindest dominiert. Die Gegend war bereits in der Jüngeren Steinzeit besiedelt, wie Grabfunde belegen. Die erste urkundliche Erwähnung

geht auf das Jahr 1284 zurück und der Ortsname wohl auf den damaligen Besitzer oder auch Lokator, »de Poggendorp«.

Poggendorf befand sich zunächst in ritterschaftlichem Besitz, gelangte dann durch Heimfall des adeligen Lehens wieder unter die Hoheit der Landesherren. Die kleine Kapelle wurde bereits 1555 erwähnt. Es handelte sich wohl um einen Fachwerkbau, der als verputzter Backsteinbau erneuert und so erhalten wurde. Der Bau gehört zum Kirchspiel Gülzowshof und wird auch von der Kirchgemeinde genutzt. Das bescheidene Gotteshaus hat einen Altartisch aus schwedischem Granit mit beachtenswertem Altarbild. Die Dorfkirche von Gülzowshof ist ein rechteckiger Backsteinbau mit östlicher Apsis und westlicher Vorhalle. Die Kirche wurde 1900 in neugotischen Formen erbaut. Zur Ausstattung gehört eine Kalksteintaufe, um 1300 gefertigt. Im Ostgiebel befindet sich ein farbenprächtiges Fenster mit der Darstellung des auferstandenen Christus. Das ehemalige Herrenhaus wurde um 1880 errichtet. Poggendorf liegt an der B 194. Nicht weit entfernt befindet sich die Abfahrt 23 der A 20.

Priemen

PLZ 17391, gehört nach dem Datum der urkundlichen Ersterwähnung zu den ältesten Orten im Land. Am 13. Juni 1183 bestätigte Herzog Bogislav I. dem Kloster Stolpe bei seiner Gründung den Besitz, darunter im Lande Meseritz das Dorf Priemen. Der Name dürfte aus dem Altpolabischen kommen und könnte für »primeru« stehen, Anteil, nicht aber für ein Dorf von Nichtrauchern aus der Gründungszeit, die sich in Sorge um ihre Holzhäuser und aus Gründen des vorbeugenden Gesundheitsschutzes vom Rauchen abwandten und daher priemten. Geraucht wurde in Mitteleuropa schon lange bevor Tabak aus der Neuen Welt herüberkam, angebaut und geraucht wurde. Auch die Primzahlen dürften in Priemen nicht erfunden worden sein. Die Ableitung von einem Flurnamen erscheint dagegen möglich. In der Nähe von Priemen liegt eine slawische Wallburg, ausgeführt als Höhenburg. Stolpe, gegründet als Benediktinerkloster vom Bistum Wollin aus, gehört neben Grobe auf Usedom zu den frühesten pommerschen Klostergründungen. Seit 1304 war es mit Zisterziensern besetzt. Erhalten blieb allein der Unterbau des quereckigen Feldsteinturmes der Klosterkirche. Mit einer Datierung um 1180/1190 ist die Ruine eines der ältesten Bauwerke Pommerns. Priemen liegt gut erreichbar nahe der B 110 und die Abfahrt Jarmen der A 20 ist auch nur zehn Kilometer entfernt.

Pütte

PLZ 18442, gehört zur Gemeinde Pantelitz und liegt westlich von Stralsund. Durch die Gemeinde führt die B 105. Pantelitz wurde urkundlich erstmals 1287 erwähnt und dürfte den Dorfnamen aus dem Altpolabischen entlehnt haben, »Ort eines Pat?«. Pütte ist keinesfalls eine Pütt, ein Pott, sondern war bereits in der ersten Hälfte des 13. Jahrhunderts ein Kirchdorf. Im Slawischen steht Pütte für Tränke und im Mittelniederdeutschen für Pfütze. Hier siedelten demnach Ackerbauern und Viehzüchter. Die Dorfkirche ist eine dreischiffige Hallenkirche und hat einen Kirchturm aus dem 17. Jahrhundert. Die Ausstattung ist zumeist neugotisch, denn nur wenige Gegenstände haben die Zeit der französischen Besatzung von 1806/1807, als die Kirche den Besatzungstruppen als Backhaus diente, überstanden. 1866 wurde die Kirche restauriert. Auf dem Friedhof befinden sich die Gräber einer Schwester von Ernst Moritz Arndt, Charlotte Dorothea, und ihres Mannes sowie des Großneffen von Caspar David Friedrich, Gustav Pflugradt. An der Südwand der Kirche ist am östlichen Strebepfeiler neben dem Portal in ca. vier Meter Höhe eine gut erhaltene Vertikalsonnenuhr zu erkennen. Nur der eiserne Schattenstab ist leicht verbogen. Zu den Sehenswürdigkeiten von Pütte ist auch das ehemalige Pfarrwitwenhaus zu zählen, welches um 1786 erbaut wurde. Heute wirkt ein Maler in diesem Haus. In der Nähe der Kirche von Pütte befindet sich das Naturschutzgebiet »Pütter See« mit zwei Badestellen. Pferdefreunde können im »Pferdeparadies« Pantelitz-Viersdorf ihrer Passion für edle Rösser nachgehen. Viersdorf war im 19. Jahrhundert ein Pachthof, dürfte aber deutlich älter sein. Das Gutshaus ist gut erhalten.

x Name der Schule in Niepars

Quaal

PLZ 23966, gehört zur Gemeinde Bobitz und liegt südöstlich von Grevesmühlen. Das Dorf wurde urkundlich erstmals 1230 als »Qvale« erwähnt und leitet den Namen aus dem Altpolabischen ab, »Ort eines Chval«. Es besteht eine sprachliche Nähe zu der Bezeichnung für loben. Das Leben in dem Dorf, gelegen im Grundmoränengebiet zwischen Schweriner See, Grevesmühlen und der altehrwürdigen Hansestadt Wismar, dürfte nicht anstrengender als andernorts sein. Der Boden ist fruchtbar und die Luft meist frisch vom Meer her. Das Dorf ist über die B 208 und die Abfahrt Bobitz der Autobahn gut erreichbar. Bobitz wurde 1321 erstmals urkundlich erwähnt (der Zehntinhaber Bege) und leitet seinen Ortsnamen aus dem Altpolabischen ab, »Ort, wo Bohnen angebaut werden, Bohnenfeld«. Nach anderer Meinung sei ein slawischer Personenname »Bobyst« in dem Dorfnamen erhalten geblieben. Das im 19. Jahrhundert errichtete Herrenhaus ist nur noch teilweise bewohnt, der Gutspark in Resten erhalten. In Beidendorf, einem weiteren Ort der Gemeinde, sollte die Dorfkirche, ein gotischer Backsteinbau und bereits 1230 im Ratzeburger Zehntregister erwähnt, Beachtung finden. Als Zehntinhaber wird hier ebenfalls ein Bege aufgeführt, nach welchem der Ort benannt wurde. Es dürfte sich wohl um einen slawisch-deutschen Mischnamen handeln, »Begendörp«, »Dorf des Beg(a)«. Die Dorfkirche von Beidendorf ist ein gotischer Backsteinbau, dessen ältester Teil in das Ende des 13. Jahrhunderts zu datieren ist. Aufmerksamkeit darf ebenso der Denkstein von Saunstorf erwarten, der 1439 errichtet wurde (das Original befindet sich im Stadtgeschichtlichen Museum Wismar), ein stelenartiger Stein mit Inschrift zwischen kniendem Beter und Kruzifix sowie einem rückwärtigen Wappen. Saunstorf wurde urkundlich erstmals 1230 erwähnt. Bei der Ortsbezeichnung dürfte es sich um einen slawisch-deutschen Mischnamen handeln, »Dorf eines Zavis«. Dambeck, ebenfalls zur Gemeinde Bobitz gehörend, wurde erstmals 1215 urkundlich erwähnt. Der Ortsname leitet sich aus dem Altpolabischen ab, »Ort, wo Eichen vorkommen«. Bei der Kirche handelt es sich um einen rechteckigen spätgotischen Backsteinbau aus der 2. Hälfte des 14. Jahrhunderts, gegründet auf Granitsteinen. Den Ort prägen daneben alte Bauernhäuser, liebevoll gepflegt. Nach Quaal führt die Abfahrt 7 der A 20 in Richtung Gressow. Gressow wurde 1158 bereits urkundlich erwähnt und leitet den Dorfnamen aus dem Altpolabischen ab, »Ort des Gres'?«.

Quassel

PLZ 19249, das Dorf zwischen Lübtheen und Hagenow gelegen, fällt nicht durch eine besondere Redseligkeit all seiner Einwohner auf. Quassel wurde urkundlich erst spät erwähnt, 1453 als Quatzel, 1602 wird der Ort Quaszel genannt und dann Quasel bzw. Quasell. Der Dorfname kommt aus dem Altpolabischen und bedeutet »Ort des Kvasola, Kvasel«. In das ehemalige Gutshaus, das um 1840 als zweigeschossiger Putzbau im neogotischen Stil errichtet wurde und in den umgebenden Landschaftsgarten ist wieder neues Leben eingezogen. Nahe bei Quassel liegt Lübtheen, das sich auch Lindenstadt nennt. Erstmals urkundlich erwähnt wurde der Ort, damals noch ein Dorf, 1363. Der Ortsname leitet sich aus dem Altpolabischen ab und kann mit »Ort des Lubeta«, nach anderer Meinung als Liepeta übersetzt werden, welches zu »Lindenort« wurde. Nur 13 Kilometer weiter fließt die Elbe und durch Lübtheen ein bescheidener Bach. Die Kirche ist ein klassizistischer Putzbau, der zwischen 1817 und 1820 errichtet wurde. Dieser hatte einen 1669 geweihten Vorläufer, während Lübtheen 1683 eine eigene Pfarre erhielt.

1822 wurde Lübtheen zum Marktflecken erhoben und erhielt 1938 das Stadtrecht. Wer die Stadtkirche aufsucht, hat vielleicht Gelegenheit, sich am Orgelspiel zu erfreuen, handelt es sich bei dieser Orgel doch um die größte erhaltene Orgel des Orgelbauers Friedrich Friese aus Parchim. Lübtheen steht auf einem Kalisalzlager,

das zwischen 1906 und 1916 bergmännisch genutzt wurde. Wegen Wassereinbruchs musste der Betrieb dann eingestellt werden. Wanderern kann der Lübtheener Schilf-Erlebnispfad empfohlen werden, ebenso ein Gang durch die Lübtheener Heckenlandschaft. Die Naturschutzgebiete Rögnitzwiesen und Togerwiesen sind, sicher verständlich, nur mit Zurückhaltung und Abstand erlebbar. Quassel ist über die B 5 gut erreichbar, wenn von Pritzier in Richtung Lübtheen abgebogen wird. Pritzier wurde urkundlich erstmals 1230 erwähnt und dürfte den Dorfnamen aus dem Altpolabischen ableiten. Die Bedeutung des Ortsnamens ist allerdings unklar. Die Dorfkirche von Pritzier ist ein neugotischer rechteckiger Backsteinbau aus dem Jahre 1852 mit Westturm. Der Ziegelsteinbau ersetzte die altgotische Feldsteinkirche, die bereits 1230 im Ratzeburger Zehntregister erwähnt wurde. Im Jahr 1990 erfolgten weitere bauliche Veränderungen. Das Gutshaus wurde als rechteckiger klassizistischer Putzbau zwischen 1820 und 1825 mit zwei Geschossen über dem Sockelgeschoss errichtet. Zum ehemaligen Herrenhaus gehört ein etwa acht Hektar großer Park mit Quelle, Teichen und einer künstlich angelegten Insel.

Rachenberg

PLZ 18551, wird nicht von Menschen oder anderen Wesen mit besonders großem »Rachen« bewohnt. Der kleine Ort liegt unmittelbar am Großen Jasmunder Bodden und gehört zur Gemeinde Glowe auf der Insel Rügen. Rachenberg dürfte erst im 15. oder 16. Jahrhundert angelegt worden sein und zählte wie das benachbarte Polchow zur Herrschaft Spyker. Polchow gehört seit 1320 zu der Herrschaft Spyker, dürfte aber wesentlich älter sein als diese urkundliche Erwähnung. Jasmund ist eine Halbinsel im Nordosten der Insel Rügen. Seit 1990 besteht hier der Nationalpark Jasmund. Die Halbinsel ist bekannt ob ihrer Kreidefelsen mit großartiger Sicht auf die Ostsee, deren bekannteste wohl vom Königsstuhl zu erleben ist. In Glowe, gelegen am Beginn der Schaabe, sollte die Dorfkirche, ein um 1400 errichteter Feldsteinbau mit bemerkenswerter Ausstattung, Aufmerksamkeit finden. Glowe wurde urkundlich erstmals 1314 erwähnt und führt den Ortsnamen auf die altpolabische Bezeichnung für »Glova«, Kopf, Hügel zurück. Zur Gemeinde Glowe gehören auch Gut und Schloss Spyker. Erstmals urkundlich erwähnt wird Spyker 1318. Nach dem Westfälischen Frieden fielen Pommern und damit auch Rügen an Schweden. Der schwedische Feldmarschall und spätere Generalgouverneur von Schwedisch-Pommern, Carl Gustav Wrangel, erhielt u.a. die Herrschaft Spyker. Die Burg wurde zu einem Renaissanceschloss umgestaltet und mit der für Rügen untypischen Farbe Falunrot gestrichen. Seit 1990 wird das Schloss als Hotel genutzt und 1995 wurde es nach historischen Vorlagen restauriert. Glowe, der Hauptort der Gemeinde und einstiges Fischerdorf, wuchs mit dem Bädertourismus in den benachbarten Schaabewald hinein und weist den Titel eines staatlich anerkannten Erholungsortes vor. Ein Bummel über die Seepromenade kann sehr empfohlen werden, ebenso ein Abstecher in das Fischerdorf Polchow. Der Ortsname Polchow leitet sich aus dem Altpolabischen ab und kann mit der Bezeichnung für den Siebenschläfer, den Bilch, in Beziehung gebracht werden. Nach anderer Meinung bedeutet Polchow »Ort des Polch«. Die Gemeinde Glowe ist über die B 96 (E251) und eine Landstraße gut erreichbar.

Reisaus

PLZ 17168, wird nicht von furchtsamen Landsleuten bewohnt. Reisaus entstand als Ausbau und erhielt den im Volksmund verwendeten Namen, dann amtlich und auf den grünen Ortsschildern. Der Ort gehört zu Gemeinde Groß Wüstenfelde und liegt unweit der B 108 am nordwestlichen Rand der Mecklenburgischen Schweiz.

Groß Wüstenfelde wurde 1355 erstmals urkundlich als Wostevelde erwähnt. Der Ortsname dürfte aus dem Altpolabischen kommen, kann allerdings nicht sicher erklärt werden. Das ehemalige Gutshaus von Groß Wüstenfelde, im 17. Jahrhundert errichtet, stellt das älteste Gebäude der Gemeinde dar und lädt u.a. mit Ferienwohnungen ein. Klein Wüstenfelde dürfte älter sein und wurde bereits 1314 urkundlich erwähnt. Zu Beginn der 1930er Jahre wurden Matgendorf, Schwetzin und Groß Wüstenfelde aufgesiedelt und an Rheinländer und Oldenburger katholischer Konfession übereignet. Schwetzin wurde 1314 erstmals erwähnt und dürfte den Ortsnamen aus dem Altpolabischen herleiten, vielleicht in einer Beziehung für licht oder hell. Neben dem Matgendorfer Herrenhaus mit englischem Garten sei auch auf das Schwetziner Os verwiesen, einen etwa 35 Kilometer langen Wallbergzug in Richtung Gnoien als Ergebnis der (bisher) letzten Kaltzeit. Das ehemalige Herrenhaus wurde als zweigeschossiger Putzbau im Neurenaissancestil mit mehreren Anbauten zwischen 1852 und 1856 nach Plänen von Herrmann Willebrand errichtet und wird von der Diakonie genutzt. Der ausgedehnte englische Landschaftspark, angelegt in der ersten Hälfte des 19. Jahrhunderts, wurde um 1900 verändert. Die katholische Kirche in Matgendorf wurde Anfang der fünfziger Jahre des 20. Jahrhunderts erbaut.

Rom

PLZ 19372, liegt zwar nicht auf sieben Hügeln wie die Ewige Stadt am Tiber, aber auch auf Hügeln und sieben Kilometer östlich von Parchim und sieben Kilometer westlich von Lübz, gut erreichbar an der B 191. Rom wird 1310 als »villa Rom« erstmals urkundlich erwähnt, 1320 in Roma et in Moedritz bezeichnet, heißt 1329 Rome und ab 1621 Rohm. Der Ortsname leitet sich aus dem Altpolabischen ab und bedeutet »Ort des Rom«, d.h. nach dem

slawischen Lokator. Die Engelsburg oder gar den Petersdom wird ein Besucher in dem Dorf nicht erwarten und auch nicht vorfinden, dagegen eine schlichte protestantische Backsteinkirche, errichtet im 15. Jahrhundert mit einem vierflügeligen Schnitzaltar, der um 1530/1540 von einem Gehilfen des Meisters der Güstrower Domapostel geschaffen wurde. Nach der Legende wird der Ortsname auf eine Pilgergruppe zurückgeführt, die nach Rückkehr von ihrer Pilgerreise nach Rom den Namen auf das Dorf in Mecklenburg übertrugen.

Rum Kogel

PLZ 18276, ist nicht der Geburtsort des Erfinders der allseits geschätzten Rumkugeln, sondern ein Dorf in der Gemeinde Reimershagen. Rum Kogel wurde urkundlich erstmals 1303 erwähnt, dürfte aber wesentlich älter sein und führt den Dorfnamen auf die altpolabische Bezeichnung für den Schmied zurück. Es war somit ein Ort, wo Schmiede wohnten und möglicherweise für eine Burg arbeiteten. Der Zusatz Rum zur Unterscheidung vom nahen Kirch Kogel, ebenfalls 1303 erstmals erwähnt, wird als ungewöhnlich angesehen und hängt vielleicht, so die Wissenschaft, mit der Niederdeutschen Bezeichnung für »rumen«, »weichen, abziehen, räumen, verlassen« zusammen. Rum Kogel lag zeitweilig wüst. In Kirch Kogel darf die Dorfkirche, ein frühgotischer Bau mit Feldsteinchor und errichtet in der zweiten Hälfte des 13. Jahrhunderts, Aufmerksamkeit beanspruchen. Der gotische Schnitzaltar stammt aus dem zweiten Viertel des 15. Jahrhunderts und wurde 1883 restauriert. Die hölzerne Kanzel wird in das Jahr 1671 datiert. Die historische Lütkemüller-

Orgel aus dem Jahre 1872 wurde 1995 restauriert und wird von ihrer Größe her zu den schönsten Instrumenten der Landeskirche gezählt. Zur Ausstattung der Kirche gehört u.a. eine Granitfünte (Taufstein) aus dem 13. Jahrhundert. Das gut erhaltene Pfarrhaus, ein geräumiger Fachwerkbau, ist in das 18. Jahrhundert zu datieren. Reimershagen, der Gemeindesitz, wurde 1303 erstmals urkundlich erwähnt und führt den Ortsnamen auf das Mittelniederdeutsche zurück, Reinbertshagen, »Rodungssiedlung eines Reinbert«. Reimershagen war ursprünglich als Rundling angelegt worden. Groß Tessin, ein weiteres Dorf der Gemeinde, wurde urkundlich erstmals 1375 erwähnt. Der Name leitet sich aus dem Altpolabischen ab, »Ort eines Tes(a) oder Tech(a)«. Zum ehemaligen Gutshof mit dem erhaltenen Herrenhaus, daneben auch das Inspektorhaus, führt eine kleinere Kastanienallee. Das einstöckige Gutshaus mit Mansardenwalmdach ist hofseitig in Backstein ausgeführt. Die Gartenseite weist noch Feldsteine im Mauerwerk auf. Das ehemalige Inspektorhaus ist ein quaderförmiger Backsteinbau mit Zeltdach und wurde wahrscheinlich in der ersten Hälfte des 19. Jahrhunderts errichtet. Die Schmiede, 1817 aus Feldstein und Backstein errichtet, wurde durch einen Verein vor dem Verfall gerettet, restauriert und dient kulturellen Zwecken. Dort kann auch gefeiert werden. Zu erwähnen ist ein liebevoll restaurierter Fachwerkkaten an der Dorfstraße, errichtet aus den einheimischen Baustoffen Holz, Lehm und Backstein. Bronzezeitliche

Hügelgräber, gelegen südlich der Straße Groß Tessin – Reimershagen, verweisen auf eine Besiedlung bereits in längst vergangenen Zeiten. Und am Nordrand des Dorfes liegt ein gut erhaltener Turmhügel, von Eichen bestanden und als niederadlige Befestigung wohl nach 1200 entstanden. Die Gemeinde liegt etwas abseits der großen Straßen, hat sich daher viel von ihrem ursprünglichen Charakter erhalten, ist aber dennoch gut erreichbar. Die A 19, Anschluss Krakow, liegt etwa 14 Kilometer entfernt.

Saal

PLZ 18317, liegt am Saaler Bach, welcher bei Saal in den Saaler Bodden mündet, zwischen Ribnitz-Damgarten und Barth. Der Unterlauf des Saaler Baches wird als Ziegelgraben bezeichnet und verweist somit auf die hier einstmals in bedeutendem Umfang vorgenommene Herstellung von Ziegeln und deren Transport auf dem Wasserweg. Das Dorf Saal wurde urkundlich erstmals im Jahr 1255 erwähnt und hatte als Vorgänger eine slawische Burganlage an der Mündung des Saaler Baches. Der Ortsname leitet sich aus dem Altpolabischen ab, »Ort an der Bucht«. Der Bodden verfügte in den Zeiten der Burg über einen freien Zugang zur Ostsee, der nach der Sage auch die Vitalienbrüder nutzten, gar einen Schatz unter dem Glockenturm der Kirche verbargen. Der Ort gab auch der Vogtei »Sale« den Namen und hatte unter den Fürsten von Rügen überregionale Bedeutung. Ab 1326 gehörte Saal zum Herzogtum Pommern, dann zu Schwedisch-Pommern und ab 1815 zur preußischen Provinz Pommern. Auf die Besiedlung der Gegend bereits in der Jungsteinzeit verweisen die »Zwölf-Apostelsteine«, eine erhaltene Kultstätte jener fernen Jahre. Die Kirche in Saal ist ein stattlicher Backsteinbau, deren Chor wohl bereits um 1300 errichtet wurde. Freunde historischer Segelboote können auf dem Saaler Bodden Zeesenboote sehen und auf diesen gepflegten ehemaligen Fischerbooten herrliche Fahrten von erstaunlicher Geschwindigkeit erleben. Von der B105 führt bei Ribnitz-Damgarten eine Landstraße nach Saal.

Salem

PLZ 17139. Hier handelt es sich nicht direkt um den nach Norddeutschland versetzten orientalischen Friedensgruß oder um die (noch) bekannte, von diesem Gruß abgeleitete Zigarettenmarke, auch nicht um die Erinnerung an einen Kultfilm der fünfziger Jahre, »Die Hexen von Salem«. Salem wird 1314 als »villa Salem« erstmals urkundlich erwähnt und 1396 als »tho Zalme« bezeichnet. Die Übersetzung aus dem Altpolabischen könnte daher »Ort eines Zalimer/ Zelimer« lauten. Salem, auch als Salem/Fischerdorf benannt, war und ist ein Bauern- und Fischerdorf, das sich heutigentags in Anpassung an neue Verhältnisse dem Tourismus und Gastgewerbe zugewandt hat. Der Ortsname könnte auch durch die Mönche des früheren Zisterzienserklosters zu Dargun, die in Salem

Privilegien hatten, beeinflusst worden sein und für die Heilige Stadt Jerusalem stehen. Kühnel (1882) leitet den Namen aus dem Altpolabischen ab, »Ort des zalim«. Im Stadtgebiet von Malchin von der B104 auf eine schmale Landstraße abbiegend, gelangt man über Gorschendorf nach Salem. Gorschendorf wurde urkundlich erstmals 1314 erwähnt und könnte den Namen im Beiwort aus dem Altpolabischen entlehnt haben, »Gorac'?«. Von Gorschendorf aus ist das historische Fischrestaurant »Moorbauer« gut mit der Fähre zu erreichen. Hochwasser tritt hier regelmäßig auf, wird aber mit landesüblicher Gelassenheit ebenso sicher überstanden. Hier wird eine mittelalterliche Befestigung vermutet, die den Namen »Kiekindepeene« trägt und 1322 mit einem Burgdienst genannt wurde.

Schabernack

PLZ 18276, gehört zur alten Vorderstadt Güstrow, der Barlach-Stadt an dem Fluss Nebel. Ganz in der Nähe, am Inselsee, hatte Ernst Barlach sein Atelier und befindet sich heute eine Gedenkstätte mit einer Ausstellung von Werken des großen Expressionisten. In Schabernack geht der Name wirklich auf einen Ulk zurück. Der Pächter des Anwesens Gleviner Burg (mit Krug) führte Klage darüber, dass durch die Errichtung eines Hofes mit Ausschank ihm ein Schabernack angetan würde. Nach diesem Ausspruch wurde das kleine Anwesen später benannt. Gleviner Burg dürfte zeitgleich mit den anderen Wachtgebäuden auf der Güstrower Feldmark, also um 1293 angelegt worden sein. Die Bezeichnung Schabernack findet sich aber noch öfter im Lande und auch darüber hinaus. Oberhalb der Kiesgrube von Schabernack ist ein Teil der Güstrower Landwehr, die äußere spätmittelalterliche Grenzsicherung, erhalten geblieben und kann in ihrem weiteren Verlauf bis zur Nebel hin betrachtet werden. Güstrow wurde 1226 erstmals urkundlich erwähnt und leitet den

Stadtnamen aus dem Altpolabischen ab, »Eidechsenort«. Diese Bedeutung ist allerdings nicht unumstritten. Die alte Vorderstadt kann eine stattliche Reihe von Sehenswürdigkeiten vorweisen. Dem Besucher wird als »Mindestprogramm« ein Gang über den Schlosshof, durch den Schlossgarten und die restaurierten Räume des großen Renaissanceschlosses empfohlen. Auch das Torhaus ist vorhanden und gut erhalten. Nur der Ostflügel des Schlosses fehlt. Das Schloss wurde wohl an der Stelle errichtet, wo einst eine Burg den Übergang über die Nebel sicherte. Neben dem Schloss steht das Theater, ein klassizistischer Bau aus den Jahren 1828/1829. Unweit erhebt sich wuchtig der Dom, 1226 als Kollegiatstift gegründet. Die Domapostel, aus Eiche geschnitzt, lassen den Besucher nicht unberührt, ebenso wie Ernst Barlachs »Schwebender« in der Winterkirche. Hier handelt es sich um einen Guss nach dem Engel aus der Kölner Antoniterkirche. Die Nationalsozialisten hatten Ernst Barlachs Werke zur »entarteten Kunst« erklärt, den schwebenden Engel aus dem Dom entfernt und eingeschmolzen. Der Flügelaltar des Domes wird sich jedem Besucher einprägen, wie auch das hölzerne Triumphkreuz. Am Markt steht seit dem ersten Drittel des 14. Jahrhunderts die Pfarrkirche Sankt Marien, ein gotischer Backsteinbau. Der um 1522 aufgestellte Schnitzaltar gilt als eine Meisterleistung norddeutscher Schnitzkunst. Neben der Pfarrkirche steht das klassizistische Rathaus, säumen Renaissancehäuser und klassizistische Bauten den Markt und angrenzende Straßen. In der Gertrudenkapelle fand sich für eine Reihe von Figuren Ernst Barlachs der von ihm gewünschte Raum. Und wer einige Schritte in Richtung Bahnhof geht, der steht bald vor dem »Voß un Swinegel-Brunnen« mit den bekannten Figuren aus einer Erzählung von John Brinckman. Der Besucher, der Güstrow in Richtung Krakow oder Teterow verlässt, kommt am Tier- und Umweltpark vorbei, der sich zu jeder Jahreszeit als empfehlenswerter Ort erweist. Nach Schabernack gelangt man über die B 104 und nimmt dabei den Abzweig beim Forstamt Gleviner Burg, ein Zugang in die Heidberge am Inselsee.

Schependorf

PLZ 18246, liegt in der Nähe von Bützow, am Rand des Naturparks Sternberger Seenland und gehört zur Gemeinde Baumgarten, der über die Abfahrt Bützow der A 20 gut erreichbar ist. Der Ort wurde 1339 erstmals unter der Bezeichnung »Schepekendorp« erwähnt. Schependorf ist nicht der Sitz des Landesschafzuchtverbandes. »Schepeken« bedeutet vielmehr Schiffchen. Die Herkunft dieses Namens ist allerdings noch nicht eindeutig geklärt. Etwas abseits des Dorfes liegt das 1810 als Fachwerkbau errichtete, später verputzte Gutshaus, das an einen älteren, aus Feldsteinen errichteten Gebäudeteil anschließt. Im benachbarten Baumgarten steht eine Feldsteinkirche, ursprünglich spätgotisch angelegt und in das 13. Jahrhundert zu datieren. Recht selten für eine Dorfkirche verfügt die Kirchturmuhr über eine Stundenglocke. Baumgarten wurde urkundlich erstmals 1233 genannt. Der Ortsname leitet sich aus dem Mittelniederdeutschen ab, »Siedlung am Baumgarten«. Reizvoll dürfte zu jeder Jahreszeit eine Wanderung durch den Naturpark sein. Das Warnow-Mildenitz-Tal gilt als das größte Durchbruchstal in Norddeutschland mit bis zu 30 Meter hohen Steilhängen. In Groß Raden befindet sich ein rekonstruierter slawischer Siedlungsort mit Tempelbau und an der nahegelegenen Sagstorfer Brücke (über die hier ziemlich bewegte Warnow mit einer Kanueinsetzstation) beschloss der damals nach altem Brauch unter freiem Himmel tagende Landtag 1549 für Mecklenburg die Annahme der protestantischen Lehre. Die Kirche von Groß Raden, auf einem Hügel über dem Dorf errichtet, ist ein rechteckiger Backsteinbau aus der ersten Hälfte des 14. Jahrhunderts. Der Flügelaltar mit Passionsgemälden ist wohl in die erste Hälfte des 17. Jahrhunderts zu datieren. Groß Raden wurde urkundlich gesichert 1267, vielleicht auch bereits 1256 erwähnt und leitet den Dorfnamen aus dem Altpolabischen ab, »Ort eines Radim«. Wasserwanderern wird empfohlen, ihr Boot bei Groß Raden einzusetzen. Die Einsatzstelle am See liegt dem Haupteingang des Freilichtmuseums gegenüber.

In der Nähe von Sternberg, bei Zülow, kann an der Mildenitz das mit einem Gefälle von 22 Metern größte Wasserkraftwerk des Landes, seit 1983 ein technisches Denkmal, bestaunt werden. Das Wasserkraftwerk ging 1924 an das Netz und die seinerzeit verwendete Technik funktioniert heute noch! Das Kraftwerk wird als Spitzenlastkraftwerk genutzt und kann nach Anmeldung besichtigt werden. Zülow wurde 1320 erstmals urkundlich erwähnt und leitet den Namen aus dem Altpolabischen ab, »Ort eines Cul oder Sul«. Das Gutshaus von Zülow wurde 1871 nach Plänen von Martin Haller (u. a. Erbauer des Hamburger Rathauses) im klassizistischen Stil errichtet. 1998 wurde das Gebäude saniert und dient seither Gästen als komfortable Unterkunft mit viel Stille und Nähe zur Natur. Der Gutsstall wurde gleichfalls renoviert und Pferdefreunde können hier auch dem eigenen Pferd Erholung zukommen lassen. In der Bibliothek kann sogar geheiratet werden. Das Haus steht unter Denkmalschutz.

Die Mildenitz weist eine Länge von 56 Kilometern auf, hat ihre Quelle in der Nähe des Plauer Sees im Gemeindegebiet Barkhagen und mündet bei Sternberg in die Warnow. Der Flussname leitet sich aus dem Altpolabischen ab und hat eine Nähe zu »gut« oder »gnädig«. In ihrem Oberlauf weist die Mildenitz noch recht naturnahe Bereiche auf. Die Gemeindebezeichnung Barkhagen ist eine moderne Schöpfung, ein zeitgenössischer Mischname aus zwei Dorfnamen. Barkow wurde 1273 erstmals urkundlich als »Ort des Berka« erwähnt. Der Name leitet sich aus dem Altpolabischen ab, hat aber auch eine bedenkliche Nähe zu dem Wort für Raub. Die Dorfkirche von Barkow zeigt sich als flachgedeckter Feldsteinbau mit westlichem Anbau und Turm, errichtet 1786. Der Ostgiebel besteht aus Backstein. Zwischen 2005 und 2008 wurde die Kirche nach einem unerwarteten Gebäudeschaden erneuert. Gleich kam die Frage auf, ob bei dem Gebäudeschaden ein Zusammenhang mit dem im gegenüberliegenden Pfarrhof befindlichen Sitz des Landesposaunenwerks Mecklenburg-Vorpommern bestehen könnte. Ob hier vielleicht die Sache mit den Posaunen von Jericho aus der Schrift zu wörtlich genommen wurde? Nahebei fließt die Elde, hier als Teil der Müritz-Elde-Wasserstraße mit einer Schleuse. Gehobene Gastlichkeit ist im Gutshaus Barkow zu erwarten. Plauerhagen, 1235 erstmals urkundlich erwähnt, trägt einen Mischnamen. Hagen steht für Rodung mit Einhegung und »plav« im Altpolabischen für flößen, schwemmen. Die Dorfkirche von Plauerhagen ist ein gepflegter Fachwerkbau und Einheimische werden Besuchern gerne die Blüchereiche mit Gedenkstein (1913) zeigen. Geflügelfreunde kommen regelmäßig nach Plauerhagen, um die Schar ihrer gefiederten Lieblinge weiter zu vergrößern.

Schlicht

PLZ 17258. Das Dorf ist zwar klein, aber längst nicht mehr schlicht. Seine Lage oberhalb des Breiten Luzin macht es für Gäste ebenso wie Wochenendhausbesitzer sehenswert und interessant. Schlicht gehört zur Gemeinde Feldberg und wurde 1312 erstmals urkundlich erwähnt. »Wedekin und Vicke von Plote bekennen, daß dem Fürsten Heinrich von Mecklenburg der Wiederverkauf der Bede u. a. aus Schlicht zusteht«, MUB Bd. V, Nr. 3568. Nordwestlich des Dorfes befindet sich die Ruine einer frühdeutschen niederadligen Befestigung, der Rest eines Turmes. Die Anlage war wohl auch durch einen Wassergraben gesichert und dürfte um 1300 entstanden sein. Der Platz wird seit 1773 als »Maledei« bezeichnet. Daneben findet sich auch der Name »Maldie« oder »Marodei«. Vielleicht besteht hier eine Nähe zu dem alten Ortsnamen, wenn wir schlicht mit schlecht übersetzen? Unübersehbar die höchste Erhebung von Schlicht, die Vogelkirsche, ein 166 Meter hoher Hügel. 1886 gab es in Schlicht nicht nur eine Schule, sondern eine Schmiede, den offensichtlich ebenso unentbehrlichen Krug und sogar eine Feuerspritze. Freunde historischer Straßen kommen auf ihre Kosten.

Genau 450 Meter der Straße von Feldberg nach Schlicht bestehen aus holprigem Kopfsteinpflaster. Nach Schlicht kann man über die B 198 fahren, biegt daher in Möllenbeck ab in Richtung Feldberg und in der Ortslage Feldberg links auf das Kopfsteinpflaster.

Schmachthagen

PLZ 17192, ist kein Ort des Darbens im gesegneten Lande Mecklenburg-Vorpommern, sondern gehört wie Torgelow und Meierei zur Gemeinde Torgelow am See. Der Ort liegt östlich von Waren, der reizvollen Stadt an der Müritz, und ist über die B 192 gut erreichbar. Schmachthagen ist ein kleines Dorf mit zwei Dutzend Häusern, errichtet auf einer Fläche von zehn Hektar. Es wurde als deutsches Rodungsdorf angelegt und 1350 erstmals urkundlich erwähnt. In Schmachthagen verbrachte Enoch Zander, 1873 geboren in Zirzow bei Neubrandenburg, seine Kindheit. Enoch Zander war Zoologe und leistete als Leiter der Staatlichen Anstalt für Bienenzucht in Bayern »Entwicklungshilfe«. Sein wissenschaftliches Hauptwerk, das siebenbändige »Handbuch der Bienenkunde«, zeugt nicht nur von einem bienenartigen Fleiß, sondern stellt auch für einen zeitggenössischen Imker fachlich immer noch interessante Lektüre dar. Der wissenschaftliche Nachlass von Enoch Zander befindet sich im Müritz-Museum in Waren. Hier in Waren, wo er das Gymnasium besuchte und 1893 das Abitur ablegte, wurde Enoch Zander auch begraben.

Torgelow, der Hauptort der Gemeinde, wurde 1218 erstmals urkundlich erwähnt und hatte sicherlich einen slawischen Vorgänger. Der Ortsname dürfte aus dem Altpolabischen stammen und von der Bezeichnung für Stier, Stierkopf abgeleitet worden sein. In einem Waldstück bei Torgelow kündet ein Großsteingrab, die »Heistersteine«, von noch älteren Siedlern und das Areal um den Torgelower See ist ein Landschaftsschutzgebiet, das vor allem Wasservögel anzieht. In Torgelow entstand um 1900 ein Herrenhaus, das heute als Privatschule mit Internat genutzt wird. Auf dem Gelände befindet sich der Rest einer Burgstelle aus dem 15. Jahrhundert, die den Namen »Lindenberg« trägt.

Zirzow, der Geburtsort von Enoch Zander, wurde 1230 erstmals urkundlich erwähnt und leitet den Namen aus dem Altpolabischen ab, »Ort des Sirisa«. Die Dorfkirche von Zirzow ist ein spätgotischer Feldsteinbau und wohl in das 15. Jahrhundert zu datieren. Der hölzerne Kanzelaltar ist eine Arbeit aus der ersten Hälfte des 18. Jahrhunderts. Bei Zirzow Mühle verläuft ein interessanter Wanderweg am Malliner Wasser, das in seinem Verlauf auch als Aalbach oder Fischbach bezeichnet wird.

Schnaterei

PLZ 19374, stellt nicht den Ort unaufhörlichen Redens im Land dar. Schnaterei besteht aus zwei Gehöften und gehörte zum ebenfalls an der B 192 befindlichen Forsthof. In Schnaterei sollte man vielmehr ruhig leben können. Der Verkehrslärm liegt weit ab, größere Laubwälder beiderseits der B 192 dagegen ziemlich nahe. Schnaterei liegt zwischen Mestlin, dem Storchendorf und Zölkow, einem Ort, wo die Warnow noch als ein bescheidener, kurvenreicher Bach zu erleben ist. Zölkow wurde urkundlich erstmals 1328 erwähnt und dürfte den Dorfnamen aus dem Altpolabischen entlehnt haben, »Ort des Solek« oder »Sulek«. Der Name Schnaterei fand sich auch in Ruest, einem jetzigen Ortsteil von Mestlin. Ruest wurde urkundlich erstmals 1352 genannt, dürfte aber deutlich älter sein. Im Altpolabischen könnte Ruest mit »Mäusedornort« übersetzt werden. Östlich von Ruest sind im Brandmoor Reste eines Burgwalls zu erkennen. Die Dorfkirche von Ruest ist ein flachgedeckter

Feldsteinbau und in die zweite Hälfte des 15. Jahrhunderts zu datieren. Schnat(e) steht im Mittelhochdeutschen für junges, abgeschnittenes Reis, Durchhau, Grenze, Spur eines Schnittes. Als »Grenze im Forst« könnte die Bezeichnung für Schnaterei bei Mestlin zutreffend sein, denn der Wald liegt unmittelbar hinter den Gehöften. Auch das Mecklenburgische Wörterbuch beschreibt »snat« als durch Zeichen kenntlich gemachte Flurgrenze und mit »snaterie« ein Gehöft an der Flurgrenze. Die Mestliner Schnaterei wird hier auf S. 437 erwähnt. Eine »Schnaterei« gibt es nach Holzauktionsanzeigen im Klosterforst Mestlin an der Crivitzer Chaussee. Mestlin, urkundlich erstmals 1312 erwähnt, gehörte früher zum Kloster Dobbertin. Der Ortsname leitet sich aus dem Altpolabischen ab und könnte für Brücke stehen. Die Dorfkirche ist von stattlicher Größe und in ihren ältesten Teilen, darunter der quadratische und in Feldstein ausgeführte Chor, in das 13. Jahrhundert zu datieren. Das größte Gebäude des Ortes, allerdings wenig gut erhalten, stellt das ehemalige Kulturhaus dar. Es wurde zu Beginn der sechziger Jahre des 20. Jahrhunderts errichtet und war der Mittelpunkt des Dorfes mit zentraler Funktion für die Umgebung.

Siehdichum

PLZ 17217, liegt nahe bei Penzlin, der Kleinstadt mit dem bekannten Hexenkeller auf einem respektablen Hügel mit überaus schönem Rundblick. Wer das Fahrzeug im Ort abstellt und in Richtung Wustrow oder auch Penzlin geht, der gelangt bald auf einen Aussichtspunkt mit einem Ausblick, der den Ortsnamen überzeugend bestätigt. Siehdichum hieß um 1800 »Vorwerder«. Nach der Legende ritt der damalige Besitzer von Penzlin und Umgebung, Joseph von Maltzahn, mit seinem Sohn aus, um ihm die Größe des Besitzes zu zeigen. Er soll zum Sohn gesagt haben: »Kiek di üm. Dat is allens

mol din!« »Sieh dich um, das ist alles einmal dein!« Der Volksmund machte daraus Siehdichum, die heutige Ortsbezeichnung. Siehdichum liegt nahe an der B192. Besucher mit Interesse an historischem Straßenpflaster finden dieses auf dem Weg über Neuhof vor. Das ehemalige Gutshaus in Neuhof ist nach der Überlieferung auf den Mauern eines Baues aus dem 16. Jahrhundert errichtet worden, wurde 1936/1937 ausgebaut und 1998 restauriert. Wustrow, das vorstehend genannte Dorf, wurde erstmals urkundlich 1170 in einer zumindest teilweise gefälschten Urkunde genannt und bezieht den Namen aus dem Altpolabischen, »Inselort«. Das Dorfbild wird von Datschen, den beliebten Wochenendhäusern, dominiert. Sehenswert mehrere Hügelgräber, z. T. hoch über dem Tollensesee angelegt.

Sorgenlos

PLZ 17192, liegt unweit von Waren/Müritz zwischen der Mecklenburgischen Seenplatte und der Mecklenburgischen Schweiz. Nach dem Volksmund lebte hier ein Bauer, der unverheiratet blieb und daher keinen Erben für seinen Hof hatte. Als dem Bruder des Bauern von dessen Frau ein zweiter Sohn geboren wurde, soll sich dieser Bauer gefreut haben: »Jetzt bin ich meine Sorgen los«. Allerdings war Sorgenlos kein Bauerndorf, sondern wurde als Meierei Deven gegründet. Die Direktorialvermessungskarte von 1788 zeigt hier eine »Meyerey«. Deven wurde nach Kühnel (1882) bereits 1289 als Deuen, »Ort des Deven« erwähnt, während Meßner, Evers und Achtenhagen (2004) den kleinen Ort 1373 als erstmals urkundlich genannt aufführen. Die Kirche von Deven ist ein kleiner gotischer Feldsteinbau mit Giebeln aus Backstein und einem Kanzelaltar aus dem 18. Jahrhundert, darauf acht Schnitzfiguren aus einem gotischen Altar. Die Entstehung des Gotteshauses wird in das 14. Jahrhundert datiert. Das Gutshaus Deven, um 1820 als zweigeschossiger Putzbau errichtet, weist im Innern große zweiläufige Treppen auf und wurde zwischen 1998 und 2003 saniert. Es wird heute privat genutzt. Nach dem Staats-Kalender von 1855 war Sorgenlos noch unbenannt und eine Meierei des Allodialgutes Deven, das Carl und Friedrich, Gebrüder Voss, gehörte. 1856 nennt der Staats-Kalender für Deven Friedrich Voss als Besitzer und führt erstmals Sorgenlos auf, und zwar im Besitz von Carl Voss. Die beiden Brüder hatten also das Gut Deven aufgeteilt und aus der Meierei wurde Sorgenlos. Nach dem Staats-Kalender von 1860 gehörte Sorgenlos Carl Ludwig Friedrich Voss, das benachbarte Groß Gievitz Felix, Graf von Voss. Sorgenlos war demnach kein Vorwerk von Groß Gievitz, wie in der Literatur beschrieben. 1871 wurde Sorgenlos durch Alphons Ramon Canel erworben, der noch weiteres Land sowie Wald hinzukaufen konnte. Der Staats-Kalender von 1909 führt Sorgenlos als Allod im Besitz von Alphons Ramon Canels Erben auf. Das Gutshaus wurde 1910/1911 umgebaut, nach 1990 saniert und wird wieder als Wohnhaus genutzt. Der gepflegte Park kann einige botanische Kostbarkeiten vorweisen. Sorgenlos befindet sich nahe der B 194 und

war ob seiner Merino-Fleisch-Stammherde in Schafzüchterkreisen bekannt. Wer den Ort in Richtung Hungerstorf verlässt, der findet einen Mecklenburger Landweg vor, der nicht für moderne Autos angelegt wurde. Imposant ist eine Reihe respektabler Eichen am Wegesrand. An der Flurgrenze von Hungerstorf weißt ein Findling mit der Inschrift »Gemarkung Hungerstorf« auf die Ortschaft hin.

Sorgenlos gehört mit weiteren Ortsteilen zu der Gemeinde Groß Gievitz. Die Gemeinde liegt am Austritt der Ostpeene aus dem Torgelower See und somit nahe von Waren an der Müritz.

Groß Gievitz wurde urkundlich erstmals 1316 erwähnt. Der Name leitet sich aus dem Altpolabischen ab, »Wasserblase« oder »Ort an einem Strudel«, könnte aber auch mit »Seeort« zu übersetzen sein. Das heutige Dorf dürfte eine Gründung westfälischer Siedler sein, die den Namen des früheren (slawischen) Dorfes für ihre Ansiedlung übernahmen. Die Dorfkirche in Groß Gievitz ist ein frühgotischer Feldsteinbau aus dem 13. Jahrhundert, der 1964 restauriert wurde. Im Schiff und im Chor wurden bei dieser Restaurierung gut erhaltene Wandmalereien aus der Zeit um 1300 freigelegt. Die neugotische Grabkapelle der Grafen von Voß auf dem Friedhof in Groß Gievitz wurde zwischen 1827 und 1831 nach einer Zeichnung von Karl Friedrich Schinkel erbaut. Der Gutshof mit Park stammt aus dem 18. Jahrhundert. Von dem ursprünglichen Gebäudebestand ist nur der Marstall erhalten.

Speck

PLZ 17192, obwohl im nahrhaften Lande Mecklenburg-Vorpommern gelegen, stellt nicht die zum Ortsnamen gewordene Verehrung des Rücken- oder Bauchspecks von Hausschweinen dar. Speck ist ein Ort, der zur Gemeinde Kargow gehört, somit im Herzen der Mecklenburgischen Seenplatte liegt, und, wir ahnen es bereits, auch im Müritz-Nationalpark. Nahe bei Kargow befindet sich die Quelle der Ostpeene. Speck dürfte seinen Ortsnamen aus dem Altpolabischen entlehnt haben und für einen mit Ruten, Ästen, Reisig befestigten Weg stehen, der durch ein Sumpfgelände führte. Wir würden heute wohl Faschinen sagen. Urkundlich wurde Speck erstmals 1274 erwähnt. Speck war zunächst eine Pertinenz von Ankershagen, wurde dann ein eigenständiges Rittergut mit Pachtfischerei, Schmiede und Dorfkrug, Mühle und zeitweilig auch Glashütte, Dampfsägerei, Kalk- und Teerofen. Die großen Wälder waren für diese Gewerbe über längere Zeit sichere Grundlage. Das Herrenhaus in Speck diente als Jagdsitz, hatte nach 1945 verschiedene Nutzer, verfiel und befindet sich nun in Privathand. Die Kirche in Speck ist ein Neubau, errichtet 1876/1877, weist romanische und gotische Formenanklänge auf und zeigt die Innenausstattung der Erbauungszeit. Vom Kläflingsberg bei Speck kann man die grandiose Landschaft an der Müritz erleben und unterwegs Adlerhorste auf Strommasten zählen. Über die B 192 eine schnelle Anreise. In Federow, einem weiteren Dorf der Gemeinde Kargow, befindet sich das 1998 eröffnete Nationalpark-Informationsgebäude. Zu Fuß, mit dem Fahrrad oder

einem Pferdewagen ist der Nationalpark in seinen begehbaren Teilen Besuchern jederzeit angeraten. In Kargow empfiehlt sich ein Besuch der Dorfkirche. Sie ist ein rechteckiger, flachgedeckter Feldsteinbau, am Ende des 13. Jahrhunderts errichtet und 1909 restauriert. Kargow wurde 1273 erstmals urkundlich erwähnt und dürfte den Dorfnamen aus dem Altpolabischen herleiten, »Ort des Karga«, vielleicht auch mit sprachlicher Nähe zu »Habicht«. Nach Speck führt von der B 192 eine gewundene Landstraße mit vielen interessanten Ansichten, die auf ihrem Verlauf Kargow, Federow und Schwarzenhof berührt.

Federow wurde 1230 erstmals urkundlich erwähnt und leitet den Ortsnamen aus dem Altpolabischen ab, »heiterer Ort«. Die Dorfkirche von Federow ist ein nun verputzter rechteckiger Feldsteinbau vom Ende des 13. Jahrhunderts. Die westliche Vorhalle mit den zwei hohen offenen Spitzbogenarkaden wurde wohl im 20. Jahrhundert hinzugefügt. Schwarzenhof, ein weiterer Ortsteil der Gemeinde Kargow, befindet sich mitten im Müritz-Nationalpark und war vor dem Zweiten Weltkrieg ein bäuerliches Anwesen. Dann wurden hier Waldarbeiter angesiedelt und es sollte ein zentrales Dorf für die Angestellten der Staatsjagd und deren Familien entstehen. Nun befindet sich im ehemaligen Forstamt das Nationalparkinformations- und Verwaltungszentrum mit Platz und Hinweisen auch für Touristen. Schwarzenhof liegt unmittelbar am Müritzradweg bzw. dem Radfernweg Berlin – Kopenhagen. Ein familiär geführtes Hotel lädt in Schwarzenhof zu rustikaler Erlebnisgastronomie ein. Der Kranichrastplatz am Rederank See wird zur Zugsaison von zehntausenden Kranichen aufgesucht, die aus gebührlichem Abstand betrachtet werden können. Die Hirschbrunftplätze versprechen (und halten) unter sachkundiger Führung Naturhörspiele von ungeahnter Lebenskraft bereit. Der Rederank See wurde bereits 1274 urkundlich erwähnt. Der Name Rederank dürfte sich aus dem Altpolabischen herleiten und könnte sich zusammensetzen aus »rad« für froh und »raka« für Hand. Möglich ist auch ein Bezug auf Krebse, »raki« im Slawischen.

Sperlingshof

PLZ 17168, stellt nicht das Rückzugsgebiet der in ihren Beständen leider bedrohten Feld- und Haussperlinge dar. Der Einzelhof, heute eine Tischlerei, gelegen am Rande der Mecklenburgischen Schweiz und mit bemerkenswerter Fernsicht, führt die Bezeichnung auf die Meinung des Volksmundes zurück. Sperlingshof wurde im 19. Jahrhundert als Ausbau errichtet und gehört zur Gemeinde Lelkendorf, die zwischen Teterow und Neukalen liegt. Die nähere Beziehung zu den liebenswert-frechen Spatzen scheint jedenfalls zu bestehen. Den First des Wohnhauses schmückt die Figur eines Vogels von etwa Sperlingsgröße, ausgeführt in Blei und nach der Dachsanierung wieder an dem vertrauten Platz angebracht. Daneben fliegen und tschilpen »echte« Sperlinge um die Dächer und Bäume der Tischlerei. Lelkendorf wurde urkundlich erstmals 1225 genannt und leitet wohl das Bestimmungswort aus dem Altpolabischen ab, während das Grundwort bereits aus dem Deutschen stammen könnte, »Ort des, der Lelek«. Das Herrenhaus von Lelkendorf wurde zu Beginn des 13. Jahrhunderts errichtet, im Dreißigjährigen Krieg zerstört, im Renaissancestil wieder aufgebaut und 1898 im Stil der Tudorgotik als zweigeschossiger Putzbau mit Mansardendach umgestaltet. Das Lehngut Lelkendorf gehörte bis 1945 (und nun wieder) der Familie von Lewetzow. Baron Eusebius von Lewetzow auf Groß Markow war ein Großneffe von Ulrike von Lewetzow, der jugendlichen Freundin des alternden Johann Wolfgang von Goethe, und konnte von seiner Großtante noch erzählen. Einen längeren Besuch in Lelkendorf sollte der 1993 vom Förderverein »Schnursteinquelle« eröffnete Tierrassenpark wert sein, wo selten gewordene, in ihrer Existenz bedrohte Haustierrassen gehalten werden. Am Eingang stehen Eichen, die viele hundert Jahre alt sind. Die Thinghütte mit dem gemütlichen Lagerfeuer und der Spielplatz dürften für Kinder und Heranwachsende ebenfalls interessant sein.

Das Gemeindegebiet wird teilweise durch die Peene begrenzt,

die vom nahen Neukalen als noch kleiner Fluss von Mecklenburg in das Vorpommersche zieht. Bei einer bereits 1174 bezeugten Burg errichtete 1244 Fürst Borwin von Mecklenburg eine Stadt, die 1253 lübisches Recht erhielt, jedoch 1281 als oppidum an die heutige Stadt verlegt wurde, wo seinerzeit das Dorf Bugelmast lag. Zumindest das Grundwort leitet sich aus dem Altpolabischen ab, »Most« für Brücke, hier wohl als Übergang über die Peene gemeint. Neukalen wurde planmäßig angelegt und für 1414 ist ein Rathaus bezeugt. Das heutige Rathaus, ein zweigeschossiger Putzbau, wurde 1799 errichtet und 1981 rekonstruiert. Die Stadtkirche Sankt Johannes ist ein spätgotischer Backsteinbau und in die erste Hälfte des 15. Jahrhunderts zu datieren. Sie wurde 1963 saniert. Auffallend ist der große Altar, um 1610 gefertigt. Der Stadtname leitet sich aus dem Altpolabischen ab und könnte für einen Personennamen stehen, »Kaleta« oder »Kalata«. Neukalen ist im Lande auch bekannt ob der dortigen, für norddeutsche Verhältnisse ziemlich munteren Karnevalfeiern des NCC, des Neukalener Carneval Clubs. Nach Sperlingshof führt uns die Landstraße, die Neukalen und Teterow verbindet. In Lelkendorf wird in Richtung Küsserow abgebogen und in Küsserow weist ein Schild den richtigen Weg. Küsserow wurde urkundlich erstmals 1252 erwähnt und hat den Dorfnamen aus dem Altpolabischen entlehnt. Es könnte eine inhaltliche Nähe zu den Bezeichnungen für Hürde oder auch Sichel bestehen.

Streithof

PLZ 17322, gehört zur Gemeinde Glasow und liegt zwischen Penkun und Löcknitz, nahe der Randow. Streithof entstand als Vorwerk nach den Stein-Hardenbergschen Reformen (1808) zu dem Rittergut Hohenholz, befand sich jedoch auf der Glasower Gemarkung. Vielleicht rührt daher der Ortsname. Die (überfälligen)

Reformen wurden vom Adel als äußerst ärgerlich empfunden. In Streithof lebten zu der Zeit 98 Menschen. Das Bauerndorf Glasow, urkundlich erstmals 1433 erwähnt, gehörte zu Hohenholz. Die Gemarkung weist einige Hügel auf und bildet daher einen interessanten Kontrast zum Randow-Urstromtal mit seinen steilen Hängen und der Randow. Die Karte bezeichnet diese Erhebungen etwas überzogen als »Streithofer Alpen«. Ewiges Eis und schroffe Felswände sollten Besucher nicht erwarten. Die heutigen Bewohner von Streithof sind, nach eigenem Erleben, keine streitsüchtigen Zeitgenossen. Ihr märkisch gefärbtes Platt unterscheidet sich allerdings von dem eines gebürtigen Mecklenburgers. Die Dorfkirche in Glasow ist ein rechteckiger Feldsteinbau aus dem 13. Jahrhundert. Der Turm hat eine barockisierende Haube. Die hölzerne Kanzel stammt aus der Zeit der Spätrenaissance. Der Ortsname leitet sich aus dem Altpolabischen ab und könnte für einen Ort stehen, wo es (reichlich) Steine gibt. Steine finden sich in der Umgebung von Glasow auch heutigentags reichlich. Eine andere Erklärung stellt die Beziehung zu einem slawischen Lokator her, »Ort eines Glaz«. Das Rittergut Hohenholz ist nach der Überlieferung um 1300 gegründet worden. Das älteste Gebäude von Hohenholz ist die Dorfkirche, ein rechteckiger Feldsteinbau aus dem 13. Jahrhundert mit verschiefertem Fachwerkturm. Das Kircheninnere wurde 1881 vollständig erneuert, der Turm 1961. Nahe bei Streithof, auf einem Hügel zwischen Seen und Feuchtgebieten erbaut, liegt Penkun, die südöstlichste Stadt des Landes. Der Stadtname leitet sich aus dem Altpolabischen ab und kann wohl mit, »Ort des Pakun« übersetzt werden. Penkun entstand als Marktsiedlung, die 1240 erstmals urkundlich erwähnt wurde. Sie lag im Schutz einer stark befestigten pommer-

schen Grenzburg als regelmäßige, ummauerte Anlage und erhielt 1284 Stadtrecht. Diese Burg wurde bereits 1186 urkundlich erwähnt und diente dem Schutz einer Handelsstraße zwischen Stettin und der Mark Brandenburg. Am Ostrand des Schlosses auf einer Insel befindet sich ein Turmhügel (Rest), als »Alte Stadt« bezeichnet. Die Stadtkirche wurde nach dem Brand von 1854 zwischen 1860 und 1862 in gotisierender Form neu erbaut. Das Schloss, in Teilen restauriert, wurde als unregelmäßige Dreiflügelanlage auf den Resten der mittelalterlichen Burg um 1600 in Formen der Spätrenaissance errichtet. 1991 konnte die Sanierung des Schlosses begonnen werden. Das Rathaus, ebenfalls nach dem großen Stadtbrand von 1854 neu errichtet, wurde zum Ende des Zweiten Weltkrieges durch Feuer zerstört. Nach Streithof kann man von Penkun oder Glasow aus fahren, also über die A 6 Abfahrt 3 in Richtung Löcknitz, oder von der B 104 in Löcknitz in Richtung Glasow abbiegend.

Streu

PLZ 18569, hat auf Rügen bei Bergen noch einen Namensvetter mit der PLZ 18528. Hier näher betrachtet wird das Dorf Streu, ein Ortsteil von Schaprode. Gemeint ist nicht die in Tierställen häufig verwendete Einstreu. Der Ortsname dürfte sich aus dem Altpolabischen herleiten und vielleicht für einen Personennamen stehen. Streu wurde erstmals 1314 genannt, könnte aber deutlich älter sein. Das fürstliche Heberegister nennt für das Jahr 1314 in Streu fünf »Knesitze«. Damit dürften slawische Kleinadlige gemeint sein, die ihre Äcker selbst bestellten, aber auch ritterliche Aufgaben zu erfüllen hatten. Diese Männer waren in der mittelalterlichen Ständeordnung somit zwischen Adel und Bauern angesiedelt. In Streu ist das Herrenhaus erhalten, ein alter Rittersitz der Herren von der Osten. Die Gemeinde liegt im nordwestlichen Teil des Rügener Muttlandes.

Schaprode gilt als einer der ältesten Orte auf Rügen und wurde 1193 erstmals urkundlich erwähnt. Vermutet wird hier der Sitz eines slawischen Fürsten. Im Ortskern von Schaprode stehen rohrgedeckte Fischerkaten, von denen einige noch geschnitzte Haustüren sowie Sprüche an den Hauswänden aufweisen. Die Dorfkirche zeigt sich als ein Backsteinbau, dessen älteste Teile in das 13. Jahrhundert zu datieren sind. Die Triumphkreuzgruppe wurde im 15. Jahrhundert geschaffen. Am Dorfausgang steht eine Mordwange mit Kruzifix und Inschrift, 1368. Über den Hafen von Schaprode wickelt sich der Hauptfährverkehr zur Insel Hiddensee ab, die einzige ganzjährige Möglichkeit zum Erreichen der Insel. Hier verkehrt auch die Lastenfähre und können auf mehreren Parkplätzen die Kraftfahrzeuge der Besucher von Hiddensee abgestellt werden.

Am Udarser Wiek bietet ein Aussichtsturm gute Möglichkeiten zur Beobachtung von Vögeln. Am Stolper Haken, im Norden des Gemeindegebietes, liegt eine echte Schwedenschanze, zwischen 1700 und 1720 zur Kontrolle der Einfahrt nach Stralsund errichtet. Nach Streu führt uns die Landstraße von Samtens über Gingst und Trent. Gingst wurde 1232 erstmals erwähnt. Die Kirche von Gingst wurde als Backsteinbau im 13. Jahrhundert angelegt, durch mehrfache Brände zerstört und erhielt ihr heutiges Aussehen nach dem Wiederaufbau von 1725. In Gingst sind mehrere eingeschossige Giebelhäuser aus dem 18. und frühen 19. Jahrhundert erhalten geblieben. Gingst war ein bedeutendes Zentrum der Damastweberei auf Rügen. Der Ortsname könnte auf die slawische Bezeichnung für Reif oder Tau Bezug nehmen, somit auf das Kleinklima. Samtens, gelegen an der B 96, wurde 1318 erstmals urkundlich erwähnt. Der Ortsname leitet sich aus dem Altpolabischen ab und hat eine Nähe zu dem Wort einsam, nach anderer Meinung zu der Bezeichnung für einen Frosch, ebenfalls aus dem Altpolabischen. Die Dorfkirche von Samtens ist ein Backsteinbau vom Anfang des 15. Jahrhunderts, der 1662 und dann 1935–1936 erneuert wurde. Trent wurde sicher 1326 urkundlich erwähnt, dürfte aber älter sein. Die Dorfkirche ist ein

Backsteinbau aus dem 14. Jahrhundert mit reicher Innenausstattung. Das Langhaus ist wohl in das 15. Jahrhundert zu datieren. Der quadratische Westturm weist drei Geschosse aus und bietet einen großartigen Blick auf Land, Bodden und Wieck. Im benachbarten Venz ist das ehemalige Gutshaus als einer der ältesten Profanbauten Rügens Beachtung wert. Er ist ein zweigeschossiger verputzter Backsteinbau mit Eckquaderung, Ende des 16. Jahrhunderts errichtet und im 17. Jahrhundert erweitert. Der spätere legendäre Feldmarschall Blücher verbrachte einen Teil seiner Jugendzeit in Venz. Bei Venz befindet sich ein slawischer Burgwall. Der Hof Venz wurde urkundlich erstmals 1486 erwähnt. Nach der Legende seien die ältesten Eigentümer von Venz Weggefährten Klaus Störtebekers gewesen.

Strohkirchen

PLZ 19230, liegt in der Nähe von Hagenow am Nordrand der Griesen Gegend. Strohkirchen erweist sich als ein Straßendorf mit interessanten Gehöften am Strohkirchener Bach. Es hat keine Kirche, auch nicht aus Stroh, wohl aber ein Dorfgemeinschaftshaus. Ein Müller namens Strohkark, der als Tunichtgut bekannt war, soll dem Dorf seinen Namen gegeben haben. Das MUB erwähnt für 1316 einen Herrn Johann von Strohkirchen, der in seinem Schild drei Seeblätter führte. Bauern, Büdner und Häusler errichteten, wie heute noch erkennbar, ihre Anwesen an verschiedenen Wegen. Im Waldweg Nr. 6 steht eine Büdnerei, erbaut unter Verwendung von Klump, dem Raseneisenstein. Das Dorf gehört zur Gemeinde Kuhstorf. Durch Kuhstorf fließt die Sude, in welche nördlich des Ortes der Strohkirchener Bach mündet. Kuhstorf wurde 1363 als Curdestorp erstmals urkundlich erwähnt. Die heutige Dorfanlage von Strohkirchen zeigt nicht mehr das Bild eines Rundlings, dafür eine Anzahl Niederdeutscher Hallenhäuser und Eichen von respektabler

Größe. Der Strohkirchener Bach stellt einen Teil der Nordgrenze der Griesen Gegend dar. Vorzüglich ist in Strohkirchen die Geschichte der Freiwilligen Feuerwehr dokumentiert. Danach besteht das Dorf Strohkirchen seit dem Jahr 1407. Strohkirchen kann über die B 5, Abzweig Picher, direkt angefahren werden.

Tempel

PLZ 18311. Mecklenburg-Vorpommern verfügt nicht nur über zwei Tempelberge, sondern auch über eine Ortslage mit dem Namen Tempel. Dabei handelt es sich um einen Ortsteil von Ribnitz-Damgarten, Bernsteinstadt an der Recknitz und Tor zum Darß. Tempel liegt nahe der B 105. Östlich der Recknitz in Vorpommern liegt Damgarten und westlich des Flusses in Mecklenburg Ribnitz. Der Übergang über die breite sumpfige Flussniederung wird auch Mecklenburger Pass genannt. In Ribnitz ist das Klarissenkloster (1323/1324 errichtet), in dem sich heute das Deutsche Bernsteinmuseum befindet, erwähnenswert. Die Klosterkirche mit gotischer Holzplastik, die Marienkirche, 1233 bereits erwähnt, die Lange Straße mit ihrer klassizistischen Architektur und der Markt mit dem Bernsteinbrunnen sind ebenso einen Besuch wert. Damgarten kann auf die Bartholomäuskirche aus dem 13. Jahrhundert verweisen, die Bernsteinmanufaktur und das Technikmuseum in Pütnitz. Letzteres ist in den ehemaligen Hangars des Militärflughafens untergebracht. Pütnitz wurde 1225 erstmals urkundlich erwähnt. Wahrscheinlich befand sich hier eine mittelalterliche Wasserburg. In Pütnitz gibt es ein denkmalgeschütztes Gebäude, das ehemalige Gutshaus, das im Jugendstil errichtet wurde. Das Freilichtmuseum in Klockenhagen gibt einen Einblick in die Lebens- und Arbeitsweise vergangener Zeiten. Das Freilichtmuseum entstand ab 1970, zunächst aus einem Denkmalhof, bestehend aus einem Bauernhaus und einer Scheune.

Klockenhagen wurde urkundlich erstmals 1332 erwähnt. Der Ortsname dürfte ein slawisch-deutscher Mischname sein und auf das Zusammenleben beider Volksgruppen verweisen. Der Ortsname Tempel könnte sich aus dem Altpolabischen ableiten und für den einstigen slawischen Lokator stehen. Die Doppelstadt Ribnitz-Damgarten entstand 1950 durch Zusammenlegung der beiden Städte. In Ribnitz wurde Richard Wossidlo (1859–1939) zur letzten Ruhe gebettet, der Mann, der ungemein viel für die Bewahrung des mecklenburgischen Volksgutes getan hat.

Vergessen werden sollen auch nicht die Mahnmale, die an die Opfer der nationalsozialistischen Zwangsherrschaft erinnern. Seit dem 28. April 2009 führt die Doppelstadt die offizielle Bezeichnung »Bernsteinstadt«.

Tempelberg

PLZ 18586. Mecklenburg-Vorpommern hat sogar zwei Tempelberge, allerdings etwas weniger geschichtsträchtig, dafür auch weniger umkämpft. Auf dem 107 Meter hohen Tempelberg, nahe von Binz auf Rügen, steht das Jagdschloss Granitz. Das Schloss wurde zwischen 1838 und 1846 nach Plänen des Architekten Johann Gottfried Steinmeyer im Stile norditalienischer Renaissanceschlösser errichtet und hatte auch bereits einen Vorgänger aus dem 18. Jahrhundert, ein kleines sechseckiges Belvedere. Ausstattung und die Ausstellung sind mehr als sehenswert und der Ausblick von dem 38 Meter hohen Mittelturm unvergesslich. Letzterer wurde von Karl Friedrich Schinkel entworfen. Er bietet einen herrlichen Blick über Südostrügen, bei guter Sicht bis nach Hiddensee und Usedom. Schwindelfreiheit ist wegen der gusseisernen Wendeltreppe allerdings erforderlich. Der Name Granitz benennt im Altpolabischen eine Grenze. Binz, der bekannte Badeort an der Ostküste der Insel

Rügen mit beinahe südländischem Flair, ist auf einem Wanderweg erreichbar. Binz war ein Fischer- und Bauerndorf, das urkundlich erstmals 1318 erwähnt wurde. Der Name dürfte sich aus dem Altpolabischen ableiten und hat eine inhaltliche Nähe zu der slawischen Bezeichnung für Binsen. Das Baden im Meer kam so richtig erst um 1875 in Mode. In der Folge entstanden die sehenswerten und gepflegten Häuser der Bäderarchitektur entlang der Promenade an der Ostsee, die Seebrücke, das Kurhaus, der Kurpark, das Binz-Museum. Im Jahre 1885 wurde Binz offiziell zum Badeort erklärt. Nahe bei Binz steht der »Koloss von Rügen«, das unvollendet gebliebene Kraft-durch-Freude-Heim Prora. Hier sollte das größte und modernste Seebad Deutschlands, ja weltweit, entstehen. Es hatte im Krieg und danach eine wechselvolle, noch längst nicht abgeschlossene Geschichte. Zu DDR-Zeiten, als hier verschiedene Truppenteile der NVA (Nationale Volksarmee) stationiert waren, trug Prora den passenden Namen »Tausend-Mann-Hotel«. Zum Tempelberg mit dem Jagdschloss Granitz führt uns zunächst die B196, dann die Landstraße Richtung Binz. Der Tempelberg bei Penzlin wurde dort bereits vorgestellt.

Tewswoos

PLZ 19303, kann wohl auf eine spätmittelalterliche Herkunft verweisen und war ursprünglich ein Rundling. Der älteste Teil des Dorfes wird als Bauernring bezeichnet. Tewswoos liegt im südlichen Teil der Griesen Gegend und wurde ursprünglich Thetzwoess geschrieben. Zwei Niederdeutsche Hallenhäuser, erbaut nach dem Brand des Dorfes von 1729, sind unverbaut erhalten. Giebelzierden in Form des »Hahnenkopfes«, wie in der Griesen Gegend bis 1970 weit verbreitet, sind in Tewswoos noch anzutreffen. Die Gründung von Tewswoos wird um 1456 vermutet. Die um 1900 errichtete Büdnerreihe wird im Ort als »Büdnerende Neustadt« bezeichnet. Vielank, der Hauptort der Gemeinde, wurde 1421 erstmals urkundlich erwähnt. Der Dorfname dürfte sich aus dem Altpolabischen ableiten und für »Ort eines Velan« stehen. Wer nach Vielank kommt, der sollte dem Brauhaus einen Besuch abstatten, wo neben dem Vielanker Bier, gebraut nach dem Reinheitsgebot von 1516, eine weitere Vielanker Spezialität probiert werden kann. Auf den nach Bio-Richtlinien bewirtschafteten Flächen weiden »Heckrinder«, Rinder, die den Versuch darstellen, den im 17. Jahrhundert ausgerotteten Auerochsen, die Urform unserer heutigen Hausrinder, nachzuzüchten. Die Gebrüder Heck, Zoodirektoren in Berlin und München, unternahmen um 1900 diesen Versuch. Von der lobenswerten Qualität Vielanker Auerochsenspezialitäten können sich Gäste des Vielanker Brauhauses ganzjährig überzeugen. Bemerkenswert auch eine jüngere Büdnerei in Hallenhausform, 1867 erbaut und massiv aus Raseneisenstein, dem bereits genannten »Klump« errichtet. In Alt Jabel, einem weiteren Ortsteil der Gemeinde und bereits 1291 urkundlich erwähnt, sind das »Lütt Museum«, die Dorfkirche, um 1900 errichtet, und die Ruine der Michaelis-Kirche einen Besuch wert. Die Michaelis-Kirche wurde um 1250 von Mönchen des Zisterzienserklosters Eldena im romanischen Stil und mit einem hölzernen Glockenturm errichtet. Nach der Einweihung der neuen Kirche wurde der Vorgängerbau um 1909 bis auf die heute erkennbaren Mauerreste abgetragen. Der Dorfname Alt Jabel leitet sich aus dem Altpolabischen ab und könnte als »Apfelbaumort« übersetzt werden. Einer Erklärung bedarf der Begriff »Griese Gegend«, zumindest für Besucher aus anderen Landesteilen oder Gegenden. Dieser Landstrich liegt im Südwesten von Mecklenburg, stellt eine ehemalige Heidelandschaft dar und war ein Rückzugsgebiet der slawischen Einwohner des Landes. Die Bezeichnung rührt wohl nicht von den grauen (griesen) Sandböden, meist nährstoffarmen Quarzsanden her, sondern eher von der hier bevorzugten ungefärbten grauen (griesen) Leinenkleidung. Auch Wanderarbeiter, welche die Heidedörfer

um besserer Verdienstmöglichkeiten zumindest zeitweilig verlassen mussten, trugen diese einheitlich erscheinende Kleidung.
Johannes Gillhoff, 1861 geboren in dem Heidedorf Glaisin, hat in seinen Werken die Griese Gegend liebevoll beschrieben, so auch in seinem bekanntesten Buch »Jürnjakob Swehn der Amerikafahrer«. Nach Tewswoos kann man von der B5 über Leussow fahren. Leussow wurde 1291 erstmals urkundlich erwähnt und leitet den Dorfnamen aus dem Altpolabischen ab, »kahler Ort«. Die Dorfkirche in Leussow ist ein neugotischer Backsteinbau und wurde 1874 errichtet.

Texas

PLZ 19230, stellt keinen Ableger des bekannten US-Bundesstaates dar, liegt auch nicht am Golf von Mexiko, sondern gehört zu Kirch Jesar. Das einstige Bauerndorf Kirch Jesar wurde 1371 erstmals urkundlich erwähnt. Der Dorfname dürfte sich aus dem Altpolabischen ableiten und kann vielleicht mit »Seeort« übersetzt werden. Durch die Gemeinde fließt ein Bach zur Sude. Die 1717 erbaute und 1847 erweiterte kleine Fachwerkkirche wurde in jüngerer Zeit saniert. Das alte Pfarrhaus wurde als Dorfgemeinschafts-

haus 2004 geweiht und wird seither von der Kommune und der Kirchgemeinde genutzt. Im Amselweg 2 steht ein Niederdeutsches Hallenhaus, ebenso in der Theodor-Körner-Straße 9. Texas erweist sich als ein Einzelgehöft, besteht zumindest seit den 60er Jahren des 20. Jahrhunderts und galt als Ausbau von etwas rauer Art, daher die volkstümliche Bezeichnung. Rinder, wie auf dem Gebiet des nordamerikanischen Bundesstaates, werden hier nicht geweidet.

Thulendorf

PLZ 18184, die Gemeinde Thulendorf liegt nicht auf Grönland, dem alten Thule, sondern südlich von Rostock, zwischen der Carbäk im Norden und der Kösterbeck im Süden. Sehenswert ist die gotische Feldsteinkirche in Thulendorf, erbaut im 13. Jahrhundert und mit Backsteinergänzungen versehen, sowie die Galerieholländermühle in Neu Thulendorf. Die erste urkundliche Erwähnung erfolgte am 16. Oktober 1327. Fürst Heinrich zu Mecklenburg legte an dem Tag für den Bürger Henneken von Broderdorp die Scheide (Grenze) zwischen Broderdorp und Tulendorp fest. Die Ortsbezeichnung wird auch als ein slawisch-deutscher Mischname angesehen, »Dorf eines Tul«. Die Gemeinde Broderstorf, zu der Thulendorf gehört, liegt an einer bedeutenden mittelalterlichen Verkehrsader, die von Lübeck über Rostock und Gnoien nach Stettin führte. Die heutige B 110 folgt dieser alten Straße in großen Zügen. Broderstorf, der Hauptort der Gemeinde, wurde 1327 erstmals urkundlich erwähnt. Über die genannte Bundesstraße ist die Gemeinde gut erreichbar. Der Fluss Carbäk nimmt seinen Anfang westlich des Kriegsholzes bei Rothbeck, Gemeinde Steinfeld und mündet nach etwa 20 Kilometern in die Unterwarnow. Steinfeld wurde 1334 erstmals urkundlich genannt und trägt einen Ortsnamen aus dem Mittelniederdeutschen, »Stenvelt« bzw. »Stenvelde«, Siedlung am, beim steinigen Feld. Der

Kösterbeck, die südliche Gemeindegrenze, entspringt im Teufelsmoor bei Sanitz und mündet nach 15 Kilometern Flusslänge bei Kessin in die Warnow. In der Kösterbeck lebt noch die selten gewordene Bachmuschel. Kessin wurde bereits 1170 urkundlich genannt und leitet den Ortsnamen aus dem Altpolabischen ab, »Fischerhüttenort«. Die Kessiner waren ein slawischer Stamm, der das nach ihnen bezeichnete Land zwischen unterer Warnow und Recknitz besiedelte. Die Dorfkirche hat einen quadratischen Chor aus Feldsteinen, der in die Mitte des 13. Jahrhunderts zu datieren ist, das breitere Schiff aus Backstein wurde im 14. Jahrhundert errichtet. Das Pfarrgehöft ist ein Torkaten mit mittlerer Durchfahrt und im 18. Jahrhundert erbaut. Sanitz wurde 1256 erstmals urkundlich erwähnt und leitet den Ortsnamen aus dem Altpolabischen ab. Es wird eine sprachliche Nähe zu »Hase« angenommen, »Hasenort« oder »Ort des Zajec«. Die Dorfkirche ist ein Feldsteinbau aus der Mitte des 13. Jahrhunderts. Das Fenstergewände besteht aus Backstein. Die Kanzel wurde 1694 erbaut.

Troja

PLZ 17248. Heinrich Schliemann hätte vielleicht nicht die beschwerliche Reise nach Kleinasien machen müssen, um mit dem Homer in der Hand nach der untergegangenen antiken Metropole zu suchen. Gar nicht weit fort von Ankershagen, dem Dorf im Havelseenquellgebiet, wo er aufwuchs, liegt Troja. Der Staats-Kalender von Mecklenburg-Schwerin nennt für 1793 Troja, also noch vor der Geburt von Heinrich Schliemann (1822). Troja ist ein Ortsteil der Gemeinde Lärz. Im Staats-Kalender von 1909 wird Troja als zu Krümmel gehörend aufgeführt und mit Krümmelscher Krug bezeichnet. Über hohe Stadtmauern wie das antike Vorbild verfügt unser Troja nicht, kann dafür eine mehrhundertjährige Eichenallee nach Krümmel hin vorweisen. Krümmel wurde 1237 erstmals urkundlich erwähnt und leitet den Ortsnamen aus dem Altpolabischen ab, »Ort des Kromemer«. Diese Ansicht findet aber keine einheitliche Zustimmung. An der verlandenden Nordbucht des Krümmeler Sees liegt eine Burgstelle, die den Flurnamen »Oll Hoff« trägt. Drei Kilometer südwestlich des Dorfes in der Wiesenniederung liegt eine zweite Burgstelle, als »Diemslüch« bezeichnet. Lärz, der Hauptort der Gemeinde, wurde urkundlich erstmals 1237 erwähnt und könnte im Altpolabischen für »Elchtierort« stehen. Bei dem damaligen und heutigen Reichtum der Gegend an Wald und Wasser, Mooren und Fließgewässern eine gut vorstellbare Bezeichnung. Lärz nahm unter den Dörfern Mecklenburgs eine Sonderstellung ein, hatten doch die Lärzer Bauern sich in zähem Rechtsstreit mit dem (zuständigen) Klosteramt Dobbertin eine eigene »Dorfordnung« erkämpft. Von 1939 bis 1993 waren Lärz und die Nachbargemeinde Rechlin Militärstandorte. Auf dem Flugplatz Lärz wurden u. a. Versuchsflüge mit dem ersten Strahlflugzeug der Welt, der Heinkel HE 178, durchgeführt. Das Dorf und die Kirche von Lärz haben diese militärische Präsenz überdauert. Die Dorfkirche zeigt sich als rechteckiger Fachwerkbau mit Westturm und ist in das Jahr 1724 zu datieren. Der Kanzelaltar mit seinem reichen Acanthusrankenwerk stammt aus dem Jahre 1739, die Taufschale aus Messing wurde 1672 gefertigt. Zwei Ernhaushöfe geben dem Dorfbild einen besonderen Aspekt. Beide sind in die zweite Hälfte des 19. Jahrhundert zu datieren. Nach Troja führt uns die B 198; zunächst nach Mirow, dann über Schwarz und Buschhof nach Troja. Schwarz wurde 1237 erstmals urkundlich erwähnt, leitet den Dorfnamen aus dem Altpolabischen ab und steht in der Übersetzung vielleicht für »Grillenort«, oder »Ort des Sverc'«. Die Dorfkirche von Schwarz, 1767 errichtet, ist ein rechteckiger Backsteinbau mit toskanischer Pilastergliederung und einem Westturm mit barocker Haube. In Schwarz steht ein Mitteldeutsches Ernhaus aus dem 18. Jahrhundert, ursprünglich als Rauchhaus angelegt, und vom gleichen Typ eine Büdnerei, erbaut am Ende des 18. Jahrhunderts. Beide Gebäude wurden zweigeschossig angelegt.

Buschhof wurde 1816 erstmals urkundlich erwähnt, war ein Erbpachtgut und hatte zu der Zeit nicht nur eine Schule, sondern auch eine Brennerei und eine Bahnstation.

Trollenhagen

PLZ 17039. Wer sich die weite Reise in das schöne Norwegen sparen will und meint, in Trollenhagen Trolle vorzufinden, der wird in dieser Hinsicht enttäuscht werden, auch wenn Findlinge, die bevorzugten Verstecke der Trolle, reichlich vorkommen. Das Dorf liegt auf einem langgestreckten Hügelzug, der auch Platz für einen großen Flugplatz hat. Oberhalb von Neubrandenburg bietet es nach Westen einen weiten Blick über das Tal der Tollense. Die urkundliche Ersterwähnung erfolgte im Jahr 1308 als »Hogenhaven«. Am 27. Mai 1322 wird das Dorf in einer zu Stargard erstellten Urkunde erneut genannt. Heinrich, Fürst von Mecklenburg, verleiht der Witwe Adelheid Zierzow zu Neubrandenburg 20 Mark Rente zu Hogenhaven. Der Ortsname dürfte aus dem Mittelniederdeutschen kommen und von »hoge« für Höhe sowie »haven« für Hof, Besitz, abgeleitet sein. Das Bederegister von 1496 bezeichnet den Ort als Trullenhagen. Später wurde daraus Trollenhagen. Neben der spätgotischen Feldsteinkirche aus dem 14. Jahrhundert stellt der seit 1933 bestehende Flugplatz die zweite Sehenswürdigkeit des Dorfes dar. Nach Trollenhagen kann man daher nicht nur über die B 96 bzw. die A 20 anreisen, sondern auch mit einem Flugzeug. Der Flugplatz wird zwar vornehmlich militärisch genutzt, hat aber auch einen zivilen Bereich. Die Dorfkirche hat bisher allem Flugbetrieb standgehalten, sogar die Angriffe auf den Flugplatz gegen Ende des Zweiten Weltkrieges unbeschadet überstanden und zeigt sich als spätgotischer Rechteckbau aus großen Feldsteinen. 1712 erfolgte ein Umbau, bei dem die Kirche ein Mansardendach und den Westturm erhielt.

Das ehemalige Gutshaus ist ein verputzter zweigeschossiger Fachwerkbau aus dem 18. Jahrhundert, schlicht ausgeführt und im Innern weitgehend verändert. Stargard, heute Burg Stargard, kann auf eine gut erhaltene und für norddeutsche Verhältnisse große Höhenrandburg verweisen. Der reizvoll gelegene Ort erhielt zwar erst 1259 das Stadtrecht, bestand aber bereits in mittelslawischer Zeit als Burg, worauf auch der Name verweist (alte Burg). Er könnte aber nach dem bereits erwähnten »Atlas der Oikumene« des Ptolemaios bereits zur Zeitenwende als »Astuia« bestanden haben. Im Tal der Tollense, unterhalb von Trollenhagen, liegt die alte Vorderstadt (seit 1708) Neubrandenburg. Die Stadt wurde 1248 gegründet, erhielt das Recht der (alten) Stadt Brandenburg verliehen und wurde planmäßig auf einer Sandscholle im Moor angelegt. Neubrandenburg hatte mehrere slawische Dörfer als Vorgänger und liegt strategisch günstig am Kreuzungspunkt großer Straßen bzw. mittelalterlicher Handelswege. Die Liste der Sehenswürdigkeiten ist erfreulich lang. Daher kann auch hier nur eine Auswahl angeboten werden. Die Altstadt wird von einer weitgehend erhalten gebliebenen Befestigungsanlage, den bekannten vier Toren und einer Reihe von in die Mauer eingefügten Wieckhäusern umgeben. Die Wieckhäuser dienen schon lange friedlichen Zwecken. Die Stadtkirche Sankt Marien ist ein imposanter Backsteinbau, deren Hauptaltar 1298 geweiht wurde. Die Kirche wurde um 1840 durch Friedrich Wilhelm Buttel umgebaut und erhielt dabei den weithin sichtbaren Turm. Auf einem bekannten Gemälde von Caspar David Friedrich, dessen Familie vor seiner Geburt von Neubrandenburg nach Greifswald zog, wurde die Kirche in einer Gebirgslandschaft abgebildet. Sankt Marien wurde im April 1945 stark zerstört und nach 1990 zur geschätzten Konzertkirche mit großartiger Akustik umgebaut. Zum ehemaligen Franziskanerkloster gehört die Kirche Sankt Johannes. Das Kloster wurde um 1260 gegründet, spätgotisch erneuert und wird in Zukunft das Regionalmuseum aufnehmen. Vor dem Treptower Tor liegt die Spitalkapelle Sankt Georg, ein kleiner rechteckiger Backsteinbau aus der ersten

Hälfte des 15. Jahrhunderts. Im Neuen Tor fand nach 1990 die Fritz-Reuter-Gesellschaft ihren Sitz. In Neubrandenburg verbrachte Fritz Reuter seine schaffensreichsten Jahre. Die Innenstadt kann auf die Kunstsammlung in ihrem neuen Domizil und die Regionalbibliothek verweisen. Und nahebei in der Gartenstraße Nr. 6 befindet sich das Brigitte-Reimann-Haus mit dem Archiv zu den Nachlässen von Hans Fallada, Brigitte Reimann und weiteren Autoren. Am langgestreckten Tollensesee liegt auf dem alten Klosterhügel das restaurierte Amtshaus, errichtet auf den Fundamenten des früheren Prämonstratenserklosters Broda. Und wer noch höher hinaus will, der findet über dem Tollensesee das ehemalige Lusthaus der Herzöge von Mecklenburg-Strelitz, Belvedere. Von der anderen Seeseite grüßt der Aussichtsturm von der Behms-Höhe und wer dem Weg am Oberbach folgt, einer der ältesten künstlichen Wasserstraßen Mecklenburgs, kommt nahe an der Hochschule vorbei und findet sich vor der mit neuem Leben erfüllten Vierrademühle wieder. Am Kulturpark gelegen, kündet das nach 1990 erbaute Jahn-Sportforum davon, dass die Wiege des Turnens in Deutschland in Friedland und Neubrandenburg lag. Der Gang durch Neubrandenburgs wechselhafte Geschichte sollte die dunkelsten Seiten nicht auslassen und daher auch nach Fünfeichen führen, wo zwischen 1939 und 1948 zehntausende von Menschen litten, starben und begraben wurden.

Tückhude

PLZ 17089, wurde nach Meinung Alteingesessener weder im Dreißigjährigen Krieg noch im Zweiten Weltkrieg von den jeweiligen Gegnern gefunden. Erst in den achtziger Jahre entdeckten die Datschenliebhaber das kleine Sackgassendorf an dem Tollensefluss nördlich von Altentreptow, gar nicht so weit von der Landesstraße 35, der ehemaligen B 96, gelegen. Die Tollense ist als einer der wenigen Flüsse auf der gesamten Länge befahrbar, ca. 63 Kilometer. Südwestlich von Tückhude liegt eine versteckte altslawische Höhenburg des 7. bis 9. Jahrhunderts auf einem Bergsporn über der Tollense. Der Wall ist gut erhalten. Nördlich der slawischen Höhenburg befand sich wahrscheinlich eine zweite Burg, welche die Furt durch die Tollense sicherte, vielleicht in gemeinsamer Funktion mit der Höhenburg. Golchen, der Hauptort der Gemeinde, dürfte den Ortsnamen aus dem Altpolabischen herleiten und eine sprachliche Nähe zu der Bezeichnung für Hüfte, vielleicht auch zu einem Personennamen aufweisen. Die Dorfkirche, ein rechteckiger Backsteinbau und in das 15./16. Jahrhundert zu datieren, wurde in der zweiten Hälfte des 19. Jahrhunderts durch einen dreiseitigen Chor und den rechteckigen Westturm erweitert. Golchen wurde urkundlich schon 1170 erwähnt. Hier bestand bereits zu dieser, also spätslawischer Zeit, eine Saline, die 1173 an das gerade gegründete Zisterzienserkloster Dargun den vierten Teil des gewonnenen Salzes abzugeben hatte. Im nahen Klempenow liegt auf einem flachen Hügel eine nun zu friedlichen Zwecken genutzte Burg. Der nordöstliche Eckturm, ein hoher runder Turm mit steilem, steinernen Helm, ist erhalten, ebenso Teile des sich anschließenden zweigeschossigen Wohngebäudes, in Backstein ausgeführt und wohl in das 16. Jahrhundert zu datieren. Ursprünglich wies die Burg vier Ecktürme auf und sicherte am Zusammenfluss von Großem Landgraben und Tollense einen bedeutenden mittelalterlichen Handelsweg. Die Burg Klempenow liegt direkt an der ursprünglichen Grenze zwischen Mecklenburg und Pommern. Sie führte durch das Tal der Tollense und wurde nach 1231 von den pommerschen Herzögen erbaut. Urkundlich als landesherrliche Burg wurde Klempenow erst 1331 erwähnt. Die Dorfkirche ist ein schlichter Fachwerkbau, wurde um 1720 errichtet und diente nach der Volksmeinung auch einem profanen Zweck, nämlich als Zollstelle. Der Ortsname Klempenow leitet sich aus dem Altpolabischen ab und könnte für »Ort eines Klepar« stehen. In Klempenow dürfte die Kanustation für jeden Wasserwanderer einen anziehenden Platz darstellen.

Tützpatz

PLZ 17091, das Dorf mit dem auffälligen Namen liegt abseits großer Straßen, etwa auf halbem Wege zwischen Stavenhagen, dem Geburtsort von Fritz Reuter, und dem pommerschen Altentreptow (an der Tollense). Das Dorf wurde urkundlich erstmals 1396 als »dorpe to Tutzcpatze« erwähnt und hatte einen slawischen Vorgänger, dessen altpolabischer Name von einer Bezeichnung für fetten (guten) Boden, fruchtbare Weide abgeleitet sein dürfte. Ein heutiger Landwirt würde dieser Meinung ganz sicher zustimmen. Die Dorfkirche ist ein großer spätgotischer Feldsteinbau, der später überputzt wurde. Die Glocke der Kirche trägt die Jahreszahl 1552. Am Südportal ist ein Teil einer Trogmühle vermauert. Das um 1780 errichtete und 1908 nach einem Brand im neobarocken Stil wieder aufgebaute Gutshaus steht leer, die Wirtschaftsgebäude der großen Hofanlage verfallen. Im englischen Landschaftsgarten sind barocke Grundzüge noch zu erahnen. Das Dorf zeigt sich als typische Gutsdorfanlage mit schlichten eingeschossigen Traufenhäusern aus Fachwerk und Backstein. Die ältesten Häuser sind in das 18. Jahrhundert zu datieren. In Tützpatz muss ein ausgeprägtes Schutzbedürfnis vorgelegen haben. In der Ortslage finden sich gleich drei Hinweise auf mittelalterliche Befestigungen. In der Südwestecke des ehemaligen Gutsparkes wird ein Turmhügel vermutet, der den Namen Schneckenberg trägt. Im Dorfzentrum an der Westseite des Dorfteiches lag eine Burgstelle und am Nordrand des Altdorfes, etwa 200 Meter nördlich des Dorfteiches, liegt der Eiskeller, ein Turmhügel, vielleicht auch ein Wartturm. In Tützpatz muss die Evolution einen langsameren Weg genommen

haben. Nach der Sage sei (noch) um 1860 dort ein Lindwurm gefunden und dann ausgestopft auf dem Marktplatz von Neubrandenburg ausgestellt worden sein. Nach Tützpatz führt die Landstraße, die von Burow über Gültz nach Stavenhagen führt. Burow dürfte den Dorfnamen aus dem Altpolabischen entlehnt haben, »Ort des Bura?« und wurde 1279 erstmals urkundlich erwähnt. Gültz wurde zwar erst 1484 urkundlich gesichert nachgewiesen, dürfte aber wesentlich älter sein. Der Ortsname leitet sich aus dem Altpolabischen ab und könnte für »kahl« stehen. In Gültz bestimmen zwei Gebäude das Dorfbild. Das ehemalige Herrenhaus wurde als zweigeschossiger Putzbau über winkelförmigem Grundriss 1868/1872 errichtet und ist von einem ausgedehnten Landschaftspark, angelegt in der zweiten Hälfte des 19. Jahrhunderts von Peter Joseph Lenné, umgeben. Die Dorfkirche mit ihrem rechteckigen Feldsteinchor aus dem 13. Jahrhundert wurde im 18. Jahrhundert durch einen Backsteinbau nach Westen verlängert und zu einer Saalkirche umgebaut. Um 1879 erfolgte der Anbau der fünfseitig geschlossenen Apsis und des Westturmes in Backstein.

Ungnade

Ungnade ist das Gegenteil von Gnade. Warum diese Ortsbezeichnung in Vorpommern gleich dreimal zu finden ist, mögen die Landsleute aus Vorpommern besser erklären können als ein Mecklenburger. Ungnade, PLZ 18510, gehört zur Gemeinde Papenhagen. Die engere Beziehung zu dem Dorf mit bekundeter Nähe zum Papen, zum Pastor mag den Zustand der Ungnade leichter erträglich gemacht haben. Ungnade gehörte über Jahrhunderte zum Zisterzienserkloster Neuenkamp (1231 gegründet), nach der Säkularisierung des Klosters zum Amt Franzburg. Nach 1720 kam Vorpommern zu Preußen und Ungnade wurde zu einer Domäne, die der Staat dann verpachtete. Nördlich von Ungnade liegt das Naturschutzgebiet Wittenhagen. Die Dorfkirche von Papenhagen ist ein frühgotischer rechteckiger Feldsteinbau, der unter Einbeziehung von Backstein errichtet wurde und über eine reiche Innenausstattung verfügt. In Papenhagen befindet sich ein kleines Zweiradmuseum. Papenhagen dürfte, wie die meisten Hagen-Dörfer der Gegend, um 1270 entstanden sein. Der Name Papenhagen sollte sich aus der engen Beziehung zu dem 1231 gegründeten Kloster Neuenkamp Franzburg erklären lassen. Das Kloster war ein Zisterzienser-Nonnenkloster, wurde 1535 säkularisiert und um 1580 zum Schloss umgebaut. Der erhaltene Rest der Klosterkirche wurde zur Schlosskapelle. Die Gemeinde Papenhagen ist über die B194 gut erreichbar. Franzburg ist eine der kleinsten Städte im Land Mecklenburg-Vorpommern. Das Schloss Fratzenburgh wurde erstmals 1587 erwähnt. Der Ort ist aber wesentlich älter. 1231 hatte Wizlaw I. von Rügen dem Zisterzienserkloster Altenkamp am Niederrhein den Bau eines Tochterklosters gestattet. Dieses Tochterkloster erhielt den Namen Neuenkamp, Niederdeutsch Nyenkamp. 1296 erfolgte von dem Kloster Neuenkamp aus die Gründung eines Tochterklosters auf Hiddensee. Franzburg wurde im Dreißigjährigen Krieg geplündert und verwüstet, das Schloss abgerissen. Sehenswert sind das Rathaus von Franzburg, eine Vierflügelanlage mit Mansardendach und rechteckigem Innenhof aus der zweiten Hälfte des 18. Jahrhunderts, die ehemalige Klosterkirche, 1850 zur Schlosskirche umgebaut und ein Wirtschaftsflügel von Schloss Franzburg. An den Todesmarsch von Häftlingen des Außenlagers Pölitz des KZ Stutthof erinnern eine Gedenktafel und ein Gedenkstein. Franzburg erhielt 1587 das Stadtrecht verliehen. Alt Ungnade, PLZ 17498, ist ein Dorf in der Gemeinde Levenhagen und wurde 1280 erstmals als grangia Rudolfesdorp urkundlich erwähnt, gehörte somit bereits zum Klosterbesitz. Für 1357 ist der Name Ungnade belegt. Ungnade befand sich nebst weiteren Dörfern im Besitz des Klosters Eldena. Der letzte Herzog von Pommern, Bogislaw XIV. übereignete 1634 das Dorf dem Stolz der Pommernherzöge, der Universität Greifswald. Levenhagen, der Hauptort der Gemeinde, liegt südlich des Ryck. Der Dorfname dürfte eine Ableitung der niederdeutschen Form des Familiennamens »Leve«, Löwe sein. Die Dorfkirche von Levenhagen wurde im 13. Jahrhundert als Feldsteinbau errichtet, deren Fundamente bei Arbeiten im Chorraum (1996) gefunden wurden. Der östliche Teil der heutigen Backsteinkirche stammt aus dem 14. Jahrhundert, das Kirchenschiff aus dem 15. Jahrhundert. Der zwölfeckige Taufstein wird in die erste Hälfte des 14. Jahrhunderts datiert. Vom 15. bis in das 17. Jahrhundert war Levenhagen ein Pilgerort, woran die kleine Wallfahrtskapelle, ein quadratischer Backsteinbau, erinnert.

Der Ryck ist ein 28 Kilometer langer Fluss, der in der Gemeinde Süderholz entspringt und in Wieck (Greifswald) in die Dänische Wieck mündet. Der Name leitet sich aus der altpolabischen Bezeichnung für Fluss ab, »Reka«. Neu Ungnade, PLZ 17498, liegt in der Gemeinde Hinrichshagen. Von Ungnade wurde im 18. Jahrhundert ein Teil der Gemarkung abgetrennt und auf diesem Feld eine Leinenwebersiedlung angelegt, die den Namen Neu Ungnade erhielt. Über die B 96 und die Anschlussstelle Greifswald der A 20 ist die Gemeinde gut erreichbar. Neben der Dorfkirche sei auf die dort am Kirchhofseingang befindliche kleine Wallfahrtskapelle Sankt Maria, errichtet in der ersten Hälfte des 15. Jahrhunderts, verwiesen. Mit ihren drei Quadratmetern Innenraum gilt sie als kleinste Kapelle Nordeuropas. Dem bis 1633 dort befindlichen Marienbild wurden wundersame Heilungen von Blinden und Lahmen zugeschrieben. Nach der Volksmeinung sei das Leben in diesen Dörfern eine besondere Mühsal gewesen. Hinrichshagen, der Hauptort der Gemeinde, entstand als Rodungsdorf im 13. Jahrhundert und befand sich bis zur Säkularisation im Besitz des Klosters Eldena.

Nach Alt- und Neu Ungnade ist eine Anreise über die B 109 ziemlich direkt möglich.

Unnode

PLZ 17129, gehört zur Gemeinde Kruckow, liegt in einer Senke südlich der Niederung des Kuckucksgrabens und ist über eine Stichstraße, die von der Kreisstraße zwischen Kartlow und Wilhelminenthal ausgeht, zu erreichen. Hier handelt es sich nicht um einen bislang unentdeckten dritten elektrischen Pol, sondern um die alte niederdeutsche Bezeichnung für »ungern«, »ohne Not«. Nach den Stein-Hardenbergschen Reformen wurden 1819/1820 sieben Bauern aus Kartlow hier angesiedelt, die aber die Hälfte ihres Landbesitzes (ursprünglich zwei Hufen) an den Gutsherren abtreten mussten, um die Ablösung der Lasten und Dienste zu erreichen. Die Bauern hätten dem Gutsherren auf dessen Frage nach ihrem Einverständnis zur Wahl des neuen Ortes eben erklärt: »Ja, Herr, un node!« Auch der Verbleib des Dungs wurde geregelt. »Jeder Wirt (Bauer) nimmt seinen vorrätigen Mist mit.« Im Verlauf des 19. Jahrhunderts gelangten zwei bäuerliche Anwesen aus Unnode in den Besitz des Gutsherren, der auf einem dritten Grundstück das »Hospital« stiftete, ein Haus zur Versorgung von sechs ganzen und sechs halben Familien in ihrem Alter, eine echte Ausnahmeerscheinung in dieser Zeit. In dem Hospital wurden neben den Alten und Invaliden auch Gutsarbeiter untergebracht. Das Hospital, ein Feldsteinbau, steht links am Ortseingang und dient als Wohnhaus. Die Bauernhäuser sind aus Backstein errichtet und weisen Fassaden mit einfachen klassizistischen Formen auf. Dem Hospital gegenüber befindet sich das ehemalige Kartlower Pfarrhaus, ein Fachwerkbau der 1846 in Kartlow abgetragen und in Unnode wieder aufgebaut wurde. Der Bau ist stark sanierungsbedürftig. Kruckow, der Gemeindesitz und an der B 110 gelegen, wurde 1249 erstmals urkundlich erwähnt und leitet den Dorfnamen aus dem Altpolabischen ab, »Ort eines Kruk«. Möglich erscheint auch eine Beziehung zu der Bezeichnung für den Kolkraben, den Raben. Das Herrenhaus in Kruckow, um 1884 erbaut, brannte 1948 ab. Erhalten ist der von Peter Josef Lenné entworfene

Park. In Ortsnähe wurden drei jungsteinzeitliche Gräber entdeckt und am Ortseingang steht abseits der Straße ein »Mordkreuz«. Wilhelminenthal wurde erst 1825 als Vorwerk von Plötz angelegt. Der Ortsname bezieht sich auf die Ehefrau des Bauherrn, Wilhelmine von Gloeden, die 1825 in Kartlow verstarb. Feldsteinkaten und Siedlungshäuser bestimmen das Bild von Wilhelminenthal.

Viereck

PLZ 17309, die Gemeinde Viereck liegt zwischen dem Ostufer der Uecker und dem Randowbruch und besitzt somit auch einen respektablen Anteil an der Ueckermünder Heide. Viereck wurde um 1750 als Jägersberg von zehn Siedlerfamilien aus der Pfalz gegründet, hat eine sehenswerte katholische Kirche und kann Häuser aus der Gründungszeit aufweisen. Das Haus Kirchstraße Nr. 10 ist nach Expertenmeinung mehr als 250 Jahre alt und weist als Erinnerung an die Franzosenzeit der Pfälzer eine Franzosenkammer auf. Die Stubendecke wurde mit doppelter Decke ausgeführt. Dazwischen lag ein Raum, in dem die Bewohner ihr wertvolleres Gut vor Plünderern verbargen. Die Siedler fanden schwierige Bedingungen vor und wandten sich erfolgreich an den Landesherren, Friedrich II., der ihnen in der Ueckermünder Heide das Hütungsrecht nebst freiem Raff- und Leseholz einräumte. In dem Bewilligungsschreiben wird Vierecken als neues Pasewalker Stadtdorf genannt und die Hütung in der Königlichen Heide gegen Erlegung von 4 Silbergroschen pro Stück bewilligt, bei Schonung der jungen Aufschläge (Austriebe)! Der Name Viereck geht auf eine königliche Order zurück und bezieht sich auf einen preußischen Minister mit diesem Namen. Im Ortsteil Riesenbrück wurde der Zeichner Paul Holz (1883–1938) geboren. An Paul Holz erinnert eine Ausstellung in Pasewalk. Als Autodidakt entwickelte sich Paul Holz zu einem der großen deutschen

Zeichner des 19. Jahrhunderts, der in seinen Werken oftmals die weite Landschaft Pommerns zum Thema machte. Riesenbrück entstand als planmäßige Büdneransiedlung in der Mitte des 18. Jahrhunderts. Erste Wohnstellen in dem großen Waldgebiet zwischen Randow und Uecker sind bereits seit 1618 belegt. Für Riesenbrück wurde auch ein Teerofen nachgewiesen. Zu dieser Teerschwelerei kamen zwischen 1750 und 1850 vier Büdnerstellen hinzu. Pasewalk, die Stadt an der Uecker, wurde wohl um 1150 als Kaufmannssiedlung an dem Flussübergang angelegt und leitet den Namen aus dem Altpolabischen ab, »Ort zwischen Wölfen«. In der nahen Ueckermünder Heide werden diese Altvorderen unserer Haushunde als Wiederansiedler bereits vermutet. Historische Sehenswürdigkeiten sind die Marienkirche, eine gotische Backsteinkirche aus dem 14. Jahrhundert, die Nikolaikirche, gotisch und aus dem 13. Jahrhundert, das ehemalige Heiliggeisthospital, ein spätgotischer Backsteinbau aus dem 15. Jahrhundert, und Teile der ehemaligen Stadtbefestigung mit dem Mühlentor und dem Prenzlauer Tor. Letzteres beherbergt das Museum mit der Paul-Holz-Ausstellung. Zu erwähnen sind weiterhin der Turm »Kiek in de Mark, ein ehemaliger Wachturm, 1445 errichtet, und der Pulverturm, 15. Jahrhundert. Der Vorläufer von Pasewalk war eine Burg, die den Übergang über die Uecker mit den Straßen nach Anklam, Prenzlau und Stettin sicherte. An diese Burg schloss sich nach 1150 die Kaufmannssiedlung mit der Nikolaikirche an. Pasewalk erhielt 1251 Stadtrecht und war im Mittelalter berühmt ob seines Biers, des »Pasenelle«. Die Innenstadt wurde 1945 zu über 80 Prozent zerstört. Erhalten blieb die ehemalige Kürassierkaserne, die in den Hauptgebäuden das Landratsamt beherbergt. In einem weiteren Teil der backsteinroten Kaserne, im »Historischen U«, finden kulturelle Veranstaltungen verschiedener Art statt. In Pasewalk lag eines der berühmtesten Regimenter des preußischen Heeres, das Dragoner-Regiment Schulenburg, die »Ansbach-Bayreuth-Dragoner«, später in »Königin-Luise Kürassiere« umbenannt. Die Kürassierkaserne wurde zwischen 1879 und 1882 für 500 Soldaten erbaut und zeigt sich als mehrstöckiger neugotischer Bau aus rotem Ziegelwerk. Die den Hof umgebenden Stallungen, das »Historische U«, boten Platz für 600 Pferde. In Pasewalk wurde 1871 der Erfinder der Blindenschreibmaschine, Oskar Picht, geboren. Nach Viereck führt uns die Landstraße, die von Pasewalk aus in Richtung Torgelow verläuft.

Wampen

PLZ 17498, erhielt seinen Namen nicht von gut genährten Zeitgenossen. Das Dorf gehört zur Gemeinde Neuenkirchen bei Greifswald und ist über die B 105 und die Anschlussstelle Greifswald der A 20 gut erreichbar. Die altehrwürdige Universitätsstadt Greifswald bietet den nächstgelegenen Bahnhof. Die Gemeinde liegt nördlich des Flusses Ryck am Greifswalder Bodden. In Neuenkirchen, 1285 urkundlich erstmals als »Nienkerken« erwähnt, darf die Dorfkirche, eine Backsteinkirche aus dem 14. Jahrhundert Aufmerksamkeit beanspruchen. Beachtenswert sind der um 1300 errichtete Chor und das spätgotische Schiff mit Malereien aus der Bauzeit. Das reetgedeckte Pfarrhaus ist ein Fachwerkgebäude. Der südliche Gebäudeteil des Pfarrhauses wurde 1781 erbaut, der nördliche 1830. Neuenkirchen ist wahrscheinlich identisch mit dem bereits 1248 erwähnten slawischen Damme, altpolabisch für »Eichenort«. Mit der Insel Koos und dem Koosener See bildet das Wampener Riff ein seit 1990 bestehendes Naturschutzgebiet, gekennzeichnet durch Flachwasserzonen, Windwatten und Überflutungsmoore. Das Schutzgebiet ist ein bedeutendes Rastgebiet für Zugvögel. Bei Wampen gibt es einen Badestrand.

Weberin

PLZ 19412, liegt zwischen Crivitz und Brüel, ist somit über die B 321 bzw. B 104, dann über die L 09 gut erreichbar und wurde erst 1518 als Woberin urkundlich erwähnt. Das Dorf wird nicht von einer einsamen Weberin bewohnt. Der Name kommt aus dem Altpolabischen und dürfte von »obora« für Tiergarten stammen, mit »Tiergartenort« übersetzt werden. Eine besondere Beziehung zu Frauen könnte aber sowohl in slawischer wie auch frühdeutscher Zeit bestanden haben. Der See, an dem der slawische Burgwall 900 Meter nordwestlich von Weberin liegt, heißt »Frugensee« (Frauensee). Weberin kann auf eine waldreiche Umgebung verweisen, liegt direkt in einem Landschaftsschutzgebiet und dennoch nur 25 Kilometer entfernt von Schwerin. Wer sich sportlich betätigen möchte, der kann einen 18-Loch-Golfplatz nahe bei Weberin aufsuchen. Auch die Naturheilkunde wird im Ort gepflegt und durch Touren um den Glambecksee unterstützt. Übrigens gibt es zwei stattliche Mammutbäume in der Nähe von Weberin. Ein Besuch im Café Naschwerk kann erfreulich sein. In Ortsnähe befindet sich ein auf der Denkmalliste des Kreises aufgeführter Meilenstein.

Nahe liegt auch die Kleinstadt Crivitz, die im Spätmittelalter ob ihres Weines bekannt, wenn nicht berüchtigt war. Dieser Wein sei, zumindest nach Meinung des Experten Fritz Reuter, von recht herber Art gewesen. Crivitz wurde neben einer slawischen Burg aus dem 12. Jahrhundert angelegt und um 1250 von den Grafen zu Schwerin gegründet. Die urkundliche Ersterwähnung datiert aus dem Jahre 1302. Der Ortsname leitet sich aus dem Altpolabischen ab und steht wohl für »krumm«, »Ort an der Krümmung«. Damit könnte die Lage der Stadt auf der Halbinsel am Crivitzer See gemeint sein. Die Stadtkirche ist eine dreigeschossige Backsteinbasilika mit gedrungenem Westturm und wurde wohl spätestens im 14. Jahrhundert errichtet. Mehrere Gedenksteine, eine Grabanlage und eine Kapelle erinnern an die Opfer des Todesmarsches vom April 1945.

Wolken

PLZ 18246, hier geht es irdisch zu, denn Wolken ist ein Ortsteil von Bützow und liegt östlich der im Lande für Dreibergen ziemlich bekannten Stadt. Im Jahre 1838 wurde die Strafanstalt und das Zuchthaus Dreibergen errichtet, heutige JVA Bützow. In der Darnow, einem Waldstück zwischen Wolken und Oettelin, steht ein Sühnestein, errichtet wegen der Ermordung des Demminer Bürgermeisters Alexander von Hagen und seines Kutschers durch seinen Diener im Jahre 1623. Dieser Stein befand sich zwischenzeitlich auf dem Hof Wolken als Trittstein. Der Schweriner Oberbaurat Georg Daniel veranlasste ein Ende dieser unwürdigen Nutzung, ließ den Stein in Bützow restaurieren und an dem ursprünglichen Standort wieder aufstellen. Bei dem Flurnamen Darnow handelt es sich wohl um die altpolabische Bezeichnung für Rasen oder Torf. Die Darnow wurde urkundlich 1581 erwähnt. Oettelin wurde urkundlich erstmals 1285 genannt und leitet den Dorfnamen vielleicht aus dem Altpolabischen ab, »Ort eines Otola«. Möglich erscheint auch bereits eine slavisierte Verwendung des deutschen Personennamens Otto, »Mann mit Grundbesitz«. Die Kapelle in Oettelin wurde 1887 als Filiale erbaut. Vermutet wird allerdings ein mittelalterlicher Vorgänger. Bei der Kapelle handelt es sich um einen ansehnlichen und gepflegten Fachwerkbau. Auch der Forsthof und die Bauernhäuser dürfen Aufmerksamkeit erwarten. An der Warnow bei Wolken beginnt der Bützow-Güstrow-Kanal. Der Kanal wurde zwischen 1894 und 1896 errichtet und führt im Tal der Nebel nach Güstrow. Er wurde bis in die fünfziger Jahre von der Schifffahrt genutzt, ist heute nur noch für den Wassertourismus (eingeschränkt) von Bedeutung, sollte aber nach dem Willen der damaligen Planer als Teil einer Binnenwasserstraße von Rostock nach Berlin dienen. Diese Verbindung sollte von der Warnow unter Einbeziehung des Krakower und des Plauer Sees über Elde und Havel realisiert werden. Gebaut wurde aber nur das Teilstück bis Güstrow, wo die Hafenstraße an Güstrows

Zeit als Hafenstadt erinnert. Nach der urkundlichen Ersterwähnung (1178) als Wolchxa, gehört Wolken zu den ältesten Orten im Lande. 1270 heißt es »villa Wolken« und 1286 »in Wolken«. Der Name dürfte aus dem Altpolabischen kommen, von »vluku« (Wolf) abgeleitet sein. »Ort, wo Leute eines Vluk (Wolf) wohnen«.

Wer immer schon einmal die Themse sehen wollte, dabei aber nicht den Kanal überqueren möchte, der kann nach Bützow kommen und dort die Temse betrachten, einen 600 Meter langen Flusslauf, den Abfluss des Bützower Sees in die Warnow. Wasserwanderer können auch in Bützow einsetzen und über die Temse unter Umgehung der Reusen in die Warnow, und wer noch mehr Ehrgeiz entwickelt, bis an die Ostsee gelangen. Den Namen Temse hat der Volksmund geprägt. Gleichzeitig ist dieser Wasserlauf auch unter dem Namen »Löchnitz« bekannt. Diese Bezeichnung könnte noch aus dem Altpolabischen stammen und für »Sumpfbach« stehen, aber auch eine inhaltliche Nähe zu dem Namen für die größte Hirschart Europas, dem einstmals hier vorkommenden Elch, könnte gegeben sein. Auffällig ist die Höhe der (modernisierten) Straßenbrücke, die die Temse überquert. Vor dieser Modernisierung wies die Brücke über die Temse eine noch größere Höhe auf. Als Verbindung zur Warnow diente die Temse nach lokaler Ansicht dem Transport von Rohstoffen und Waren auf dem Wasserweg, zudem war so die frühere Papiermühle in Bützow gut erreichbar. Die Papiermühle bestand bis 1945. Nordöstlich der Brücke über die Temse in Richtung Schwaan liegt der »Kaffee-Krug«, eine beliebte Ausflugsgaststätte. Die geologische Karte von Mecklenburg-Vorpommern, Ausgabe 1998, weist in der Nähe von »Kaffee-Krug« eine Salzquelle aus. Kurabsichten oder eine gewerbliche Nutzung sind aber (noch) nicht erkennbar. Den historisch interessierten Besucher wird in der Nähe von Bützow ein ganz besonderer Ort erwarten. Bei dem heutigen Dorf Werle befand sich nahe der Warnow bis in das 13. Jahrhundert eine slawische Burg, hart umkämpft und mehrfach belagert. Nach der Überlieferung eroberte Heinrich der Löwe, Herzog von Sachsen und Bayern, 1160 die Burg durch eine List. Dabei wurde der Slawenfürst Niklot getötet. Pribislaw, ein Sohn von Niklot, gelangte später als Pribislaw I. auf den Thron und seine Nachkommen regierten Mecklenburg bis 1918 – länger als jede andere Dynastie in Deutschland. Das heutige Dorf Werle hieß ursprünglich Wiek, wurde 1342 erstmals urkundlich erwähnt und erst im 19. Jahrhundert mit der Wiederentdeckung der Burg in Werle umbenannt. Wiek war ursprünglich eine slawische Marktsiedlung, ein Suburbium im Schutz der Burg, daher auch der Name. Im Altpolabischen steht »Vik« für Stadt, Markt, Handelsplatz. An der Stelle, wo die Niederungsburg lag, befindet sich heute ein aufgeschütteter Hügel mit einem seit 1856 dort liegenden Granitfindling, etwa 6 Tonnen schwer und mit der eingemeißelten Inschrift »Burg Werle«. Der Name Werle kommt aus dem Altpolabischen und kann mit Adler übersetzt werden. Die Obotriten oder Abotriten nannten sich auch »Die Kühnen«. Die Burg bestand aus Haupt- und Vorburg und besaß an der Warnow einen Hafen, wichtig für die Marktsiedlung. Werle hat noch einen Namensvetter in Mecklenburg, ein Dorf bei Grabow, 1356 erstmals urkundlich erwähnt. Nach Bützow bzw. Wolken führen viele Wege. Wer Güstrow über die B103 in Richtung Laage verlässt, der kommt über Lüssow und Strenz an Zepelin vorbei direkt nach Wolken. Strenz wurde urkundlich erstmals 1335 erwähnt, dürfte aber älter sein und leitet den Namen aus dem Altpolabischen ab. Es besteht eine sprachliche Nähe zu dem Wort für »Schote«. In Strenz stand vor einigen Jahren noch ein altes Insthaus, ein mehrhischiger Katen.

Zepelin

PLZ 18246, ist nicht der Ort, wo der erste Zeppelin gebaut wurde, auch wenn es sehr wohl eine Beziehung zur Luftschifffahrt gibt. Zepelin wurde 1246 erstmals urkundlich als »villa Cepelyn« erwähnt, 1316 Sepelin genannt, hieß 1333 Seppelyn und 1334 endgültig Zepelin. Die Ortsbezeichnung kommt aus dem Altpolabischen und dürfte von dem Namen des Lokators abgeleitet sein, »Ort eines Cepela«. Sie besitzt wohl eine Nähe zu dem Wort für fangen, greifen. Funde, die auf eine slawische Siedlung hinweisen, liegen allerdings nicht vor. Vorfahren des Grafen Ferdinand Adolf Heinrich August von Zepelin waren hier um 1286 ansässig. Ein Heinrich von Zeppelin erhielt 1286 das Lehen Zepelin. Die Zeppelins oder auch Zepelins sind ein altes mecklenburgisches Adelsgeschlecht. Zepelin liegt am Bützow-Güstrow-Kanal. Sehenswert sind die Dorfkirche, ein schlichter, rechteckiger Fachwerkbau aus dem 17. Jahrhundert mit spätgotischem Schnitzaltar, und die restaurierte Holländermühle, die nun eine Ausstellung zu dem Grafen von Zeppelin anbietet. Die Beziehung von Zepelin zu dem Pionier der deutschen Luftschifffahrt ist fest und dauerhaft. Am 30. Mai 1910 wurde in Zepelin ein Denkmal zu Ehren von Ferdinand Graf von Zeppelin errichtet. Hinter dem großen Findling mit der Gedenktafel stehen in einem Halbkreis 24 kleinere Steine – diese zur Erinnerung an die 24 Bauern der Gegend, von denen jeder einen Stein an den Ort brachte. Zur Jahrhundertfeier erschienen Nachfahren der Bauern in der eigenständigen Zepeliner Bauerntracht. Diese Tracht wurde auch in weiteren Dörfern des Domstiftes Bützow bis zu Beginn des 19. Jahrhunderts getragen. Ebenfalls zur Jahrhundertfeier schwebte erstmals ein Luftschiff (in kleineren Abmessungen) über Zepelin. Die Ständerholländerwindmühle, errichtet in der ersten Hälfte des 19. Jahrhunderts, ist das Wahrzeichen von Zepelin. Die Mühle tat bis 1950 ihren Dienst, zunächst vom Wind angetrieben, später durch Elektroenergie. Sie diente dann der Genossenschaft als Lager, befindet sich nun in Privatbesitz, wurde restauriert und zeigt die genannte Ausstellung. Bützow, die nahe Stadt an der Warnow, wurde 1171 erstmals urkundlich als Region erwähnt, ab 1226 planmäßig angelegt und erhielt 1236 das Stadtrecht. Bützow befand sich im Besitz der Bischöfe von Schwerin und war von 1239 an Hauptresidenz des Bistums Schwerin. Der Bau der Stiftskirche begann 1250 als dreischiffige Hallenkirche der Backsteingotik und wurde um 1400 abgeschlossen. In Bützow fanden auch die Stiftslandtage statt. 1554 erfolgte die Säkularisierung des Hochstifts und Bützow kam an die Herzöge von Mecklenburg. Der Neubau des Schlosses im Stil der Renaissance wurde 1556 vollendet. Es erhielt sein heutiges Aussehen durch die Restaurierung von 1910/1911. Der Stadtname leitet sich aus dem Altpolabischen ab, »Ort eines Budis«. Am Markt von Bützow steht das Rathaus, 1847–1849 im Stil der Tudorgotik errichtet, davor seit 1981 ein bronzener Gänsebrunnen. Dieser erinnert an den »Gänsekrieg« von Bützow im Jahre 1794. Die Stadtväter wollten seinerzeit die hygienischen Verhältnisse auf den Straßen der Stadt bessern und verboten, allerdings erfolglos, ihren (ärmeren) Bürgern, die Gänse frei laufen zu lassen. Die empörten Bützower Bürger befreiten ihre »inhaftierten« Gänse, auch um den Preis der eigenen Freiheit! Während der jährlichen »Gänsemarkttage« wird an diesen »Krieg« erinnert, der Wilhelm Raabe zu seiner Novelle »Die Gänse von Bützow« inspirierte. In Bützow befinden sich mehrere Gedenkstätten für die Opfer der NS-Justiz. Zepelin ist auf dem vorstehend für Bützow und Wolken beschriebenem Anreiseweg erreichbar.

Zickhusen

PLZ 19069, die Einwohner des Dorfes in der Nähe von Schwerin gelten bei ihren Nachbarn nicht als zickig oder mäkelig. Die urkundliche Ersterwähnung datiert aus dem Jahre 1284. Damals trug der Ort den Namen Tsikhusen. Schon 1320 heißt es Zickhusen. Die Familie von Zickhusen, im Mittelhochdeutschen »Sikhusen«, hatte hier bis in das 16. Jahrhundert ihren Sitz und dürfte dem Ort auch den Namen gegeben haben. Der Name kommt aus dem Mittelhochdeutschen und steht für »Siedlung bei, zu den Häusern in sumpfiger Niederung«. Zickhusen liegt an der B 106 zwischen der Landeshauptstadt und Wismar, nahe der A 20. Vor dem

Eisenbahnzeitalter befand sich in Zickhusen eine Post-Expedition. In dem Ortsteil Drispeth, 1273 als Trispet erwähnt, einem früheren slawischen Fischerdorf, wird Gartentorf gestochen und u. a. in der Baumschule von Zickhusen verwendet.

Zickhusen und seine reizvolle Umgebung sind seit längerer Zeit anziehend für Künstler und Naturfreunde. Die Dorfkirche ist ein klassizistischer Saalbau, wurde um 1827 errichtet und verfügt noch über die Inneneinrichtung aus der Erbauungszeit. Im Eisenbahnzeitalter übernahm Bad Kleinen die Rolle der Post-Expedition von Zickhusen. Kleinen wurde urkundlich erstmals 1178 erwähnt und leitet den Ortsnamen wohl aus dem Altpolabischen ab, »Keil«, »keilförmiger Streifen«, »Feld«. 1895 wurde in Kleinen die Wasserheilanstalt eröffnet und 1915 bekam der Ort den Namenszusatz »Bad«. Bad Kleinen, das bereits 1848 einen Eisenbahnanschluss erhielt, zählt zu seinen Sehenswürdigkeiten den 1896 erbauten Eiertunnel, der die Bahnstrecken Lübeck – Bad Kleinen und Schwerin – Bad Kleinen unterquert, einen Zugang zum Schweriner See herstellt und heute ein technisches Denkmal ist. Der Schweriner See ist der viertgrößte See des Landes.

Ziegendorf

PLZ 19372, die Gemeinde liegt am Ausläufer der Ruhner Berge und grenzt im Süden ihres Gebietes an das Land Brandenburg. Die Ziegenhaltung ist in Ziegendorf nicht verbreitet. Auf den weiten Grünländereien grasen vielmehr Rinder. Ziegendorf ist eine deutsche Ortsgründung aus der Zeit der Ostkolonisation und wurde am 9. April 1396 erstmals urkundlich erwähnt. Einige Bauernhäuser und die rechteckige Fachwerkkirche aus dem Jahr 1703 sollten die Aufmerksamkeit von Besuchern finden, ebenso wie die Ruhner Berge. Für diese ansehnliche Hügelgruppe war das heute wüst

gewordene Dorf Ruhn der Namensgeber. Die Ruhner Berge sind eine Stauchmoräne und entstanden im Pommerschen Stadium der Weichseleiszeit. Ein Lehrpfad stellt die Besonderheiten des Gebietes anschaulich dar. Der 1933 auf dem Ruhner Berg errichtete hölzerne Aussichtsturm wurde 2001/2002 durch einen 32 Meter hohen gemauerten Turm ersetzt. Bei guter Sicht geht der Blick bis zur Elbe. Ruhn wurde 1369 erstmals urkundlich erwähnt und leitet den Ortsnamen aus dem Altpolabischen ab, wohl von einem Personennamen. Das Dorf lag durch Pest und Krieg mehrfach wüst, wurde um 1649 als Glashütte betrieben und dann wieder ein Bauerndorf. Der Bau der heutigen A 24 verlängerte die ohnehin beschwerlichen und weiten Wege der Ruhner Bürger noch mehr, so dass die letzten Einwohner nach Marnitz zogen und die Gebäude 1982 abgerissen wurden. An der Stelle, wo einst das Dorf Ruhn lag, befindet sich heute ein Rastplatz in Form eines Pavillons mit Tafeln und Karten zur Geschichte des wüst gewordenen Ortes. In Platschow, einem Ortsteil der Gemeinde, sind echte Exoten zu erleben, nämlich auf dem Elefantenhof. Platschow wurde 1341 erstmals urkundlich erwähnt und leitet den Dorfnamen aus dem Altpolabischen ab, »Ort des Placek«. Die Gemeinde ist über die B 321 und die B 5 gut erreichbar und nur sechs Kilometer entfernt liegt die Anschlussstelle Parchim der A 24. Marnitz wurde 1275 erstmals urkundlich erwähnt und führt den Namen auf das Altpolabische zurück, »Nachkommen des Miron, Miren«, »des Friedlichen«. Die Dorfkirche von Marnitz ist ein geräumiger rechteckiger Fachwerkbau und wohl in das 18. Jahrhundert zu datieren. Der massive Westturm wurde am Ende des 19. Jahrhunderts erbaut.

Zippendorf

PLZ 19063, gehört zu Schwerin, der von Heinrich dem Löwen 1160 gegründeten Stadt mit slawischem Burgvorgänger. Zippendorf wurde urkundlich erstmals 1282 als »villa Zuppucendorp« erwähnt. Der Ortsname kommt aus dem Altpolabischen und könnte als »Ort der Cupic« übersetzt werden. Zippendorf verfügt über eine sehenswerte Lage am Schweriner See, den Zippendorfer Strand und das höchste Bauwerk der Landeshauptstadt, den 1964 eröffneten Fernsehturm mit Aussichtsplattform und Turmcafé. Der Fernsehturm ist ein 136 Meter hoher Sendeturm, errichtet in Stahlbetonbauweise. Der Schweriner Fernsehturm hat keinen kreisrunden Querschnitt, wie meist üblich, sondern einen Querschnitt in Form eines Dreiecks mit abgerundeten Kanten. Zippendorf als Ortsteil der Landeshauptstadt ist über die B321 und die B106 gut erreichbar. Ganz nahe liegt die Autobahnabfahrt Schwerin Ost. Wer diesen Weg nimmt, der kommt auch an Schwerin-Mueß vorbei und kann hier einen Halt einlegen, welcher der gesamten Familie gefallen dürfte. Mueß wurde 1304 erstmals urkundlich erwähnt und leitet den Namen aus dem Altpolabischen ab, »Ort des Mucek, Mucka?«. Der Halt wird empfohlen, um das bekannte Freilichtmuseum mit seinen vielfältigen Angeboten und Informationen, vor allem zum einstigen Leben und Schaffen der Landbevölkerung, aufzusuchen. Das Freilichtmuseum wurde 1970 eröffnet und bestand zunächst aus einem Hof mit Bauernhaus und Scheune. Es wurde ab 1976 ausgebaut und erhielt u. a. eine Backhütte mit einem originalen Backofen sowie einen Kräutergarten.

Zitterpenningshagen

PLZ 18244, liegt in der Gemeinde Wendorf, nahe bei Stralsund, der altehrwürdigen Hansestadt am Strelasund. Der Ortsname geht nicht auf eine spätmittelalterliche Finanzkrise des über Jahrhunderte soliden Pfennigs zurück. Um 1300 wird der Ort, der seinen Namen von einem Ritter Zitterpenning ableitet, erstmals urkundlich erwähnt. Nach mehreren Besitzerwechseln erwarb 1696 das Heiliggeistkloster zu Stralsund alle Rechte an Zitterpenningshagen. Das Gutshaus wurde in der Mitte des 19. Jahrhunderts neu errichtet. Eine längere Betrachtung ist der Findlingsgarten in Zitterpenningshagen wert, wo regional typische Geschiebe gezeigt werden. Der Garten wurde 2005 angelegt und zeigt 35 Findlinge. Im Ersten Weltkrieg wurde der kleine Ort in die Rüstung eingebunden. Auf dem Gelände des ehemaligen Marinestützpunktes errichtete die Luft-Fahrt-Gesellschaft eine Flugzeugwerft, die ab November 1917 mit dem Lizenzbau von Seeaufklärern in Betrieb ging. Das Dorf ist über die B 96 gut zu erreichen. Wendorf, Sitz der Gemeinde, wurde 1285 erstmals urkundlich erwähnt. Stralsund, das Haupt des wendischen Viertels der Hanse, entwickelte sich dank der günstigen Lage an der Ostseeküstenstraße und dem Strelasund von einem slawischen Fischerdorf zu einer norddeutschen Handelsmetropole mit selbstbewussten Bürgern, die im Dreißigjährigen Krieg sogar erfolgreich Wallenstein, dem Generalissimus des Kaisers, die Stirn boten. Alle Sehenswürdigkeiten Stralsunds aufzuzählen würde den gewählten Rahmen weit überschreiten. Erwähnung müssen zumindest aber die Marienkirche und das Franziskanerkloster finden, das Dominikanerkloster, das Rathaus mit seiner Fassade, die allen Stürmen trotzt und mit der benachbarten Nikolaikirche eines der schönsten Stadtbilder Norddeutschlands bildet. Interessant sind zudem der Hafen und das Meeresmuseum mit dem neu erbauten Ozeaneum sowie der Markt und die alten Bürgerhäuser. Das Ozeaneum wurde zum »Europäischen Museum 2010« gewählt.

Nach Stralsund führen uns die B 96, die B 105, die B 194 und auch die Eisenbahn. Reizvoll dürfte besonders die Anreise über das Wasser sein.

Zwölf Apostel

PLZ 19243, liegt bei Wittenburg im westlichen Mecklenburg. In dem Ort stehen aber mittlerweile mehr als zwölf Häuser/Gehöfte. Der Ausbau wurde 1929 für zwölf Höfe angelegt. Hier siedelten Bauern aus dem katholischen Teil von Hessen, die nicht nur eine enge Gemeinschaft bildeten, sondern als Katholiken im ansonsten meist protestantischen Mecklenburg auffielen und ihre Frömmigkeit auch zeigten. Prompt wurden diese Menschen mit den zwölf Aposteln des Herrn verglichen. Der Ökelname wurde dann zur amtlichen Ortsbezeichnung, wie zwei Schilder bestätigen. Zwölf Apostel liegt gut erreichbar nahe der A 24 im Weichbild von Wittenburg. Die Region wurde 1154 erstmals urkundlich erwähnt und die Stadt entstand aus einem 1194 bezeugten Kirchdorf, das sich neben einer Burg an dem Übergang über die Motel befand und 1230 lübisches Stadtrecht erhielt. Die Motel, ein 40 Kilometer langer Nebenfluss der Schil-

de, hat ihren Namen aus dem Altpolabischen erhalten, »motiti« für »sich lebhaft bewegen«. Die Quelle der Motel befindet sich bei Harst am Westhang des Hügels Vorderster Berg, ihre Mündung bei Camin. Camin wurde 1219 erstmals urkundlich erwähnt, hat noch mehrere Namensvettern im Land und leitet die Ortsbezeichnung aus dem Altpolabischen ab, »Steinort«. An der Bartholomäuskirche, einem Backsteinbau aus dem 13./14. Jahrhundert, ist der Heinrich-Stein aufgestellt, das älteste beschriftete Steindenkmal Mecklenburgs. Er stammt aus der zweiten Hälfte des 12. Jahrhunderts und wurde nach der Schlacht von Waschow aufgestellt. Am 12. Mai 1200 fiel Nikolaus I., der Gegner Heinrich Borwin I., wodurch letzterer die Alleinherrschft errang. Damit verstärkte sich auch die deutsche Einwanderung, denn Heinrich Borwin I. war ein Schwiegersohn Heinrichs des Löwen. Aus Wittenburg stammen u. a. Otto Vitense, Pädagoge und Landeshistoriker, und Fritz Meyer-Scharffenberg, ein zeitgenössischer Schriftsteller mit einem besonderen Bezug zur Küste.

Anhang

Quellenverzeichnis

Das Postleitzahlenbuch: Hg. Deutsche Bundespost POSTDIENST, 1995

Gemeindeverzeichnis für Mecklenburg-Vorpommern. Hg. Statistisches Landesamt Mecklenburg-Vorpommern, 2008

Kaiserbederegister: Die mecklenburgischen Kaiserbederegister von 1496. Hg. von Franz Engel, Köln-Graz 1968 (Mitteldeutsche Forschungen 56)

MUB: Mecklenburgisches Urkundenbuch. Hg. vom Verein für mecklenburgische Geschichte und Altertumskunde, Bd. 1–25 B, Schwerin 1863–1977

PUB: Pommersches Urkundenbuch. Hg. vom Königlichen Staatsarchiv zu Stettin, Band 1–7, Stettin 1868–1936. Bd. 8–11, Köln-Graz 1961–1990.

Bd. 1: Neubearbeitung von Klaus Conrad, Köln-Wien 1970 (Veröffentlichungen der Historischen Kommission für Pommern 2)

Literaturverzeichnis

Baier, Gerd, et al: Die Bau- und Kunstdenkmale der DDR. Bezirk Neubrandenburg, Berlin, 1982

Baumgarten, Karl und Heim, Angelika: Landschaft und Bauernhaus in Mecklenburg. Berlin, 1987

Boll, Ernst: Geschichte Mecklenburgs. Neubrandenburg 1855, Reprint, Neubrandenburg, 1995

Boll, Franz: Chronik der Vorderstadt Neubrandenburg. Neubrandenburg, 1875, Reprint, Neubrandenburg, 1991

Borrmann, Klaus: Die Geschichte des Heilige Hallen-Waldes – eine Geschichte der Naturschutz-Idee. In: Neubrandenburger Mosaik, Nr. 18, S. 102–112, Neubrandenburg, 1994

Brandt, Jochen: Mit fremden Federn geschmückt – Ein germanischer Adelshof bei Kölln, Landkreis Demmin. In: Die Autobahn A 20 – Norddeutschlands längste Ausgrabung. Schwerin, 2005: S. 141–144

Derselbe: Kontinuität zwischen den Fronten – ein slawischer Adelssitz und sein Fortleben in frühdeutscher Zeit bei Wodarg, Landkreis Demmin
In: Die Autobahn A 20 – Norddeutschlands längste Ausgrabung. Schwerin, 2005, S. 199–202

Bülow, Werner, von: Mecklenburg-Vorpommern. Ein Geschenk der Eiszeit. Schwerin, 1996

Burkhardt, Albert und Schinko, Werner: Von den Fischen in der Ostsee, Friedland, 2011

Dassow, Horst und Rodenberg, Eberhard: Cartlow – Kartlow. 1245–1995, Chronik einer vorpommerschen Gemeinde, 1995

Dehio, Georg: Handbuch der deutschen Kunstdenkmäler. Die Bezirke Neubrandenburg, Rostock und Schwerin, 4. Auflage, 1980

Deya, Hannelore und Kuna, Edwin: Geschichte der Orte Vorpommerns. Grambin, 2008

Donat et al, 1999: Donat, Peter; Reimann, Heike; Willich, Cornelia: Slawische Siedlung und Landesausbau im nordwestlichen Mecklenburg. Stuttgart (Forschungen zur Geschichte und Kultur des östlichen Mitteleuropa 8)

Eichler, Ernst: Slawische Ortsnamen zwischen Saale und Neiße. Ein Kompendium. Bd. 1–3, Bautzen, 1985–1993

Förderverein Naturpark Nossentiner/Schwinzer Heide e. V.: Die Gutsdörfer, Gutsanlagen und Parks im Naturpark und seinem Umfeld. Aus Kultur und Wissenschaft Heft 5/2007, Plau

Foster, Elzbieta und Willich, Cornelia: Ortsnamen und Siedlungsentwicklung. Das nördliche Mecklenburg im Früh- und Hochmittelalter. Stuttgart, 2007

Geologisches Landesamt Mecklenburg-Vorpommern: Geologische Karte von Mecklenburg-Vorpommern. Schwerin, 1998

Gildenhaar, Dietrich: Pommern – Eine unterhaltsame Reise. Wolgast o. J. Goldmann, Klaus und Wermusch, Günther: Vineta – Die Wiederentdeckung einer versunkenen Stadt. Bergisch Gladbach, 1999

Göschel, Heinz (Herausgeber): Lexikon Städte und Wappen der Deutschen Demokratischen Republik. 2. Auflage, Leipzig, 1984
Grewolls, Grete: Wer war wer in Mecklenburg-Vorpommern? Bremen und Rostock, 1995
Gringmuth-Dallmer, Eike: Landesausbau und Wüstungsgeschehen. In: Mensch und Umwelt. Studien zu Siedlungsbegriff und Landesausbau in Ur- und Frühgeschichte. Hg. von Hansjürgen Bachmann und Heinz-Joachim Vogt, Berlin, 209–217, 1992
Haase, Kurt: Pasewalk als Garnisonsstadt. Husum, 1982
Haefs, Hanswilhelm: Ortsnamen und Ortsgeschichten auf Rügen mitsamt Hiddensee und Mönchgut. Norderstedt, 2003
Haeger, Fritz: Die deutschen Ortsnamen Mecklenburgs seit dem Beginn der Kolonisation. Wismar, 1935 (Wissenschaftliche Schriftenreihe des Heimatbundes Mecklenburg 2)
Hinz, Johannes: Pommern Lexikon. Würzburg, 1994
»Historisches Gutsensemble Ludorf e. V.«: Gutsdörfer im Müritzkreis. Obotritendruck GmbH, Schwerin 2004
Jansen, Elmar: Ernst Barlach, Berlin, 1988
Karge, Wolf; Münch, Ernst; Schmied, Hartmut: Die Geschichte Mecklenburgs. Rostock, 1993
Karge, Wolf: Illustrierte Geschichte Mecklenburg-Vorpommerns. Rostock, 2008
Keiling, Horst: Archäologisches Freilichtmuseum Groß Raden. Archäologische Funde und Denkmale aus dem Norden der DDR, 7. Schwerin, 1989
Kleinberg, Andreas; Marx, Christian; Knobloch, Eberhard; Lelgemann, Dieter: Germania und die Insel Thule. Die Entschlüsselung von Ptolemaios »Atlas der Oikumene«, Darmstadt, 2010
Kuhlmann, Petra: Chronik des Dorfes Wackerow. Neubrandenburg, 2007
Krahe, Hans: Unsere ältesten Flussnamen. Wiesbaden, 1964
Kühnel, Paul: Die slavischen Ortsnamen in Mecklenburg. In: Mecklenburgische Jahrbücher 46, 3–168

Lange, Hans-Jürgen: Hinterm Wald geht Teterow noch weiter. In: Nordkurier, Regionalteil Mecklenburgische Schweiz, 03.01.2004
Mastaler, Wilhelm: Die Güstrower Landwehr. In: Informationen des Bezirksarbeitskreises für Ur- und Frühgeschichte Schwerin, Heft 27, 38–41
Mecklenburgisches Folklorezentrum der drei Nordbezirke: Mecklenburgische Volkstrachten. 2. Auflage, Rostock, 1986
Mecklenburgisches Wörterbuch. Hg. Von Richard Wossidlo und Hermann Teuchert: Bd. 1–7, Neumünster, Berlin, 1942–1992
Meßner, Gerhild; Evers, Ernst-Ludwig; Achtenhagen, Manfred: Gutsdörfer im Müritzkreis, S. 145, 2004
Müller, Hans: Dome Kirchen Klöster, Kunstwerke aus zehn Jahrhunderten. Berlin und Leipzig, 1984
Rijk de, Patrick: Der hölzerne Wehrspeicher von Wodarg, Landkreis Demmin.
In: Die Autobahn A 20 – Norddeutschlands längste Ausgrabung. Schwerin, 2005; S.203–208
Schlimpert, Gerhard: Slawische Personennamen in mittelalterlichen Quellen zur deutschen Geschichte. Berlin, 1978
Schmied, Hartmut: Die schwarzen Führer. Mecklenburg-Vorpommern. Freiburg im Breisgau, 2001
Schmied, Hartmut: Geister, Götter, Teufelssteine. Sagen- und Legendenführer Mecklenburg-Vorpommern. Rostock, 2005
Schmidt, Roderich: Das historische Pommern. Personen – Orte – Ereignisse. Köln, Weimar, Wien, 2009
Schoknecht, Ulrich: Mittelalterliche Funde aus dem Klostersee bei Dargun, Kreis Malchin. Bodendenkmalpflege in Mecklenburg 37, 1989, S. 147–185.
Schuldt, Ewald: Burgen Brücken und Straßen des frühen Mittelalters in Mecklenburg. Schwerin, 1975.
Schuldt, Ewald: Ur- und Frühgeschichtliche Denkmäler beiderseits großer Straßen. Schwerin, 1979

Schulz, Erwin: Der Ortsnamen-Detektiv. Mittelalterliche Siedlungsnamen im Landkreis Uecker-Randow. Milow, 2007
Schwarz, Udo: Die niederadligen Befestigungen des 13. bis 16. Jahrhunderts im Bezirk Neubrandenburg. Berlin, 1987
Siering, Waldemar und Siering, Robert: Vom Wiever-Barg zum Ohgang-See. Neubrandenburg, 1996
Trautmann, Reinhold: Die elb- und ostseeslavischen Ortsnamen. Bd. 1–2, Berlin, 1948, 1949 Bd. 3: Register: Bearb. von Hermann Schall, Berlin 1956
Wagner, Annalise: Biographische Denkmale. Neubrandenburg, 1993
Wendt, Ralf: Glashütten in Mecklenburg. Schriftenreihe des Karbe-Wagner Archivs, Heft 15, Neustrelitz 1977
Witte, Hans: Wendische Bevölkerungsreste in Mecklenburg. Stuttgart, 1905
Witte, Hans: Mecklenburgische Geschichte in Anknüpfung an Ernst Boll, Band II. Von der Reformation bis zum Landesgrundgesetzlichen Erbvergleich. Wismar, 1913
Zerniner Beschäftigungsinitiative e. V. (Hg.): Dorf- und Stadtkirchen im Kirchenkreis Güstrow. Bremen und Rostock, 1997

Die Deutsche Nationalbibliothek verzeichnet diese Publikation
in der Deutschen Nationalbibliografie;
detaillierte bibliografische Daten sind im Internet über
http://dnb.d-nb.de abrufbar.

1. Auflage 2012

Steffen GmbH, Mühlenstraße 72,
17098 Friedland, Tel.: (039601) 274-0
www.steffen-verlag.de; info@steffen-verlag.de

Herstellung: Steffen GmbH, Friedland, www.steffendruck.com

ISBN 978-3-942477-21-5